JOB CRAFTING

高尾義明
森永雄太
［編著］

ジョブ・クラフティング

仕事の自律的再創造に向けた理論的・実践的アプローチ

東京　白桃書房　神田

はじめに

本書は，仕事環境の変化とともに注目が高まっている「ジョブ・クラフティング」について，多様な視点からアプローチした研究論文を所収している。「個人が自らの仕事のタスク境界もしくは関係的境界においてなす物理的・認知的変化」と定義されるジョブ・クラフティングは，Amy Wrzesniewski と Jane E. Dutton によって学術用語として生み出された。その論文が発表されてから約 20 年を経て，研究が大きく発展するとともに，もともと学術用語だったジョブ・クラフティングが実務においても注目されるようになってきた。

そうした中で本書を出版する狙いは 2 つある。第 1 に，ジョブ・クラフティングに関する新たな知見を提示することで，研究の一層の発展に貢献することである。第 1 章で言及するように，日本のジョブ・クラフティング研究は，昨今主流となっている理論枠組みが案出されるよりも前に始まっていたこともあり，ユニークな特徴を有している。世界的にみても，ジョブ・クラフティングのみを取り上げた研究書が存在しない中，本書は，日本のジョブ・クラフティング研究を世界に発信していくための起点になりうる。

第 2 の狙いは，研究の活性化への貢献を通じて，ジョブ・クラフティングという魅力的な概念が実務界に浸透することに寄与できればというものである。実務界がジョブ・クラフティングという概念に寄せる期待にはさまざまなものが含まれている。例えば，世界的にみて低いとされるワーク・エンゲイジメントの向上に寄与するものとして，ジョブ・クラフティングが取り上げられることが少なくない。また，仕事に関わるプロアクティブ（能動的）な変化という観点から注目されることもある。そうした実務界のさまざまな期待にジョブ・クラフティングという単一の概念のみで応えることには限界があるとしても，ジョブ・クラフティングという概念を，実務界によりよい形で伝えていくことには社会的意義があり，本書の内容を研究者以外の方にも手が届く形で出版することは，その一助になりうると考えている。

以上のような出版の 2 つの狙いから見て取れるように，本書が想定する読者層は研究者のみではない。もちろん，大学や研究所などに所属し，組織行動論やその関連分野の研究に携わっている人たちが，本書からジョブ・クラフティングやそれに関連する研究を拡げていくような刺激を得ることを望んでいる。それと同時に，ジョブ・クラフティングに関心を持つ実務家の人たちが，ジョブ・クラフティングを実践・支援・展開するヒントを本書から獲得されることも期待している。そのために，「おわりに」では各章から得られる実務的な観点からのインプリケーションをまとめている。

本書の各章は独立しており，興味を持った章から目を通していただけるように，ここで各章の内容を簡単に紹介することにしたい。

第1部は4つの章で構成されており，ジョブ・クラフティング研究の概観と理論的検討を行う。第1章（「ジョブ・クラフティング研究の現在地―これまでの潮流の概観と近年の動向の紹介」）は，これまでのジョブ・クラフティング研究を俯瞰する文献レビューである。まず，ジョブ・クラフティング概念が提示された意図を読み解いた後，それから約10年間の黎明期の研究を取り上げる。次に，概念的なブレイクスルーとしてのJob Demand-Resource（JD-R）モデルを下敷きにした再概念化，さらにそれを用いた研究の増加およびその影響を詳しく説明する。最後に，近年の研究トレンドと日本の研究の特徴について紹介する。

続く第2章（「関係性クラフティングの拡張と統合―仕事の意味の変化メカニズムへの注目から」）では，これまでの研究であまり注目されてこなかった関係性ジョブ・クラフティングに焦点を当て，それが仕事の意味に変化を与えるメカニズムの検討を通じて関係性ジョブ・クラフティングとして扱う範囲の拡張を図っている。社会的な関係性をリソースと捉えるような理論枠組みを導入し，これまでに光が当たってこなかった多様な関係性ジョブ・クラフティングがありうることを提示するとともに，社会的環境が仕事を解釈する手がかりを提供しているという従来からの見方との統合を試みている。

第3章（「ジョブ・クラフティングの認知次元と構成主義―仕事の有意味性の影響」）は，これまでのジョブ・クラフティング研究において扱いが一貫していない認知次元（認知的クラフティング）に焦点を当てた理論的考察である。認知的クラフティングを含まない資源クラフティングと，それを含む役割クラフティングは存在論・認識論において異なっていること，さらに，役割クラフティングの存在論と認識論の立場は，心理的構成主義と社会構成主義を包含する幅のあるものであることを示している。その上で，認知的ジョブ・クラフティングによって仕事の有意味性を生成するという役割クラフティングの特徴と意義を明らかにしている。

第1部の最後に置かれた第4章（「ジョブ・クラフティングがもたらす職業性ストレス研究の新たな展開―ジョブと従業員に関する理論的前提に着目して」）は，これまで相互に影響を及ぼし合いながら発展してきたワーク・デザイン研究と職業性ストレス研究それぞれの代表的な学説の理論的前提を振り返っている。それを土台に，現在のジョブ・クラフティング研究の主流になっているJD-R モデルに基づいたジョブ・クラフティングの理論的前提を明確化することを通して，職業ストレス研究の新たな展開の可能性を描き出している。

第2部「ジョブ・クラフティングの実践と課題」は，ジョブ・クラフティングの実践に関わるさまざまな課題を取り上げる。第5章（「ジョブ・クラフティングを続けるための周囲の支援―副作用に注目して」）では，これまでの多くの研究がジョブ・クラフティングに（どの程度）取り組むかどうかを規定する要因に光を当ててきたのに対して，その先にあるジョブ・クラフティングを継続するという段階に注目している。その際に問題となりうる，ジョブ・クラフティングが生み出しうる他者や本人への副作用に注目し，ジョブ・クラフティングを方向づける周囲からの支援の重要性を指摘している。

第6章（「上司のジョブ・クラフティングと部下のジョブ・クラフティングの関連―若年層を対象にして」）は，社会的学習理論を下敷きにして，部下が上司のジョブ・クラフティングを模倣するかどうかを検討している。上司がいわばお手本になり，部下がそれを模倣することで部下がジョブ・クラフティングを実践する際の障害が乗り越えやすくなるからである。さらに，LMX（Leader-Member Exchange）が高い場合には，上司のジョブ・クラフティングと部下のジョブ・クラフティングの関連がより強くなることも想定し，若年層を中心に収集したデータを用いてそうした関係の成立について検証を試みている。

第7章（「産業保健におけるジョブ・クラフティング―これまでのジョブ・クラフティング介入研究の動向と今後の展開」）では，産業保健の立場からジョブ・クラフティングの位置づけや意義を確認した上で，近年増加しつつある介入研究について詳しく取り上げる。介入研究については同章で詳しく説明されるが，一言でいえば就労者に対して何らかの具体的な働きかけを行い，その効果を検証するものである。ジョブ・クラフティングを促進する介入研究の第一人者として，開発した介入プログラムやそれを用いた研修の経験を紹介するとともに，厳密な検証に基づいた境界条件などが示される。

第2部の最後に当たる第8章（「ジョブ・クラフティングの先行要因とその効果―日本のデータを用いた再現性の検証」）の狙いは，先行研究の追試である。オランダで実施された2つの研究について，そこで示されたジョブ・クラフティングと先行要因および結果要因の関係が日本で再現できるかを検証する。日本と欧米（オランダ）では，仕事に関わる条件が大きく異なっている部分もあることから，こうした追試の実施は研究結果の普遍性の確認，さらには実務における応用可能性の担保につながるという意味で意義が認められる。

第3部「現代的課題とジョブ・クラフティング」は，現代の仕事環境の変化によって生じているさまざまな課題とジョブ・クラフティングを関連づけた4つの章によって構成されている。第9章（「テレワーク下のジョブ・クラフティング―在宅勤務の利用頻度はどのジョブ・クラフティングを高めるか」）は，新型コロナウィルスの感染拡大防止対策として急激に拡大したテレワークの下でのジョブ・クラフティングが取り上げられる。新型コロナウィルスの感染拡大以前はテレワーク自体があまり行われてこなかったこともあり，テレワークにおけるジョブ・クラフティングについての研究はほとんど存在しなかった。テレワークは我々の働き方のオプションの1つという意味では定着していくことが予想されており，本章の知見はテレワーク下のジョブ・クラフティングの促進を考える重要な手がかりになるだろう。

第10章（「協同志向ジョブ・クラフティングの可能性―越境によるジョブ・クラフティング研究の拡張」）は，越境経験による学習をきっかけとした生じたジョブ・クラフティングの発見を足がかりにして，協同志向という新たなジョブ・クラフティングの類型を提示するものである。近年，越境学習への注目は高まっているが，その中でも異質さと共通点を兼ね備えた複数のコミュニティや活動への参加として「プロボノ」を取り上げ，その経験についての語りから，自他の境界をあえて曖昧にして自他の間にある関係性の持つ強みや動機を活かす協同志向ジョブ・クラフティングという新たな類型を見出し，その一般性の検証も試みている。

第11章（「シニア労働者のジョブ・クラフティング―サクセスフル・エイジングに着目して」）は，労働人口の高齢化とともにその比重や重要性が増加しつつあるシニア労働者に焦点を当て，そのジョブ・クラフティングに関する研究を概観している。加齢とともに次第に生じてくる諸変化とともに，年齢によって区切られる役職定年や定年後再雇用といった外部からの変化にも直面するシニア労働者ならではの，ジョブ・クラフティングの先行要因や結果要因，縮小的ジョブ・クラフティングと拡張的ジョブ・クラフティングを織り交ぜたジョブ・クラフティングのありようなどが詳しく紹介される。

第11章で取り上げたシニア労働者の増加は職場のダイバーシティ拡大の1つとみることができるが，第3部の最後の章である第12章（「高度外国人材のジョブ・クラフティングとインクルーシブ・リーダーシップ―日本人社員との比較」）では，ダイバーシティ拡大の中でも特にインパクトの大きい外国人材に焦点を当て，そのジョブ・クラフティングの促進要因を取り上げている。タイトルのとおり，日本人社員と比較する形で高度外国人材のジョブ・クラフティングの先行要因についての分析結果が紹介されているが，インクルーシブ・リーダーシップとともに情緒コミットメントがジョブ・クラフティングに及ぼす影響が取り上げられている。

以上で紹介したように，ジョブ・クラフティングについて多角的に検討した本書にはジョブ・クラフティングに関する豊富な知見が含まれている。

最後に，今回の出版についての謝意を示したい。近年のきわめて厳しい出版事情の中で，本書の出版にご理解頂いた株式会社白桃書房代表取締役大矢栄一郎社長，本書の企画段階から伴走していただき，細やかで丁寧な助言でサポートしていただいた同社編集部の佐藤円氏に，執筆者一同を代表して，心からの感謝を申し上げたい。

2022年10月

高尾　義明・森永　雄太

目次

はじめに…… i

第1部 ジョブ・クラフティング理論の展開 001

第1章 ジョブ・クラフティング研究の現在地 002

1. はじめに：なぜ今，ジョブ・クラフティングなのか …… 002
2. ジョブ・クラフティング概念の提唱 …… 004
3. ジョブ・クラフティング研究の黎明期 …… 007
4. ジョブ・クラフティング研究の確立期 …… 010
5. 近年の研究動向と日本の研究 …… 020

第2章 関係性クラフティングの拡張と統合 030

1. はじめに …… 030
2. 仕事を解釈する手がかりを提供する社会的環境の変更 …… 032
3. リソースとしての関係性と仕事の意味 …… 034
4. 関係性ジョブ・クラフティングの拡張と統合 …… 040
5. ディスカッション：意義と今後の課題 …… 044

第3章 ジョブ・クラフティングの認知次元と構成主義 051

1. はじめに …… 051
2. 資源クラフティングにおける認知ジョブ・クラフティングの看過 …… 053
3. 役割クラフティング …… 056
4. 仕事の有意味性と認知ジョブ・クラフティング …… 062
5. 日本における役割クラフティング …… 065
6. 役割クラフティングのメタ理論に関する結論 …… 068
7. 役割クラフティング研究の今後の課題と可能性 …… 071

第4章　ジョブ・クラフティングがもたらす職業性ストレス研究の新たな展開　077

1. はじめに　077
2. ワーク・デザイン研究の理論的系譜　079
3. 職業性ストレス研究の理論的系譜　085
4. 職業性ストレス研究の新たな展開　091

第2部　ジョブ・クラフティングの実践と課題　103

第5章　ジョブ・クラフティングを続けるための周囲の支援　104

1. 問題意識　104
2. 調査の方法　107
3. 結果　108
4. 考察　116
5. まとめ　119

第6章　上司のジョブ・クラフティングと部下のジョブ・クラフティングの関連　125

1. はじめに　125
2. 理論的枠組みと仮説　128
3. 方法　132
4. 結果　134
5. 考察　138

第7章　産業保健におけるジョブ・クラフティング　144

1. はじめに　144
2. 産業保健心理学におけるジョブ・クラフティングの位置づけ　145
3. ジョブ・クラフティング介入プログラムの開発および効果検討　152
4. ジョブ・クラフティング介入プログラムの効果検討　157
5. 今後のジョブ・クラフティング介入の展開　161

第8章　ジョブ・クラフティングの先行要因とその効果　170

1. 研究の背景 …… 170
2. Bakker et al.（2012）および Demerouti et al.（2015）による
ジョブ・クラフティング概念 …… 173
3. Bakker et al.（2012）の再現性の検討 …… 174
4. Demerouti et al.（2015）の再現性の検証 …… 181
5. 日本における他のジョブ・クラフティング研究結果による補完 …… 188
6. 結論 …… 190

第3部　現代的課題とジョブ・クラフティング　195

第9章　テレワーク下のジョブ・クラフティング　196

1. 問題意識 …… 196
2. 先行研究 …… 198
3. 仮説 …… 202
4. 研究方法 …… 206
5. 結果 …… 209
6. 考察 …… 211

第10章　協同志向ジョブ・クラフティングの可能性　218

1. はじめに …… 218
2. 異文化の境界で可視化されるジョブ・クラフティング …… 219
3.「プロボノ」におけるビジネス－ソーシャル越境 …… 222
4. 協同志向ジョブ・クラフティングの可能性 …… 231
5. おわりに …… 238

第11章　シニア労働者のジョブ・クラフティング　242

1. はじめに：シニア労働者が置かれている社会環境とジョブ・クラフティング　242
2. シニア労働者のジョブ・クラフティングの先行要因　246
3. シニア労働者のジョブ・クラフティングのアウトカム　250
4. シニア労働者に特有なジョブ・クラフティング　254
5. 今後の研究の方向性　263

第12章　高度外国人材のジョブ・クラフティングとインクルーシブ・リーダーシップ　269

1. 問題意識　269
2. 先行研究レビュー　271
3. 分析方法　277
4. 結果　279
5. 考察　284

おわりに：実務的インプリケーションと今後の研究課題　291

索引　297

第 1 部

ジョブ・クラフティング理論の展開

第1部はジョブ・クラフティング研究を概観した第1章と，理論的考察を行った第2章～第4章から構成されている。

第1章は，ジョブ・クラフティング研究のこれまでの流れを整理した文献レビューである。第2章は，関係性ジョブ・クラフティングを，仕事の意味に変化を与えるメカニズムから検討することを通じて，関係性ジョブ・クラフティングの範囲を拡張することを提案している。第3章では，認知的クラフティングを重視する役割クラフティングと，それを除外した資源クラフティングを存在論・認識論の水準から検討し，役割クラフティングの特徴と意義を明らかにしている。第4章は，ワーク・デザイン研究と職業性ストレス研究それぞれの代表的な学説の理論的前提の整理を土台にして，職業ストレス研究の新たな展開の可能性を示している。

ジョブ・クラフティング研究の現在地

これまでの潮流の概観と近年の動向の紹介

第1章

1. はじめに：なぜ今，ジョブ・クラフティングなのか

ジョブ・クラフティング（以下では，JCと略記）に関する研究は近年著しく増加している。著名な学術文献データベースであるWeb of ScienceでJCをキーワードとしてヒットした結果を出版年で整理したものを図1-1に示している（2022年9月5日に検索）。研究の展開については後ほど詳しくみていくが，比較的最近になって研究が盛んになった傾向は明らかである。

それと連動するかのように実務界での注目も高まっている。客観的な根拠ではないが，以前からJCの研究に携わってきた本章の執筆者らに対して，実務家からのJCに関する問い合わせ等はこの2，3年で急激に増えている（2022年秋時点）。

では，JCがなぜ今注目されているのだろうか。ここでは3つの理由を挙げることにしたい。第1の理由は，JCにはタスク（業務）を自発的に見直すという側面も含まれており，そうした自発的な職務の変化の創出が求められていることである。VUCA時代といわれるように，ビジネスを巡る環境変化が加速している中で，それに適応すべく業務も柔軟に変えていかなければならない。しかし，上司が部下一人一人の仕事をすべて見通して，そうした改変の指示を行うことが現実的ではないほど，変化が大きくなっているこ

図 1-1　Web of Science におけるジョブ・クラフティングのヒット件数

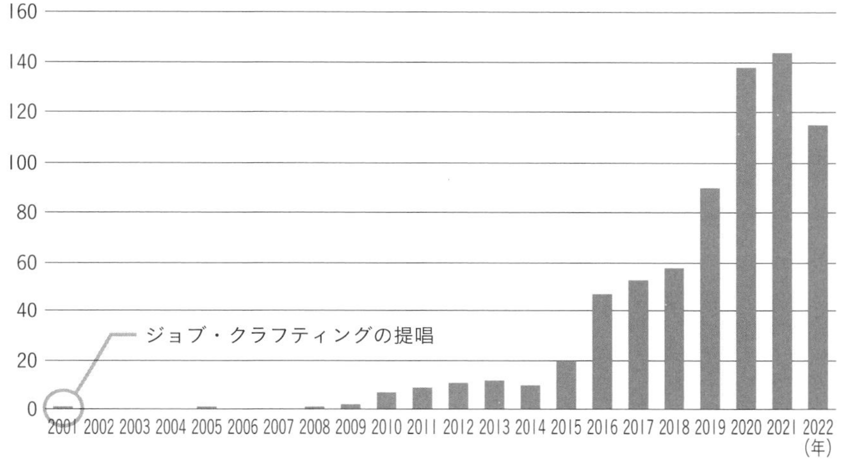

出所　Web of Science で検索した結果を使用して筆者作成

とも少なくない。そうした背景から，従業員自身による仕事の再設計という側面が含まれている JC への注目が高まっている。

第2の理由として，JC をモチベーションの自己調整方略の1つと捉えることができることが挙げられる。自己調整研究では，従業員自身を自ら動機づけ方略を利用して，動機づけを自己調整する主体的存在と捉えた。JC は従業員自身が仕事の割り当てや取り組み方に主体的に変更を加えるものと考えることができる（cf. 森永，2009）。同時に JC の実践が，後述するようにワーク・エンゲイジメントを高める効果があることが確認されるようになると，メンタルヘルスを予防するための対処行動としても注目されるようになってきた。すなわち従業員側が能動的に自らのモチベーションやウェルビーイングを維持したり高めたりする自律的行動としても注目されるようになってきた（森永，2019）。

第3の理由は，モチベーションの自己調整とも関わっているが，従業員の意味やアイデンティに対する希求が高まっていることが挙げられる。近年の若年層は，就職活動においても企業の社会的意義などを考慮するといったように，自らが関わる活動の意味を理解・納得したいという思いを，これまでの世代よりも強く持つ傾向がみられる。一方，年齢層において若年層と対極にあるシニア層も，仕事の意義や仕事上のアイデンティティを問い直す機会に直面することが避けられない。このように，生計を立てるために働くという側面以外の仕事の意味が問題となることが増えている。そうしたニーズに応えることのできる概念の1つとしてJCが注目されているという面もあるだろう。

以上のような背景から実務界からの注目が高まるとともに，欧米のみならず日本でもこの数年に研究が増加していると考えられる。本章ではJC研究のこれまでの流れを追いながらその到達点を示すとともに，直近の研究で取り上げられるようになっているテーマについても取り上げる。最後に，日本におけるJC研究についても簡単に紹介する。

2. ジョブ・クラフティング概念の提唱

本節では，JC概念を提唱したWrzesniewski & Dutton（2001）の概要を紹介する。JCの定義やその次元を述べるとともに（2. 1），彼女らがJCを提唱した背景や狙いについても触れる（2. 2）。

2.1　ジョブ・クラフティングの定義と形式

JC概念を提唱したWrzesniewski & Dutton（2001）では，JCは「個人が自らの仕事のタスク境界もしくは関係的境界においてなす物理的・認知的変化」と定義されている。彼女らは，後ほど言及するジョブ・デザイン論に代表されるような，他者がデザインした画一的（one size fits all）な仕事を従業員が受容するという前提では従業員自身の仕事の経験を十分に捉えることができないとした。社会構成主義に共感を示しつつ（第3章「ジョブ・クラフティングの認知次元と構成主義」参照），個々のタスクや相互作用を素材として，JCによって従業員が自ら仕事の経験を作り上げているという見方を提示した。そうした関係性は，図1-2の中央から右側で示されている。従業員の能動的実践としてのJCによって仕事のデザインや仕事の社会的環境が変化し，

図 1-2　Wrzesniewski & Dutton（2001）のモデル

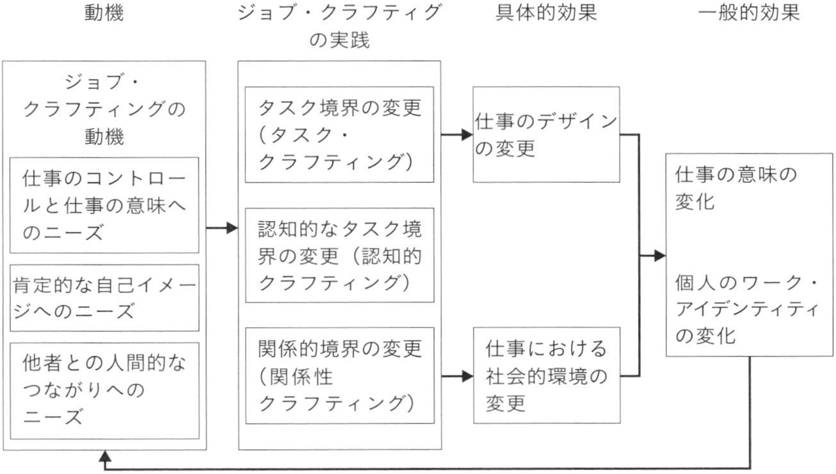

出所　Wrzesniewski & Dutton（2001）p. 182 Figure1 を修正して筆者作成

それが自身の仕事の意味（meaning of work）やワーク・アイデンティティ（work identity）に影響を及ぼすという関係性が想定されている。

Wrzesniewski & Dutton（2001）では，図 1-2 の中央にみられるように，JC が 3 次元構造を持つものとして整理されている。第 1 の次元は，タスク境界（task boundary）の変更であり，これは具体的な仕事の内容や方法を変更することであり，タスク・クラフティングと呼ばれる。仕事（job）は基礎単位としての課業（task）から構成されており，課業の量や内容，方法等を変更することは，仕事の変更，さらには当該個人にとっての仕事の経験を変えることにつながる。例えば，ICT 技術に興味を持つ人事の採用担当者が，採用候補者を引きつけたり，コミュニケーションをとったりするためにソーシャル・メディアを活用するタスクを追加することなどが挙げられる（Berg et al., 2013）。

第 2 の次元は，他者との関係性もしくは相互作用に関する境界（relational boundary）の変更であり，関係性クラフティングと呼称される。Wrzesniewski & Dutton（2001）では，社会的情報処理パースペクティブに基づき，仕事の遂行に関わる相互行為の相手が，仕事の意味づけに影響を与える手がかりを提供していると捉えている。そこで，そうした他者との関係性を増やしたり，その質を変えたりしていくことが，JCと捉えられている。Wrzesniewski & Dutton（2001）では，関係的境界の変更の例として病院の掃除スタッフが，患者やその家族，医療従事者とのコミュニケーションを増やすことなどが挙げられている。

第3に，認知的な境界変化が挙げられる。物理的な意味でのタスクの変更や他者との相互行為の変化がなくても，個々のタスクや仕事全体について自分がどのように捉えるかを変えることができる。そうした変更は認知的JCと名づけられている。例えば，森永（2009）は，タスクの自律度が低く，反復の多いルーティン業務に従事している人事部の給与計算業務の担当者が，担当業務の背後にある仕事の流れに目をやることで作業に面白みを感じたり，チェックリスト作成作業を通じて仕事の意味を再確認したりしたことを認知的クラフティングとして挙げている。

先に述べたように，こうしたJCの実践が仕事の意味の変化やワーク・アイデンティティの変化を引き起こすことが仮定されている。さらに，図1-2の下にある右から左の矢印に示されているように，そうした内的な変化が，「仕事のコントロールや仕事の意味に対する欲求」をはじめとした動機に影響を及ぼすことも想定されている。

2.2　ジョブ・デザイン論の前提の見直し

JC概念は，ジョブ・デザイン論の暗黙の前提を見直すことから生まれたといえる。ジョブ・デザイン論の代表的な理論である職務特性モデル（Hackman & Oldham, 1975）およびそれ以降の多くの研究では，マネジャーが職務の特性[1]を再設計することを通じて，仕事の有意味性の知覚といった従業員の認知的心理的状態に変化を加え，そうした媒介関係をもとに内的なモチベーションや成果などに影響を与えることが目指されていた。そこでは，マネジャー主導でトップダウン的に決定された客観的な職務の特性が，従業

1　職務特性モデルでは，自律性，技能多様性，タスク完結性，タスク重要性，職務からのフィードバックという5つの特性が中核的な次元とされている。

員が仕事をどのようなものとして経験するかを画一的に規定すると仮定されていた（Berg et al., 2013）。

そうしたジョブ・デザインの従業員の捉え方に対して，Wrzesniewski & Dutton（2001）では従業員は自らの仕事を変更できる能動的な存在であるとして，従業員主導でボトムアップ的に仕事やその経験を自らの手で変えるという側面に光を当てるべくJCが提唱されている（Berg et al., 2013）。

このように，ジョブ・デザインとJCは，トップダウン－ボトムアップ，マネジャー主導―従業員主導，画一的―個別的といった対比的な捉え方が可能であるものの，どちらも仕事の経験に着目し，仕事やその経験が変えうるものであるとしている点は共通している[2]。また，職務の客観的特性は従業員の仕事の経験，さらにはJCの範囲や程度に影響を与えることから，Wrzesniewski & Dutton（2001）でもJCとジョブ・デザインは補完的な見方であるとされている。

3. ジョブ・クラフティング研究の黎明期

本節からJC概念提唱以降の研究の流れを概観していく。大雑把にいうと，第3節では概念提唱からの約10年の黎明期の研究を取り上げ，第4節ではその後の研究展開をみていく。

図1-1からもわかるように，2001年のJC概念提案からの後の約10年間については，JC研究が活発であったとはいえない。ジョブ・デザイン研究のレビューなどでは言及されていたものの（e.g. Oldham & Hackman, 2010），実証的な研究が多くなされたわけではなかった。理論的な概念として提唱されたJCが，それぞれの職場でいかに表出するのかを探索的に把握しつつ，いかにして実証的な研究として扱っていくのかが模索されていた時期といえ

2　従業員にとって仕事がどういうものと経験されるかということについての注目は，ワーク・デザインの諸理論の中でスタンスは異なっている。職務特性モデルは，従業員の認知的心理状態を媒介変数としているように仕事の経験をモデルに組み込んでいたが，他のモデル（例えば，JD-Rモデル）では必ずしも，従業員の仕事の経験に対する認知に注目していない。

るかもしれない。

例えば，Lyons（2008）では営業職に対する混合手法を用いた研究を行い，調査対象者の75%がJCを行っていることや，JCを促すと考えられる要因として知覚されたコントロールや変化へのレディネスなどとの間にやや弱いながらも正の相関関係を見出している。

森永（2009）は，自動車メーカーにおける自律度の異なる2つの職場で異なる年齢層を含む従業員にインタビュー調査を行い，一般にJCを行うことが難しいとされる状況においても，様々な形態でJCが行われている様子を記述している。例えば，人事部の給与計算業務では，ミスが許されないため，仕事を遂行する上で自律度が低く設計されているが，そのような職場であっても認知的次元のクラフティングを行うことで仕事に面白みを見出す従業員がいることを報告している。また，走り心地の良さを追求する部門では，客観的な正解がないがゆえ，職務経験の豊かさが求められる業務と考えられるものの，中には業務経験そのものは少なくても，職場の先輩とは異なるタイプの知識を活かしてJCを行うことに成功している若年従業員の事例を紹介している。

また，Berg et al.（2010）は階層の異なる従業員に対するインタビュー調査を行い，階層によってJCを行う上で直面する課題と対応方法に違いがみられることを明らかにしている。具体的には階層の下位に位置する従業員の場合，JCを行う場合の課題として仕事の自律性が低く，職務の遂行に対する他者の期待が固定的であることを挙げる傾向があったが，階層の上位者の場合，仮に職務自律性が形式的には高かったとしても，周囲や自身の時間の使い方によってJCを行うことが難しくなることがあることを挙げていた。このようにいずれの階層の従業員もJCを行う際には，職場の状況に応じた課題に対して適応的に対処することが求められていたが，その適応方法は課題に応じて異なっていることがわかった。

一方，質問票調査も実施されるようになっていく。このうちLeana et al.（2009）では，チームレベルの概念である協同JC（collaborative job crafting）が提唱されている。Leanaらは，タスク次元のJCに注目した上で，幼児の教育現場（保育所）における62センター232名の教師と助手への質問票調査を実施している。収集したデータの確認的因子分析を行ったところ，個人レベルのクラフティングと協同クラフティングは別次元とすることが妥当であるとする結果が示された。また協同JCを規定する要因として想定された，タスクの相互依存性，上司の支持的な管理スタイル，同僚との社会的なつながり（social tie）の強さとの間に正の関連が認められている。

また，関口（2009; 2010）では学生アルバイトに対する質問票調査を行い，Wrzesniewski & Dutton（2001）の3次元モデルに基づきJCを定量的に把握した。そこでは，JCが学生アルバイトのキャリア形成にポジティブな影響を与えていることが明らかにされた。

初期の実証的研究を改めて丹念にレビューすると，JC研究の方向性について様々な観点から探索されていたことがわかる。例えば，JC研究が量的研究中心になるにしたがって強調されることが少なくなっていくJCの規模に着眼し，自律度や統制の範囲が広くない仕事であっても，規模や形態を変えることでJCの実践が可能になることが指摘されている（Lyons, 2008）。

また，JCを促す要因として，周囲と異なる知識（森永，2009）や強み（Berg et al., 2010）が挙げられていた。これらはJCを促す個人差要因の中にも，可変的な要因，すなわち後天的に獲得可能な要因も含まれており，それらも影響を与えることを指摘するものである。量的研究においても，早い段階からチームレベルのJCの存在を明らかにする研究（Leana et al., 2009）が行われていたり，認知的次元を含めたオリジナルモデルの3次元に従った質問票調査を試みられていた（関口，2009; 2010）。

このように初期のJC研究は様々な研究者が独自の視点からJCに取り組もうとしていた。これらは必ずしも体系的に取り組まれたものではないものの，JCが職場で確かに実践されていることを確認しつつ，その有効性を少しずつ明らかにしていくという意味で基礎的な知見を提供するものであった。

4. ジョブ・クラフティング研究の確立期

図1-1から見て取れるように，2010年台前半からJCを鍵概念とした研究が増えはじめ，2010年代後半から著しい増加を示している。研究が増加した直接的な理由は，仕事の要求度－資源モデル（JD-Rモデル）を下敷きにして，JCをプロアクティブ行動の1つと再概念化するという研究上のブレイクスルーが起こったためである。

そこで，本節では，JD-Rモデルに基づく再定義を紹介し（4. 1），それによって増加した実証研究の結果を概観するとともに（4. 2），JC概念の分化およびそれに伴う統合の試みについても解説する（4. 3）。

4.1　JD-R理論に基づく再定義と尺度開発

探索期にあったJC研究が多くの研究者によって取り組まれるようになった重要なきっかけは仕事の要求度－資源モデル（JD-Rモデル）に基づく再定義がなされたことであろう。すなわち，Tims & Bakker（2010）による再定義と，それに基づいた測定尺度の開発（Tims et al., 2012）である。そこで以下では，JD-Rモデルの考え方を紹介し，JD-Rモデルの観点から開発された測定尺度とその下位次元について紹介していく。

JD-Rモデルは産業保健領域で発展してきた仕事の特徴と従業員のウェルビーイング，とりわけ従業員の疲労（strain）やワーク・エンゲイジメントの関係を説明するモデルである。JD-Rモデルでは，仕事の要求度と資源が健康障害プロセスと動機づけプロセスという2つの異なるプロセスを引き起こすことを主張する。1つ目は健康障害プロセスであり，仕事の高い要求度が，従業員の精神的資源や身体的資源の枯渇を介して，バーンアウトや不健康を引き起こすと主張する。2つ目が動機づけプロセスであり，仕事の資源がワーク・エンゲイジメントや組織コミットメントをもたらすと主張している。

ここでいう仕事の要求度とは，「従業員に身体的努力や心理的努力（すなわち認知的，情緒的努力）をし続けることを求めるために，身体的・心理的代償を伴う可能性のある仕事上の物理的，社会的，組織的特徴」(Demerouti et al., 2001, p. 501) と定義され，仕事の量的・質的負担や，時間や仕事のプレッシャー，対人業務における情緒的負担，有害な物理的労働環境役割の曖昧さや役割葛藤，役割過重などが含まれる (Hakanen & Roodt, 2010)。

一方，仕事の資源とは，「仕事の物理的，心理的，社会的，組織的側面で，(a)仕事の要求度とそれに関連する生理的代償と心理的代償を低減し，(b)仕事の目標を達成する上で有効に機能し，(c)個人の成長，学習，発達を刺激する側面」(Demerouti et al., 2001, p. 501) と定義される。給与やキャリア開発の機会といった就業条件のようなものから，上司や同僚の支援のような対人関係や社会的関係に関わるものも含まれる。また役割の明確さや意思決定への参加といった組織での仕事の進め方に関わる要因やタスクの特徴（例えば仕事の自律性や仕事を遂行する上で求められるスキルの多様性，仕事の出来栄えに対して得られるフィードバック）なども含まれる。

このようなJD-Rモデルに基づき，Tims et al. (2010) は，JCを「仕事の要求および仕事のリソースと個人の能力およびニーズのバランスをとるために従業員が行いうる変化」(p. 174) と定義している。この定義に基づいて，Tims et al. (2012) は，JD-Rモデルの観点から再定義したJCを測定する尺度開発を行っている。この尺度ではWrzesniewski & Dutton (2001) で提示された3種類のJCのうちタスク次元や対人関係次元に関わる行動に注目した項目が作成され，因子分析の結果4つの次元に分けて扱うことが妥当であると判断されている。

4次元のうち2次元は，仕事の資源に関わるものであり，もう2つが仕事の要求度に関わるものである。このうち仕事の資源に関する項目は，タスク次元のクラフティングに関するJCと対人関係に関するJCという観点で次元を分けて整理されている。一方仕事の要求度に関する項目は，要求度を低める行動なのか，要求度を高める（すなわち仕事の挑戦度を高める）行動なのかという観点で次元を分けて整理されている。

以下では4つの次元について詳しく説明していく。第1に，「対人関係における仕事の資源の向上」と呼ばれるJCである。具体的には，上司や職場の他者からフィードバックやアドバイスなどを得ようとするタイプのJCである。第2が.「構造的な仕事の資源の向上」と呼ばれるJCである。この次元のJCには，自分の専門性を高めたり能力を高めたりする機会を作り出す行動が含まれる。また仕事の自律性やスキルの多様性を高めようとする行動が含まれる。

第3に,「挑戦的な仕事の要求度の向上」と呼ばれるJCである。具体的には，新たなプロジェクトに積極的に参加したり自分の仕事をより挑戦しがいのあるものへと変更したりするタイプのJCである。第4に,「妨害的な仕事の要求度の低減」と呼ばれるJCである。これは3つ目のタイプのJCとは逆に，仕事の負担を減らすために大変な仕事や困難な意思決定をしなくて済むようにふるまうというような種類のJCである。なお，Timsらの尺度の日本語版尺度はEguchi et al.（2016）によって開発されており，上記の訳語もEguchiらの訳出に従っている。

Tims et al.（2012）の尺度はGoogle Scholarによれば1855件（2022年9月5日時点）の引用があり，JC尺度としては最も頻繁に用いられる代表的尺度である。この尺度開発を契機にJCに関する定量的な研究が増加したといえるが，その貢献は，単に測定を可能にしただけでなく，ワーク・エンゲイジメントを中心とする成果変数との関係を説明するロジックを提供した点にもあるだろう。すなわち，ある種のJCがなぜワーク・エンゲイジメントを高めるのかについての理論的説明が明確になされるようになった点に大きな貢献があったと評価できる。

しかし，Tims et al.（2012）の4次元尺度にも課題がある。まず，幅広いJC概念を仕事の要求度―資源モデルの枠組みの中に再定義するプロセスで，認知的次元などの次元（形態）を対象範囲からそぎ落としてしまっていることである。またTims et al.（2012）を注意深く読めばわかるとおり，4次元のうち「妨害的な仕事の要求度の低減」はその他の3次元とは異なる傾向を持つ次元として捉えられている。その後の実証研究でも，必ずしも4次元すべてを用いるのではなく,「構造的な仕事の資源の向上」を除いた3次元を用いる研究や,「妨害的な仕事の要求度の低減」を除いた3次元を用いる研究（例えばKim & Beehr, 2020）や,「構造的な仕事の資源の向上」を除いた3次元をもとにしたデイリー版のJC尺度の開発（Petrou, 2012）もなされている。このように下位次元の扱いについては必ずしも統一的な見解に至ってない点には注意が必要である。なお，これらの点については，4.3で改めて取り上げる。

4.2　実証研究の増加

このようにJD-Rモデルをベースとした再定義がなされ，それに基づいた測定尺度が開発されることで，JC研究が活性化した。当初は尺度開発を行ったMaria Tims, Arnold B. Bakker, Daantje Derksをはじめとしたオランダの研究者がその尺度を利用した実証研究を精力的に発表していたが，JD-Rモデルベースの再概念化を利用する研究者が拡大し，研究の増加とともにJC研究という領域が確立されたといえる。

Timsらの尺度を使用した実証研究が多く蓄積されるにつれて，JCの先行要因や結果要因の探求が活発になされた。そうしたJCの先行要因や結果要因に関する実証研究はかなりのボリュームがあるため，ここでは個々の研究には言及せず，メタ分析やレビュー論文を利用して，JCの先行要因や結果要因に関する成果を紹介することにする。

JD-Rモデルベースの実証研究を対象としたRudolph et al.（2017）のメタ分析では，JCとさまざまな先行変数および成果変数との関係を検討する概念モデルが提示され，変数間の相関関係が検討されている（図1-3）。

概念モデルで示された相関関係の検討に先立って，Rudolph et al.（2017）は，JD-R型JCモデルで想定された4つの次元を1因子として想定する確認的因子分析を行っている。その結果，1次元モデルがある程度満足のいく適合度を示すことを明らかにしている[3]。そこで，以下では4次元モデルを1因子に統合した「全体としてのJC（over all job crafting）」と各変数との関係について紹介していく。

まず，先行要因として想定される要因との関係が検討されている。従業員

3　ただしRudolph et al.（2017）では，次元間の相関分析では「妨害的な（仕事の）要求度の低減」と「対人関係における（仕事の）資源の向上」の間にみられた正の相関の値は相対的に小さく，結果の解釈の際に注意を要することも同時に報告している。この点については4.3で改めて言及する。

図 1-3　Rudolph et al.（2017）のメタ分析における概念モデル

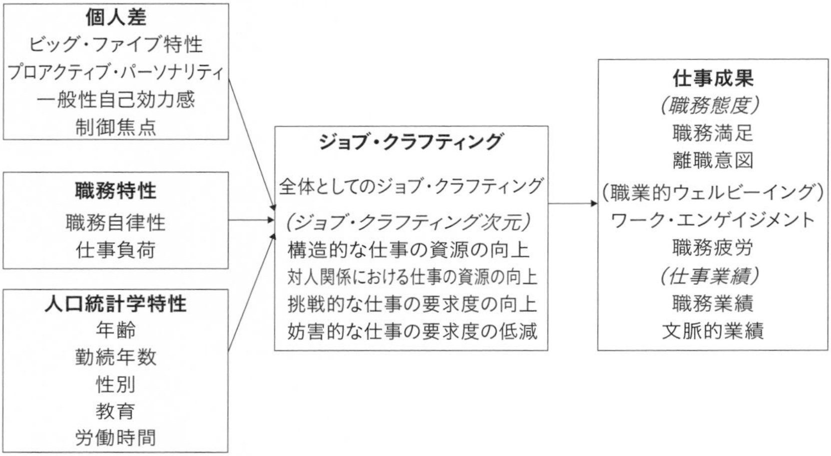

出所　Rudolph et al.（2017）の図１をもとに筆者作成

の個人差要因とJCの関係を検討した結果，ビッグファイブのうち調和性，誠実性，外向性，経験への開放性との間に正の相関がみられた。また，一般的自己効力感との間にも正の相関がみられた。さらに制御焦点との関係も検討されているが，促進焦点および予防焦点のどちらにおいても正の相関がみられることが報告されている。あわせて職務特性である職務自律性と仕事量の関係が検討されている。その結果，職務自律性と仕事量のどちらも正の相関がみられることが報告されている。

次に，結果要因として想定される要因との関係が報告されている。まず職務満足度とは正の相関があるが，離職意図とは有意な関係がみられなかった。またワーク・エンゲイジメントとは正の相関があるが，職務疲労とは負の相関があることが示された。仕事の業績については，自己評価ならびに他者評価の職務業績と正の相関があることが示されている。加えて文脈的業績との間にも正の相関があることが示されている。以上のような結果は，プロアクティブ行動の一般モデル（Bindl & Parker, 2010）とおおむね整合的であったと総括されている[4]。

Rodolph et al.（2017）では，2016年末までに出版された研究がメタ分析の対象であったが，その後もJCの先行要因や結果要因に関する研究が進められている。Zhang & Parker (2019) は，後述するように異なる研究動向の統合を試みるとともに，先行要因や結果要因も幅広くレビューしている。JD-R型のJC研究のメタ分析 (Lichtenthaler & Fischbach, 2016 ; Rudolph et al., 2017) で扱われていたものに加えて，後ほど言及するオリジナルモデルに沿った3次元を想定した研究の結果もレビュー対象に含めて，個人レベルのJC研究の知見を整理している。図1-4のように，先行要因として社会的状況（例えば，上司のリーダーシップスタイル）が与える影響が示唆されているほか，JCがもたらす成果として心理的資本やエンプロイアビリティの向上，さらには職場の他者にもよい影響を与えることが示唆されている。また，JCが成果変数に影響を与える際の仲介変数や，調整変数の存在も指摘している。

こうしたレビュー研究では取り上げられていないが，JCがワーク・エンゲイジメントの向上といったポジティブな効果を導くことが示す研究の増加とともに，介入研究も少しずつなされるようになっている。ここでいう介入研究とは，JCを行うような刺激を与えるようにデザインされた何らかのトレーニングや手法を用いて，研究者が就労者への働きかけを行い，その結果を報告するものである。Oprea et al. (2019) は，2018年1月までに出版された介入研究のメタ分析の結果，JCの増加やワーク・エンゲイジメントの向上に効果があったと報告している。もっとも，有意な結果が得られなかった次元（資源の向上）があることや，有意な結果が得られなかった研究が複数あることも示している。研究者によって採用している介入方法や測定尺度などが異なっていることが研究結果のばらつきに影響をもたらしていると想像されるが，同時に，Berg et al. (in press) が示唆しているような境界条件の検討も今後進展することが期待される。

4　紙幅の関係で人口統計学的特性とJCの関係に関する記述を割愛したが，年齢や勤続年数との関係においてはプロアクティブ行動の一般モデルと合致しない結果もみられた。

図1-4　Zhang & Parker（2019）における先行研究を統合したモデル図

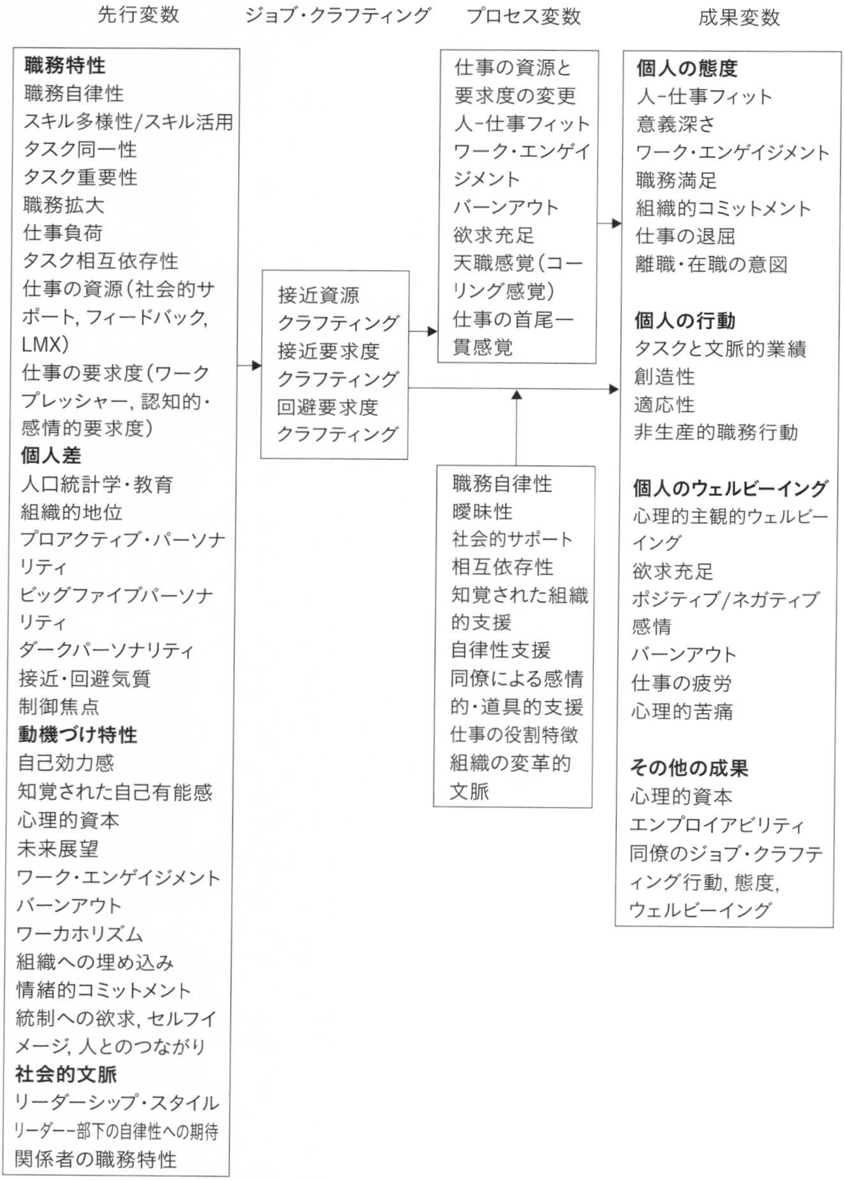
先行変数
ジョブ・クラフティング
プロセス変数
成果変数
職務特性
職務自律性
スキル多様性/スキル活用
タスク同一性
タスク重要性
職務拡大
仕事負荷
タスク相互依存性
仕事の資源（社会的サポート，フィードバック，LMX）
仕事の要求度（ワークプレッシャー，認知的・感情的要求度）
個人差
人口統計学・教育
組織的地位
プロアクティブ・パーソナリティ
ビッグファイブパーソナリティ
ダークパーソナリティ
接近・回避気質
制御焦点
動機づけ特性
自己効力感
知覚された自己有能感
心理的資本
未来展望
ワーク・エンゲイジメント
バーンアウト
ワーカホリズム
組織への埋め込み
情緒的コミットメント
統制への欲求，セルフイメージ，人とのつながり
社会的文脈
リーダーシップ・スタイル
リーダー－部下の自律性への期待
関係者の職務特性
接近資源クラフティング
接近要求度クラフティング
回避要求度クラフティング
仕事の資源と要求度の変更
人－仕事フィット
ワーク・エンゲイジメント
バーンアウト
欲求充足
天職感覚（コーリング感覚）
仕事の首尾一貫感覚
職務自律性
曖昧性
社会的サポート
相互依存性
知覚された組織的支援
自律性支援
同僚による感情的・道具的支援
仕事の役割特徴
組織の変革的文脈
個人の態度
人－仕事フィット
意義深さ
ワーク・エンゲイジメント
職務満足
組織的コミットメント
仕事の退屈
離職・在職の意図
個人の行動
タスクと文脈的業績
創造性
適応性
非生産的職務行動
個人のウェルビーイング
心理的主観的ウェルビーイング
欲求充足
ポジティブ/ネガティブ感情
バーンアウト
仕事の疲労
心理的苦痛
その他の成果
心理的資本
エンプロイアビリティ
同僚のジョブ・クラフティング行動，態度，ウェルビーイング

出所　Zhang & Parker（2019）図4をもとに筆者作成

4.3　ジョブ・クラフティング概念の分化と統合の試み

このように実証研究が進展するとともに，JCの捉え方に関する議論が生じてきた。まず，JD-Rベースの実証研究の進展によって顕在化してきた，動機もしくは志向性をめぐる議論を取り上げる。次にJD-Rモデルではなく，Wrzesniewski & Dutton（2001）のオリジナルモデルに依拠して3次元構造を想定した実証研究の登場について言及する。さらに，そうした2つの潮流を統合しようとした試みを紹介する。

先に取り上げたRudolph et al.（2017）では，メタ分析によって図1-3のモデルを検証したことに加えて，重要な発見事実が示されている。本文および注3で言及していたが，JD-Rベースモデルの4つの次元のうち「妨害的な仕事の要求度の低減」次元が，それ以外の3つの次元とかなり異なる性質を持つことである。「妨害的な仕事の要求度の低減」は，自己効力感，タスク自律性などの先行要因，さらには職務満足，ワーク・エンゲイジメントなどの結果変数と負の関係が見出された。

4.1でも言及していたように，尺度を開発したTims et al.（2012）でも「妨害的な仕事の要求度の低減」と他の3次元との違いは意識されていたが，これらの違いは，その後，接近志向－回避志向（Elliot & Covington, 2001）または促進焦点－予防焦点（Higgins, 1997, 1998）という動機づけ理論と関連づけられた[5]。一言でいえば，接近志向／促進焦点とはポジティブ結果を得ようとするものであり，回避志向／予防焦点とはネガティブな結果を避けようとするものである。「妨害的な仕事の要求度の低減」は，回避志向／予防焦点によって生じ，「挑戦的な仕事の要求度の向上」などのその他の3つの次元は，接近志向／促進焦点から生じるとみなされている。

Lichtenthaler & Fischbach（2018）は，促進焦点／予防焦点の区別を採用したメタ分析[6]を行っている。そこでは，促進志向のJCは，ワーク・エンゲイジメントや業績などと正の関係があるのに対して，予防志向のJCは，

5　これら2つの理論はJC研究においてはほぼ代替可能なものとして捉えられている。

6　Lichtenthaler & Fischbach（2018）のメタ分析の対象は，JD-Rモデルベースの研究だけではなく，3次元モデルに依拠した研究も含まれている。

ワーク・エンゲイジメントの対極と位置づけられるバーンアウト（Schaufeli & Bakker, 2004）と正の関係があることが示されている。

後述するJC概念の統合の試みにおいても，接近－回避もしくは促進－予防という対置がさまざまなJCを分類する軸や整理を行う階層として用いられており，促進／接近と回避／予防を分けてJCを分類することは一般的になっている（cf. Bindl et al., 2019）。

JCの捉え方に関連する別の研究動向として，概念提唱時の３次元に依拠した定量的研究の登場について言及する。Slemp & Vella-Brodrick（2013）やNiessen et al.（2016）はJD-Rモデルベースの概念化における認知的JCの欠落を問題視し，Wrzesniewski & Dutton（2001）の３次元を反映した尺度を開発した。また，Weseler & Niessen（2016）やSekiguchi et al.（2017）も３次元を扱う新たな尺度を用いた研究を行っている[7]。論文数でいうとJD-Rモデルベースが多数を占めているものの，こうした尺度を利用した実証研究も少しずつ増えつつある。

このようにJC研究全体が拡大し，JD-Rモデル系，３次元系のどちらも研究が増えてきた中で，それらをどのように統合するかが研究課題として認識されるようになった。

Bruning & Campion（2018）は，そうした統合に取り組んだ最初の研究である。彼らのアイデアはシンプルで，JD-Rモデルベースのものを資源（resource）クラフティング，Wrzesniewski & Dutton（2001）の３次元を踏まえたものを役割（role）クラフティングとして対置して１つの軸に置いた。さらに，接近志向—回避志向をもう１つの軸とした４次元を想定したが，彼らはそうした枠組みの正当性について理論的な裏づけを十分に示しているとはいえない。

同様に２つの研究潮流の統合に取り組んだZhang & Parker（2019）は，４つの問題点を指摘している。第１に，何がJCなのかについて２つの研究群間に乖離があること。第２に，認知的JCがJCの一種かどうかについて未

7　Weseler & Niessen（2016）は，タスク・クラフティングと関係性クラフティングを拡大と縮小に分けて，５次元の尺度を用いている。

解決のままであること。第3に，JCと他のプロアクティブ行動との異同が不明であることを挙げている。Zhang & Parker（2019）は特に「妨害的な仕事の要求度の低減」JCを挙げながら，この種のJCが主体的な行動といえるのかどうかについて疑問を呈している。最後に，2つのアプローチでは測定方法が異なっていることを挙げている。定量的研究に関してJD-R型の研究が多い一方で，オリジナルモデルに基づく定量的研究も蓄積されており，双方の知見を統合して理解する必要が指摘されている。

それらの問題点を踏まえてZhang & Parker（2019）はJCを3つの階層で整理する統合モデルを提示している。第1の階層は，JCの志向性に注目する整理である。すでに述べたようにJD-R型モデルでも指摘された接近型か回避型によってJCを異なるタイプに分類している。Zhang & Parker（2019）はこの第1の階層を重視したレビューを行っているが，この点については先に述べたとおりである。第2の階層は，JCの形態に注目した整理である。ここでいう形態とは認知的次元か行動的次元かに注目する整理である。第3の階層は，クラフティングの中身についての整理であり，資源に対するものか要求に対するものかによる整理である。Zhang & Parker（2019）は3つの階層からなる統合モデル（2の3乗で8種類が含まれる）を提唱し，これまで分離したJC研究を同じ傘の下に再配置する試みを行っている（図1-5）。

彼らの図式は非常に整理されているものの，JD-Rモデル系，3次元系それぞれが有している前提の違いまで視野に入れた上で，統合モデルが提案されているわけではない。第4章（「ジョブ・クラフティングがもたらす職業性ス

図1-5　Zhang & Parker（2019）による統合モデル

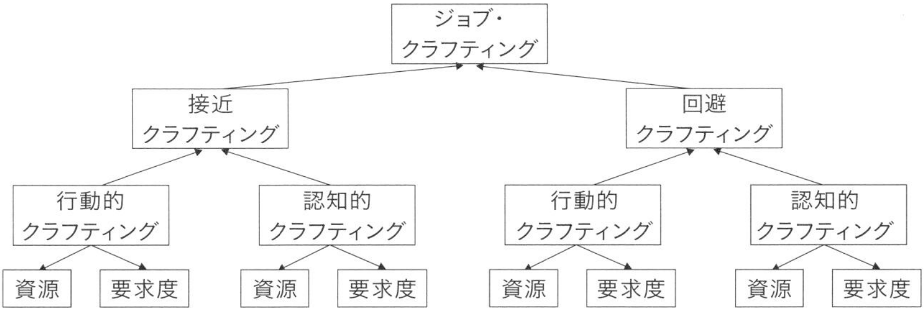

出所　Zhang & Parker（2019）図1-1をもとに筆者作成

トレス研究の新たな展開」）でも論じられているように，2つの系譜は人間モデルや環境の捉え方といった基本仮定において相違があり，JCの次元や類型を整理・統合するだけではそれらを架橋したことにはならない。

そうした基本仮定の違いはそれぞれのバックボーンとなっているジョブ・デザイン理論（JD-Rモデル，職務特性論）に由来する部分も小さくない。近年のワーク・デザイン論においてもそれらの統合が実現していない（cf. Parker et al., 2017）が，ワーク・デザイン研究が進展しても統合が進んでいないことには仕事（job/work）が持つ多面性が関わっているように思われる。3次元系のバックボーンである職務特性モデル（cf. Hackman & Oldham, 1975）は，ハーズバーグなどの議論のように仕事が高次の欲求の充足に貢献しうることを前提としているのに対して，JD-Rモデルの源流の1つであるKarasek（1979）のJD-Cモデル（Job Demand- Control モデル）では，その論文タイトルのように仕事による精神的疲労（strain）を問題としていた。このように，仕事のどのような面に光を当てるのかが，それぞれのモデルで異なっている。JCのJD-Rモデル系，3次元系も，そうしたジョブ・デザイン理論に含まれていた仮定や問題意識を引き継いでいることから，こうした背景にまで立ち戻った考察がなされなければ，誰もが納得するJC概念の統合が実現しえないといえる。そうした統合が可能かどうか見通せないものの，相当難しいものであることは確かである。

現時点（2022年9月）時点では，Zhang & Parker（2019）統合モデルの実証研究がみられないこと，次節でも述べるようにさまざまな新たなJCの形式が提案されていることなどを踏まえると，彼女らの提案はJC研究を包含しようとしたことに対したことに対して評価を与えられるものの，その枠組みが今後のJC研究を大きく方向づけるものにはならないと予想される。

5. 近年の研究動向と日本の研究

ここまではJC研究の大きな流れを紹介してきたが，最後に本節では今後の研究の展開を見据えて，Tims et al.（2022）に基づいて近年の研究トレンドを概観するとともに（5.1），日本における研究の特徴を紹介する（5.2）。

5.1　近年の研究トレンド

図1-1でも示したように近年のJC研究は著しく増加している。そうした中で，Tims et al.（2022）は比較的新しい，2016年～2021年出版の研究を中心に文献レビューを行い，近年のJC研究における研究を6つのトレンドに整理して紹介している（表1-1）。

トレンド1では，従来の研究におけるJCとその結果に関する素朴な見方の更新を迫る研究を紹介している。従来の多くの研究で確認されてきたのは，接近クラフティングがワーク・エンゲイジメントの向上をはじめとしたポジティブな効果をもたらす一方，回避クラフティングには逆方向の効果がみられるといった関係であった。しかし，そうした単純化された捉え方を再考するきっかけとなる研究が登場している。

例えば，接近クラフティングが仕事量の増加を導く結果，バーンアウトを増加させる（Harju et al., 2021）[8]，特定の文化的条件のもとでは回避クラフティングと成果の関係が正になりうる（cf. Boehnlein & Baum, 2020），といった研究結果が紹介されている。また接近クラフティングと回避クラフティン

表1-1　Tims et al.（2022）による研究トレンドのまとめ

レベル	トレンド
個人パースペクティブ	Trend 1：ジョブ・クラフティング（接近／回避クラフティング）のより深い理解の探求
	Trend 2：新たなジョブ・クラフティングの形態の発見
チーム・パースペクティブ	Trend 3：協同（collaborative）クラフティングによる個人やチームの成果に対する関心の再興
	Trend 4：協同（collaborative）クラフティングに対する社会的相互作用や関係性の重要性
社会性パースペクティブ	Trend 5：社会的環境に埋め込まれた個人のJC
	Trend 6：ジョブ・クラフティングについての他者（同僚，上司）の見方

Tims et al.（2022）p. 69 Figure.1をもとに筆者作成

グ間の交互作用を検討した研究も取り上げられている（e.g. Petrou & Xanthopoulou, 2021）。こうした研究は，JC と成果の関係について，より緻密な検討が必要であることを示している。

トレンド２では，従来の多くの研究が採用してきた Tims et al.（2012）の４次元や Wrzesniewski & Dutton（2001）由来の３次元以外の，新しく提唱された JC 形式が紹介されている。具体的には，自分の強みや関心を活かすクラフティング（Kooij et al., 2017），成長の機会を志向するクラフティング（Kuijpers et al., 2020）などである。さらに，職務を超えた範囲にもクラフティングという考え方の適用が広がっていることも取り上げている。例えば，キャリア・クラフィティング（De Vos et al., 2019），レジャー・クラフティング（Petrou & Bakker, 2016），ホーム・クラフティング（Demerouti et al., 2020）などが紹介されている。

トレンド３および４では，チームレベルでのクラフティングを取り上げている。協同クラフティング（cf. Leana et al., 2009）が，チームレベルの成果だけでなく個人の成果にとってもポジティブな効果がみられることに関する検証がトレンド３で紹介されている，トレンド４では，協同クラフティングを促進するには，社会的相互作用や関係性がカギとなることが示されている（e.g. Mäkikangas et al., 2017）。

トレンド５および６では個人の JC に戻り，社会的な視点を取り入れた研究が紹介されている。トレンド５では，JC が社会的な環境に埋め込まれており，ポジティブな社会的関係やさまざまなリーダーシップが接近クラフティングを促進するといった研究が挙げられている（e.g. Audenaert et al., 2020）。さらに，次のトレンド６と関係しているが，ある従業員の JC がモデルとなり，その従業員の同僚による模倣が生じることも言及されている（e.g. Bakker et al., 2016）。

トレンド６では，JC に対する他者の視点が取り上げられている。JC が周囲から観察可能であるという前提のもと[9]，同僚や上司から JC がどのよう

8　ただし，接近クラフティングが仕事の複雑性を高め，それによってバーンアウトを低下させる効果も示されている。

に受け止められているかに関するいくつかの研究が挙げられている。総じていえば，同僚や上司が接近クラフティングを観察した場合，ポジティブな評価や反応を示すのに対し，回避クラフティングでは逆の反応がみられることが紹介されている。さらに，そうした関係性を調整する要因（政治スキルや意図の帰属など）や，周囲の評価がJCを行った本人に対する影響などの検討も進められている（e.g. Fong et al., 2021）。

このように，社会性への注目といった新しい視点の導入や，職務以外へのクラフティング概念といった拡大とともに，交互作用の検討などの精緻化も進行しながら，JCの実証研究が発展しつつある。

5.2　日本の近年の研究

最後に，日本におけるこれまでのJC研究についても触れておくことにしたい。第3節でも言及したように，JD-Rモデルをベースとした再定義が提案されるよりも前に森永（2009）や関口（2009; 2010）などによってJC研究がなされていたことは特筆すべきことといえる。

そうした先取り的な研究がなされていたことが関係していると思われるが，日本の研究には，欧米のものとやや異なる特徴を見出すことができる。第1の特徴は，3次元モデルに依拠した研究が比較的多いことである。例えば，介入研究において海外の研究ではJD-Rモデルベースの尺度が用いられることが多いが（cf. Oprea et al., 2019），Sakuraya（2016; 2020）では3次元モデルに則った尺度で介入によるJCの変化が測定されている[10]。それと関連する第2の特徴としては，Wrzesniewski & Dutton（2001）の概念提唱時の問題意識に立ち返り，JCと仕事の意味やアイデンティティとの関係性を捉えようとする研究がみられることである（e.g. 藤澤・高尾，2020; 高尾，2021）。

なお，JD-Rモデルベースの研究も着実に蓄積が進んでいる。その重要なきっかけの1つは，Eguchi et al.（2016）によってTims et al.（2012）の尺

9　尺度開発を行ったTimes et al.（2012）でもJCについて自己評定と同僚による評定の間に有意な関係が示されていた。もっとも，行動に現れるとは限らない認知的クラフティングが周囲から観察可能かどうかを検討した研究は見当たらない。

10　なお，Sakuraya（2017）ではJD-Rベースの尺度が用いられている。

度の日本語版が開発されたことである。看護学領域での研究（e.g. 井奈波，2020），産業保健における研究（e.g. Sakuraya, 2017）やMatsuo（2019）などがそうした研究として挙げられる。

第3の特徴は，特定のキャリア段階の従業員に注目した研究の存在である。欧米では，加齢への適応という観点からシニア労働者のJCを取り上げた研究はいくらかあるものの（e.g, Kooij et al., 2021），JC研究全体に占める比率は小さい。一方，日本では，役職定年や定年後再雇用といったシニア労働者固有の変化を踏まえた研究がなされていることに加えて（e.g, 岸田，2019; 石山・高尾，2021），若年労働者に焦点を当てた池田ほか（2020）の研究もある。こうした研究からは，働く人たちが置かれている状況に寄り添った研究を志向する意識がうかがえる。

最後にもう1点特徴を挙げるとすれば，JCの先行変数の検討において，欧米の研究の追試にとどまらず，新たな要因が検討されていることである。Sekiguchi et al.（2017）が社会的埋め込みパースペクティブを提唱したこともその1つだが，他にも組織外の経験（石山，2018; 藤澤・高尾，2020），上司のインクルーシブ・リーダーシップ（荒木，2019; 森永，2022）などが先行要因として取り上げられている。

先に挙げたような欧米を中心とした他国の動向も踏まえつつ，こうした多様性を持つ日本のJC研究が世界のJC研究に貢献することが今後期待される。

〈参考文献〉

荒木淳子（2019）．「雇用形態の異なる社員が協働する職場のマネジメント—上司のインクルーシブ・リーダーシップに着目して」『産業能率大学紀要』*39*(2)，41-53.

Audenaert, M., George, B., Bauwens, R., Decuypere, A., Descamps, A.-M., Muylaert, J., Ma, R. and Decramer, A. (2020). Empowering leadership, social support, and job crafting in public organizations: A multilevel study. *Public Personnel Management, 49*(3), 367-392.

Bakker, A. B., Rodríguez-Muñoz, A., & Sanz Vergel, A. I. (2016). Modelling job crafting behaviours: Implications for work engagement. *Human Relations, 69*(1), 169-189.

Berg, J. M., Dutton, J. E., & Wrzesniewski, A. (2013). Job crafting and meaningful work. In B. J. Dik, Z. S. Byrne, & M. F. Steger (Eds.), *Purpose and meaning in the workplace* (pp. 81-104). American Psychological Association.

Berg, J. M., Wrzesniewski, A., & Dutton, J. E. (2010). Perceiving and responding to challenges in job crafting at different ranks: When proactivity requires adaptivity. *Journal of Organizational Behavior, 31*(2-3), 158-186.

Berg, J. M., Wrzesniewski, A., Grant, A. M., Kurkoski, J., & Welle, B. (in press). Getting unstuck: The effects of growth mindsets about the self and job on happiness at work. *Journal of Applied Psychology*. https://doi.org/10.1037/apl0001021

Bindl, U., & Parker, S. K. (2010). Proactive work behavior: Forward-thinking and change-oriented action in organizations. In S. Zedeck (Vol. Ed.), *APA handbook of Industrial and organizational psychology. Vol. 2. APA handbook of Industrial and organizational psychology* (pp. 567-598). American Psychological Association.

Bindl, U. K., Unsworth, K. L., Gibson, C. B., & Stride, C. B. (2019). Job crafting revisited: Implications of an extended framework for active changes at work. *Journal of Applied Psychology, 104*(5), 605-628.

Boehnlein, P. and Baum, M. (2022). Does job crafting always lead to employee well-being and performance? Meta-analytical evidence on the moderating role of societal culture. *International Journal of Human Resource Management, 33*(4), 647-685.

Bruning, P. F., & Campion, M. A. (2018). A Role-resource approach-avoidance model of job crafting: A multimethod integration and extension of job crafting theory. *Academy of Management Journal, 61*(2), 499-522.

Demerouti, E., Bakker, A. B., Nachreiner, F., & Schaufeli, W. B. (2001). The job demands-resources model of burnout. *Journal of Applied psychology, 86*(3), 499-512.

Demerouti, E., Hewett, R., Haun, V., De Gieter, S., Rodríguez-Sánchez, A., & Skakon, J. (2020). From job crafting to home crafting: A daily diary study among six European countries. *Human Relations, 73*(7), 1010-1035.

De Vos, A., Akkermans, J. and Van der Heijden, B. (2019), "From occupational choice to career crafting", Gunz, H., Lazarova, M. and Mayrhofer, W. (Eds), *The Routledge Companion to Career Studies* (pp. 128-142). Routledge.

Eguchi, H., Shimazu, A., Bakker, A. B., Tims, M., Kamiyama, K., Hara, Y., ... & Kawakami, N. (2016). Validation of the Japanese version of the job crafting scale. *Journal of Occupational Health, 58*(3), 231-240.

Elliot, A. J., & Covington, M. V. (2001). Approach and avoidance motivation.

Educational Psychology Review, 13, 73-92.

Fong, C. Y. M., Tims, M., Khapova, S. N., & Beijer, S. (2021). Supervisor reactions to avoidance job crafting: The role of political skill and approach job crafting. *Applied Psychology = Psychologie Appliquee, 70* (3), 1209-1241.

藤澤理恵・高尾義明 (2020).「プロボノ活動におけるビジネス―ソーシャル越境経験がジョブ・クラフティングに及ぼす影響」『経営行動科学』*31*(3), 69-84.

Hackman, J. R., Richard Hackman, J., & Oldham, G. R. (1975). Development of the Job Diagnostic Survey. *Journal of Applied Psychology, 60*(2), 159-170.

Hakanen, J. J., & Roodt, G. (2010). Using the job demands-resources model to predict engagement: Analysing a conceptual model. In A.B. Bakker and M. P. Leoter (Eds.), *Work engagement: A handbook of essential theory and research* (pp. 85-101). Psychology Press.

Harju, L. K., Kaltiainen, J., & Hakanen, J. J. (2021). The double-edged sword of job crafting: The effects of job crafting on changes in job demands and employee well-being. *Human Resource Management, 60*(6), 953-968.

Higgins, E. T. (1997). Beyond pleasure and pain. *American psychologist, 52* (12), 1280-1300.

Higgins, E. T. (1998). Promotion and prevention: Regulatory focus as a motivational principle. In *Advances in experimental social psychology* (Vol. 30, pp. 1-46). Academic Press.

池田めぐみ・池尻良平・鈴木智之・城戸楓・土屋裕介・今井良・山内祐平 (2020).「若年労働者のジョブ・クラフティングと職場における能力向上」『日本教育工学会論文誌』*44*(2), 203-212.

井奈波良一 (2020).「女性病院看護師のプロアクティブパーソナリティ特性とジョブ・クラフティングおよびワーク・エンゲイジメントの関係」『日本健康医学会雑誌』*29*(1), 39-45.

石山恒貴 (2018).「副業を含む社外活動とジョブ・クラフティングの関係性―本業に対する人材育成の効果の検討」『日本労働研究雑誌』*691*, 82-92.

石山恒貴・高尾真紀子 (2021).「役職定年制と定年再雇用対象者におけるワーク・エンゲイジメントの実態と規定要因」『日本労務学会誌』*21*(3), 43-62.

Karasek, Jr., R. A. (1979). Job demands, job decision latitude, and mental strain: Implications for job redesign. *Administrative Science Quarterly, 24*(2), 285-308.

Kim, M., & Beehr, T. A. (2020). Job crafting mediates how empowering leadership and employees' core self-evaluations predict favourable and unfavourable outcomes. *European Journal of Work and Organizational Psychology, 29*(1), 126-139.

岸田泰則（2019）．「高齢雇用者のジョブ・クラフティングの規定要因とその影響―修正版グラウンデッド・セオリー・アプローチからの探索的検討」『日本労働研究雑誌』*703*，65-75.

Kooij, D. T. A. M., van Woerkom, M., Wilkenloh, J., Dorenbosch, L., & Denissen, J. J. A. (2017). Job crafting towards strengths and interests: The effects of a job crafting intervention on person-job fit and the role of age. *Journal of Applied Psychology, 102*(6), 971-981.

Kooij, D. T. A. M., De Lange, A. H., & Van De Voorde, K. (2021). Stimulating Job Crafting Behaviors of Older Workers: the Influence of Opportunity-Enhancing Human Resource Practices and Psychological Empowerment. *European Journal of Work and Organizational Psychology*, 1-13.

Kuijpers, E., Kooij, D. T. A. M., & van Woerkom, M. (2019). Align your job with yourself: The relationship between a job crafting intervention and work engagement, and the role of workload. *Journal of Occupational Health Psychology. 25*(1), 1-16.

Leana, C., Appelbaum, E., & Shevchuk, I. (2009). Work process and quality of care in early childhood education: The role of job crafting. *Academy of Management Journal, 52*(6), 1169-1192.

Lichtenthaler, P. W., & Fischbach, A. (2016). Job crafting and motivation to continue working beyond retirement age. *Career Development International, 21*(5), 477-497.

Lichtenthaler, P. W., & Fischbach, A. (2018). A meta-analysis on promotion- and prevention-focused job crafting. *European Journal of Work and Organizational Psychology, 28*(1), 30-50.

Lyons, P. (2008). The Crafting of Jobs and Individual Differences. *Journal of Business and Psychology, 23*(1), 25-36.

Mäkikangas, A., Bakker, A. B., & Schaufeli, W. B. (2017). Antecedents of daily team job crafting. *European Journal of Work and Organizational Psychology, 26*(3), 421-433.

Matsuo, M. (2019). Effect of learning goal orientation on work engagement through job crafting: A moderated mediation approach. *Personnel Review, 48*(1), 220-233.

森永雄太（2009）．「ジョブ・クラフティングモデルに関する実証的検討」『六甲台論集―経営学編』*56*(2)，63-79.

森永雄太（2019）．『ウェルビーイング経営の考え方と進め方：健康経営の新展開』労働新聞社.

森永雄太（2022）．「インクルーシブ・リーダーシップがジョブ・クラフティングに与える影響のメカニズム」『組織学会2022年度研究発表大会要旨集』，94-99.

Niessen, C., Weseler, D., & Kostova, P. (2016). When and why do individuals craft their jobs? The role of individual motivation and work characteristics for job crafting. *Human Relations, 69*(6), 1287-1313.

Oldham, G. R., & Hackman, J. R. (2010). Not what it was and not what it will be: The future of job design research. *Journal of Organizational Behavior, 31*(2-3), 463-479.

Oprea, B. T., Barzin, L., Vîrgă, D., Iliescu, D., & Rusu, A. (2019). Effectiveness of job crafting interventions: a meta-analysis and utility analysis. *European Journal of Work and Organizational Psychology, 28*(6), 723-741.

Parker, S. K., Morgeson, F. P., & Johns, G. (2017). One hundred years of work design research: Looking back and looking forward. *Journal of Applied Psychology, 102*(3), 403-420.

Petrou, P., & Bakker, A. B. (2016). Crafting one's leisure time in response to high job strain. *Human Relations, 69*(2), 507-529.

Petrou, P., Demerouti, E., Peeters, M. C. W., Schaufeli, W. B., & Hetland, J. (2012). Crafting a job on a daily basis: Contextual correlates and the link to work engagement. *Journal of Organizational Behavior, 33*(8), 1120-1141.

Petrou, P. and Xanthopoulou, D. (2020). Interactive effects of approach and avoidance job crafting in explaining weekly variations in work performance and employability. *Applied Psychology: An International Review, 70*(3), 1345-1359.

Rudolph, C. W., Katz, I. M., Lavigne, K. N., & Zacher, H. (2017). Job crafting: A meta-analysis of relationships with individual differences, job characteristics, and work outcomes. *Journal of Vocational Behavior, 102*, 112-138.

Sakuraya, A., Shimazu, A., Eguchi, H., Kamiyama, K., Hara, Y., Namba, K., & Kawakami, N. (2017). Job crafting, work engagement, and psychological distress among Japanese employees: a cross-sectional study. *BioPsychoSocial Medicine, 11*, 6.

Sakuraya, A., Shimazu, A., Imamura, K., & Kawakami, N. (2020). Effects of a job crafting intervention program on work engagement among Japanese employees: A randomized controlled trial. *Frontiers in Psychology, 11*, 235.

Sakuraya, A., Shimazu, A., Imamura, K., Namba, K., & Kawakami, N. (2016). Effects of a job crafting intervention program on work engagement among Japanese employees: a pretest-posttest study. *BMC Psychology, 4*(1), 49.

Schaufeli, W. B., & Bakker, A. B. (2004). Job demands, job resources, and their relationship with burnout and engagement: A multi-sample study. *Journal of Organizational Behavior, 25*(3), 293-315.

関口倫紀（2009）「ジョブ・クラフティング：働く個人による主体的なジョブデ

ザイン：大学生のアルバイト場面における尺度化を中心に」『経営行動科学学会年次大会発表論文集』*12*，290-293.

関口倫紀（2010）.「大学生のアルバイト経験とキャリア形成」『日本労働研究雑誌』*52*(9)，67-85.

Sekiguchi, T., Li, J., & Hosomi, M. (2017). Predicting job crafting from the socially embedded perspective: The interactive effect of job autonomy, social skill, and employee status. *Journal of Applied Behavioral Science, 53*(4), 470-497.

Slemp, G. R. & Vella-Brodrick, D. A. (2013). The job crafting questionnaire: A new scale to measure the extent to which employees engage in job crafting. *International Journal of Wellbeing, 3*(2), 126-146.

高尾義明（2021）.「関係性の境界を認知的に変更するジョブ・クラフティング：Wrzesniewski and Dutton（2001）の定義に基づいた新しいジョブ・クラフティング形式」『経済経営研究』*3*，33-45.

Tims, M., & Bakker, A. B. (2010). Job crafting: Towards a new model of individual job redesign. *SA Journal of Industrial Psychology, 36*(2), 1-9.

Tims, M., Bakker, A. B., & Derks, D. (2012). Development and validation of the job crafting scale. *Journal of Vocational Behavior, 80*(1), 173-186.

Tims, M., Twemlow, M., & Man, F. C. Y. (2022). A state-of-the-art overview of job-crafting research: current trends and future research directions. *Career Development International, 27*(1), 54-78.

Weseler, D., & Niessen, C. (2016). How job crafting relates to task performance. *Journal of Managerial Psychology, 31*(3), 672-685.

Wrzesniewski, A., & Dutton, J. E. (2001). Crafting a job: Revisioning employees as active crafters of their work. *Academy of Management Review, 26*(2), 179-201.

Zhang, F., & Parker, S. K. (2019). Reorienting job crafting research: A hierarchical structure of job crafting concepts and integrative review. *Journal of Organizational Behavior. 40*(2): 126-146.

（高尾　義明・森永　雄太）

関係性クラフティングの拡張と統合

仕事の意味の変化メカニズムへの注目から

第2章

1. はじめに

第1章でも紹介したように，ジョブ・クラフティング（以下ではJCと略記する）のもともとの定義にはタスク境界の変化のみならず関係的境界の変化も含められている。Wrzesniewski & Dutton（2001）[1]は，その形態（form）としてタスク・クラフティング（タスクJC），関係性クラフティング（関係性JC），認知的クラフティング（認知的JC）の3つを示していた。JC論の理論的バックボーンの1つがジョブ・デザイン論（cf. Hackman & Oldham, 1980）だったことを踏まえると，ジョブを構成するタスクの変更を意味するタスクJCがJCの形態の1つとして含められることは当然といえる。しかし，その他の2つの形態が，JCに含められるべきであるかはそれほど自明ではない。

認知的JCの扱いについては，JC研究者の中でも見解が分かれている（第1章参照）。見解の相違は，客観的な変化だけでなく主観的な変化も重視するかどうかに大きく依存しており，後者も重視すべきという立場を取るならば（cf. Niessen et al., 2016; Slemp & Vella-Brodrick, 2013），認知的JCもJCの一形

1　本章ではWrzesniewski & Dutton（2001）を頻繁に参照するため，以降ではW&D（2001）と略記する（括弧内ではW&D, 2001と表記することもある）。

態に含められることになる。

このように認知的JCについては，それをどのように扱うかについて議論がなされてきたのに対して，関係性JCを含めることの妥当性については，これまでほとんど議論がなされてこなかった。関係性JCは，「仕事において出会う他者との相互作用の質または量のどちらか，あるいは両方を変更すること」（W&D, 2001 p. 185）と説明されているが，こうした関係的境界の変更は，程度の差はあるとしても日常的に生じている。そうした他者との相互作用に関する変化すべてを関係性JCとみなすことは，JCの概念規定を曖昧にする恐れがある。

JC概念を提唱したW&D（2001）では，タスク境界および関係的境界の変化が，仕事の意味およびワーク・アイデンティティを変えていくことが繰り返し主張されていた。したがって，仕事の意味やワーク・アイデンティティの変化を導きうるかどうかを，JCの範囲を定める1つの基準と考えることができる。本章ではそれらのうち仕事の意味の変化に注目するが，後述するように，関係的境界の変化が仕事の意味の変化にどのようにつながるのかはW&D（2001）でも十分な説明がなされていなかった。

そこで本章では関係的境界の変化が仕事の意味に変化を与えるメカニズムの検討を通じて，関係性JCの範囲を明確にすることを試みる。まず，第2節では，概念提唱者らが自明視していた関係性JCが仕事の意味に影響を及ぼすメカニズムを，彼らが関わった研究も参照しながら明らかにする。次に，そこでは取り上げられていなかった，関係性の変更が仕事の意味に影響を及ぼす異なるメカニズムを第3節以降で取り上げ，それらを含めた形で関係性JCの統合的拡張を図る。

こうした本章の試みは，関係性JCをよりきめ細かく扱うことが可能にする枠組みを提示し，それによって関係性JCのインパクトを精確に把握する道を拓くことに役立つ。これまでのJC研究では，ごく一部の例外（e.g. Rofcanin et al., 2019）を除けば，関係性JCは注目されてこなかった。しかし，本章の考察を踏まえて関係性JCが仕事の意味に対して影響を与えるさまざまなメカニズムが今後検討されることで，関係性JCに対する関心が高まるだけでなく，仕事の意味の変化プロセスの解明に対しても貢献しうるだろう。

2. 仕事を解釈する手がかりを提供する社会的環境の変更

本節では，W&D（2001）において社会的情報処理パースペクティブが参照されており，社会的環境が仕事を解釈する手がかりを提供しているという前提に立ち，仕事の意味づけを保持・強化するものとして関係性 JC が捉えられていたことを明らかにする。

2.1　Wrzesniewski & Dutton（2001）が前提としていたジョブ・デザイン研究

W&D（2001）では，JC がジョブ・デザインや社会的環境を変え，さらに仕事の意味やワーク・アイデンティティの変化につながるというモデルが提示されている（第1章 図1-2参照）。しかし，JC がどのように仕事の意味の変化につながるのかについて，必ずしも十分な説明がなされているとはいえない。

まず，仕事の意味に関する記述を確認する。W&D（2001）の JC の影響を論じたセクション（pp. 186-7）では，仕事の目的をリフレームできるような仕事や関係性の変化によって仕事の意味が変化し，目的の感覚の増大につながることが仕事の意味を変えるという程度の曖昧な記述しかなされておらず，3つの JC 形態に紐づけた説明はなされていない[2]。

しかし，関連概念との関係を論じたセクション（pp. 187-8）の社会的情報処理パースペクティブ（Salancik & Pfeffer, 1978）の関係を論じている箇所から，JC を通じた社会的環境の変化と仕事の意味の変化の関係についての説明を読み取ることができる。ジョブ・デザイン研究の代表ともいえる職務特性モデル（cf. Hackman & Oldham, 1980）以来，客観的な職務特性が従業員の

2　一方，ワーク・アイデンティティについては，関係性 JC がどのように影響をもたらすかを，同じセクションで明確に論じている。Schlenker（1985）などを参照しながら，人は仕事の場で相互作用する他者とワーク・アイデンティティをいわば共創しており，そうした他者に対して選択的に影響を与えることで自らのアイデンティティを変化する自由度を持っているとしている（p. 186）。

仕事の有意味性の知覚に影響を与えるとされてきた。それに対して，「タスクは純粋に客観的なものではなく，その仕事に従事する従業員によって社会的に構築される」（p. 188）ことを認める社会的情報処理パースペクティブの洞察がジョブ・デザイン研究に導入され，社会的環境が職務特性の認知に影響を与えると捉えられるようになった。

もっとも，社会的情報処理パースペクティブを取り入れた統合的なジョブ・デザイン論（cf. Griffin, 1987）は，個人を社会的な情報を受動的に受け取る存在と捉えていた。それに対して，個人が社会的環境を自ら変える能動性を有しているとしたのがW&D（2001）であった（cf. 高尾，2020）。

社会的情報処理パースペクティブによれば，「他者からの社会的情報や手がかりは仕事の意味に対するインプットとして作用する」（p. 188）ことから，社会的環境が変われば仕事に対する知覚，さらには仕事の意味も変わりうることになる。こうしたジョブ・デザイン研究の潮流を踏まえることで，W&D（2001）が社会的環境に変化をもたらす関係性JCをJCの一形態として含められるのを当然と考えていた背景が明確となる。

2.2　肯定的な手がかりを提供する他者との相互作用

さらに，Wrzesniewski et al.（2003）では，関係性が仕事の意味を変えるプロセスについて，個人の主観レベルに焦点を当てたモデルを提示している。そのモデルで取り上げられたプロセスを簡潔に要約すれば，仕事や役割，自分自身に関する手がかり（cue）を他者との相互作用から得て，そうした手がかりによって個人の内部で仕事や役割，自己の捉え方が変わっていくというものとなる。このように仕事などについての意味を解釈する手がかりとして他者を位置づけるならば，関係性JCは，得られる手がかりを変化させることを通じて仕事の意味の変化につながる。

Wrzesniewski et al.（2003）のモデルでは，他者からの手がかりが自分にとって肯定的なもの（affirming）であるか，否定的（disaffirming）なものであるかが重要であるとされている。それと加えて，JCの動機の1つとして自己に対するポジティブなイメージを保持したいという欲求が前提とされていることを踏まえるならば，肯定的な手がかりを提供する他者との関わりを増やしたり，そうした他者との関係を深めていくといった関係性の変化が，概念提唱者らによって想定されていた関係性JCであるといえる。例えば，Niessen et al.（2016）の関係性JC尺度に含まれているような，「私は，職場で仲の良い人と一緒に仕事をする機会を探す」といった行動はそれに該当するといえるだろう。このように，W&D（2001）の3次元を反映させた研究では，既存の関係の中でも肯定的な手がかりが提供されるような関係性を強めたり増やしていくことで，自らがすでに持っている仕事の意味づけを保持・深化させることが主に想定されている。

しかし，自らがすでに持っている仕事に対する認知を強化するようなメカニズム以外によっても関係性の変化が仕事の意味づけを変えていくことはあり得るのではないだろうか。また，肯定的な手がかりを提供する他者との関係性のみを重視することは，閉鎖的な社会的環境の構築につながりうるとも考えられる。こうした疑問を踏まえ，次節では，仕事をどのように捉えるのかについての手がかりを提供する他者への働きかけ，という関係性JCに対する見方とは異なった観点を導入し，社会的環境への働きかけを通じて仕事の意味に影響を及ぼすメカニズムについて検討を進める。

3. リソースとしての関係性と仕事の意味

前節の最後で挙げた疑問に取り組むために，本節では社会的関係性を異なった角度から取り上げた研究を参照する。具体的には，社会的な関係性をリソースと捉えて，仕事の意味と関連づけたRobertsonら（Robertson et al., 2020）のモデルを導入する。

3.1　リソースとしての関係性

前節で紹介した，社会的環境が仕事に対する認知を左右するものであり，それを自ら変えることで仕事に対する意味が変化するという関係は，従業員自身の認知が重要な役割を果たすことを前提としている。しかし，JCの実証研究において重要な転換点となった，JD-Rモデルを下敷きに再構成されたJCのモデル（Tims & Bakker, 2010）では，認知的クラフティングが含められず，客観的な変化のみが取り上げられることになった。その結果として，関係性JCが社会的環境を変えることを通じて仕事の意味を変化させるというW&D（2001）の想定も，当然ながら抜け落ちることになった。

しかし，JD-Rモデル系JC研究では関係性JCも扱っているとされており，関係性JCはリソースの変化とみなされている（Demerouti, 2014）。すなわち，関係性はリソースの一種として扱われており，JD-Rモデルを下敷きにした典型的尺度であるTims et al.（2012）において，「対人関係における（仕事の）資源の向上」が1つの次元として含まれていることでもそれは明らかである。

このように，JD-R系のJC研究では，関係性についてのW&D（2001）の暗黙の想定を取り込まなかったものの，関係性への働きかけとしてのJCが仕事の意味に与える異なるメカニズムを捉えるために有用な視点がそこには含まれていた。それは，リソースとして関係性を捉えるという視点である。

関係性をリソースとして捉えるという見方は，後に参照するような社会的ネットワーク論でも前提となっており，社会科学において決して珍しいものではない。そこで，関係性をリソースと捉える視点を取り入れ，関係性を変えることが仕事の意味にどのようにつながるのかを検討する。以下で示していくように，関係性をリソースと捉える見方を導入することによって，オリジナルモデルでは必ずしも想定されていなかった，仕事の意味が変化するメカニズムが組み入れられることになる。

3.2　リソースとしての関係性と仕事の意味についてのモデル

関係性をリソースと捉えて仕事の意味との関連を検討するために，仕事の意味に関する包括的な文献レビューを行ったRossoら（Rosso et al., 2010）の図式を社会的ネットワーク論と結びつける枠組みを提示したRobertsonらのモデル（Robertson et al., 2020）を土台として用いる。仕事の意味を感じさせる経路およびそれに適合する社会的ネットワークを複数想定する彼らの基本的主張をまず紹介し，その上で仕事の意味を高める関係性がどのようなものかを取り上げていく。

Robertson らの基本的主張

Robertson らの基本的な主張は以下の3点に要約することができる。

(i)個人が仕事の意味を感じる経路（pathway）は複数（3つ）存在し，それぞれの経路に関わる目的志向的行動や，そうした行動を強化する心理的メカニズムは異なっている

(ii)埋め込まれている社会的ネットワークによって，個人がアクセスできるリソースが左右される

(iii)個人は，自らが重視する経路を歩む行動を取る際に社会的ネットワークからのリソースを活用できれば，仕事の意味を感じやすくなる。

まず，(i)について簡単に説明する。ここで取り上げられる仕事の意味を感じる複数の経路はRobertson らのオリジナルではなく，仕事の意味に関する包括的レビューを行ったRosso らが示した図式に基づいている（図2-1)。図2-1の縦軸である行為主体性（agency）－共同性（communion）はBakan（1966）に依拠するもので，前者が分離，拡張，支配，創造といった動機を意味するのに対して，後者は，他者との接触や接続，帰属，結合などの動機が含まれている。横軸は，行動が自己（self）志向的なのか他者（others）志向的なのかという区別であり，それらを掛け合わせることで4つの経路が示されている。

Robertson らのモデルではそこから「個性化」(individuation),「一体化」(unification),「貢献」(contribution）の3つの経路が採用されている。残りの1つは図2-1の左下に位置する真正性（authenticity）に由来する「自己接続」であるが，Robertson らのモデルでは，調整要因に位置づけられている。

それらの経路に関する目的志向的行動を取ることで，仕事の意味を感じられると仮定されているが，労働者一人一人はこれらの経路を同じように重視しているわけではない。Robertson らでは真正性（authenticity）による調整効果を含めることで，個人によって重要と考える経路が異なっていることをモデルに組み込んでいる。

次に，彼らが採用した3つの経路を簡単に紹介する。「個性化」経路とは，自らに価値があると感じられるという経路であり（Rosso et al., 2010: p. 115),

図 2-1　意義ある仕事への 4 つの主要な経路

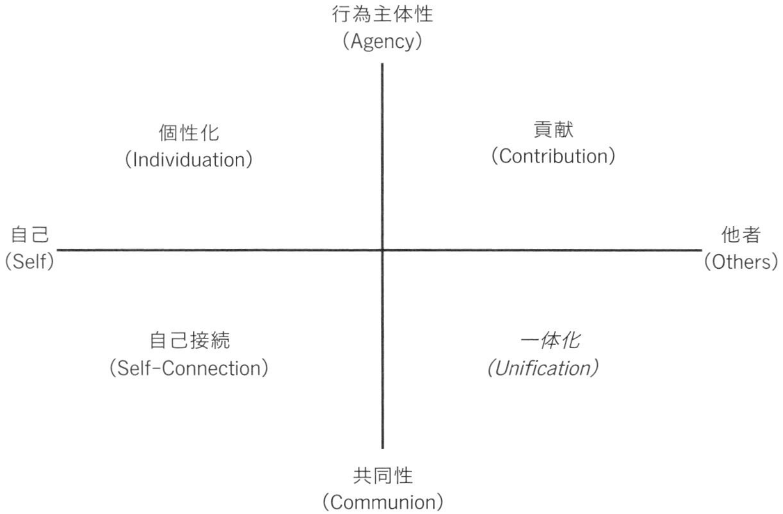

出所　Rosso et al.（2010）の p. 114，Figure1 を筆者が抜粋して翻訳

自らが業績をあげたり，自身のプロフェッショナルとしての可能性を発揮したりするなどして，自分自身が有能で自律的であると感じられることで促進される。第2の「一体化」経路では，他者との調和や親密な関係を築き，集団への帰属感や一体感が感じられることが重視される。第3の経路である「貢献」経路は，他者に対してポジティブな違いを生み出せているという感覚を持てる行動を取ることで発展する。それは，2つの関連する心理メカニズムによって強化されると考えられている（Rosso et al., 2010）。1つ目は社会的意義であり，自分の仕事の努力は広く社会にとって重要で価値があるという信念を持てることである。もう1つは，自分の努力が最終的に受益者に良い影響を与えることを感じられるという「ポジティブインパクト」である。

基本的な主張の(ii)は，社会的ネットワーク論の基本テーゼそのものである。例えば，新奇性の高い知識は弱い紐帯から得やすい（cf. Granovetter, 1973）のに対して，相互信頼や暗黙的な知識の移転は強い紐帯からなる凝集的なネットワークの方が有利である（cf. Krackhardt, 1992）といった知見が社会的ネットワーク論で積み重ねられてきた。

基本的主張の(iii)は，(i)(ii)の基本的主張を組み合わせることで導出される。3つの経路に関連する行動や心理的メカニズムをサポートするようなリソースを得やすいネットワークを構築している個人は，仕事の意味をより感じやすいということになる。なぜなら，ネットワークから得られるリソースによって，個人が重視する経路を歩みやすくなるからである。(iii)の主張は，個人の重視する経路とネットワークから得られるリソースとのフィットが重要であると言い換えることもできる。

3つの経路と適合するリソースを得るネットワーク

以上で紹介したRobertsonらのモデルの基本的主張を踏まえて，具体的に3つの経路と適合するネットワークがどのようなものかを次に述べていく。

表2-1にあるように，「個性化」経路に有用なリソースは，自身の有能さを高める新奇性のある知識や情報，サポートなどである。したがって，それらへのアクセスを可能にする道具的紐帯[3]を多く含むネットワークが「個性化」経路と適合的である。新奇性のある知識が得られる紐帯の多くは不安定な弱い紐帯だが，それに加えて上位者などと強い紐帯を築くことでそこからサポートも得て，プロフェッショナルとしての発達や熟達が促進される。さらに，ネットワークにおいて中心的な位置を占めることで，他者に対する競争優位性を獲得できることも「個性化」にとってプラスに働く。Robertsonらのモデルでは，こうしたネットワークは「起業家ネットワーク」と呼ばれている。

次に，「一体化」経路に適合するのは，強い表出的紐帯によって構成された，密度が高いネットワークである。こうしたネットワークは，社会的サポートの持続的交換を可能にし，強い信頼感を提供する。そうした信頼できる関係をもとに，価値観や信念などが共有され，一体感が生み出されることを可能にすることが，「一体化」経路にとって重要である。Robertsonらは，

3　Umphress et al.（2003）によれば，道具的紐帯とは業務を達成するために必要な情報，アドバイス，リソースを集めるといったものであるのに対して，表出的紐帯とは対人感情の表現に関わるものとされる。前者は情報や認知を基盤としており，後者は規範的で感情を基盤としているが，これらは排他的ではなく，オーバーラップすることも一般的である。

表 2-1　仕事の意味への経路・それを促進するリソース・適合するネットワーク

経路	目的志向的行動と強化する心理的メカニズム	経路を歩むことを促進するリソース	適合するネットワーク
「個性化」	【目的志向行動】仕事上の成果や熟達に関わることやプロフェッショナルとしての可能性の最大限の発揮 【強化する心理的メカニズム】コンピテンス（有能さ）・自律性	・豊富で多様な道具的リソース ・プロフェッショナルとしての発達サポートのための道具的リソースへのある程度のアクセス	道具的紐帯数が多く，自身が中心的位置を占めている「起業家的ネットワーク」 ※紐帯の強さは大半が弱いが，強いものも含まれている
「一体化」	【目的志向行動】調和のとれた心理的に親密な関係を築くこと 【強化する心理的メカニズム】帰属感・社会的同一化	・持続的かつ安定的な社会的サポート ・相互の対人信頼 ・共有された属性（価値観，信念，態度など）	強い表出的紐帯によって構成された，密度が高い「クリーク・ネットワーク」
「貢献」	【目的志向行動】他者の生活にポジティブで意義ある影響を与える活動に従事すること 【強化する心理的メカニズム】社会的意義・ポジティブインパクト	・社会的課題に対する合意形成とコミットメントの共有 ・質の高い道具的サポート ・社会課題に関係する多様な専門性，知識，アドバイスへのアクセス	表出的かつ道具的な強い紐帯からなる中核的なネットワークと，優れた貢献をするための知識を得る弱い道具的紐帯からなる周辺的ネットワークが結びついた「中核と周辺からなるネットワーク」

出所　Robertson et al.（2020）の Figure2（p. 601），Figure3（p. 605）を参考にして筆者作成

そうしたネットワークを「クリーク・ネットワーク」と呼んでいる。

第３の「貢献」経路に適合するネットワークは，上位の「個性化」経路および「一体化」経路それぞれに適合的なネットワークの特徴を併せ持っており，「中核と周辺からなるネットワーク」（Borgatti & Everett, 2000）とも呼ばれている[4]。すなわち，表出的かつ道具的な強い紐帯からなる中核的なネッ

4　Robertson et al.（2020）では，こうしたネットワークが実践共同体ネットワークとも呼ばれているが，実践共同体（community of practice）の定義はさまざまであり誤解を招きうる可能性があるために，ここでは「中核と周辺からなるネットワーク」という表現を採用した。

トワークと，優れた貢献をするための知識を得る弱い道具的紐帯からなる周辺的ネットワークが結びついたものである。

表出的かつ道具的な強い紐帯という多重的な結びつきでは，自らが信じる大義（cause）に対する理解やコミットメントを他者と共有することで，仕事の社会的意義に対する確信が強まるだけでなく，質の高い道具的支援もそこから得ることができる。

もっとも，多重的な結びつきから構成される中核ネットワークのみでは，新しいアイデアや知識から遮断されがちである（Borgatti & Everett, 2000）。それによって，新しい課題や環境の変化への対処に限界が生じることもあり，その結果として，他者に対して「ポジティブインパクト」を与えられていないと感じてしまうようになるかもしれない。そこで重要となってくるのが「周辺的な道具的紐帯」であり，そこからアクセスできる新たな知識，専門性，助言というリソースを活用し，活動の有効性を高めることで他者（受益者）に対する「ポジティブインパクト」を実感しやすくなる。

次節では，以上のような仕事の意義の経路と適合した関係性を構築しようとすることを関係性 JC と捉えることで，関係性 JC がカバーする領域の拡張を図る。

4. 関係性ジョブ・クラフティングの拡張と統合

前節の内容を踏まえて本節では関係性 JC の拡張を提案し，さらに第2節で取り上げた認知に影響を及ぼす社会的環境の変更としての JC との統合を図る。

4.1　リソース拡張としての関係性 JC

前節で紹介した Robertson らのモデルを踏まえて，そこから導出できる関係性 JC を素描する。すなわち，3つの経路に適合したリソースへのアクセスを可能にするネットワーク構築を意図した関係性の質や量の変化がどういったものになるかを検討する（表2-2）。

表 2-2　経路に適合的な関係性ジョブ・クラフティングの例

他者の位置づけ	経路	その経路を歩むことと適合的な関係性ジョブ・クラフティングの例
仕事の意義を高めるためのリソースの提供者	「個性化」	・知識や情報，スキルを得て自分の能力を高めるために，新たな関係性を探索し，ネットワークを拡げる ・上司や同僚といった既存の身近な関係性から，サポートを引き出す ・自身の存在感を高めるために，お互いにつながっていない人たちの間で情報を媒介する
	「一体化」	・身近な他者との情緒的な結びつきを強める ・身近な他者を信頼し，サポートする ・集団への所属感を維持するために，集団の凝集性や紐帯の密度を高めるための集団維持行動を取る
	「貢献」	・仕事の社会的なインパクトの重視を共有できる上司や同僚との関係性を深める ・仕事の社会的意義の重要性を共有できる他者を探す ・仕事の社会的意義を共有できない人たちとの関係に深入りしないようにする
仕事の意味を解釈する手がかりの提供者	「自己接続」	・自らの仕事に対して肯定的な手がかりを提供する他者との関わりを増やす ・そうした他者との関係を深める

出所　筆者作成

まず，「個性化」に向けた関係構築では，知識や情報，スキルを得るために，新たな関係性を探索し，ネットワークを拡げることが重要となる。同時に，上司や同僚といった既存の身近な関係性から，サポートを引き出すことも含まれる。後者については，JD-R モデルをベースとした JC 研究で取り上げられていた「対人関係における（仕事の）資源の向上」がそれに当たるといえる。さらに，お互いにつながっていない人たちを媒介するようなポジションを自らが占め，ネットワークにおける中心性を高めることも関係性 JC といえる。さらに，そうしたポジションを取れるように，他者の持つネットワークを把握することも関係性 JC に含めて考えることもできるだろう。

次に，「一体化」に適合する関係構築としては，身近な他者との情緒的な結びつきを強め，短期的な利害の考慮をいったん保留してそうした他者を信頼し，サポートすることなどが挙げられる。さらに，自らの所属する集団の凝集性や紐帯の密度を高める集団維持行動も，関係性 JC に含められる。

「貢献」に適合するネットワーク構築行動は，身近な同僚や上司との多重的なつながりを強めることと，新たな知識や情報を得るために弱い紐帯を拡げることに分解できる。前者については，多重的関係が強調されている点がやや異なっているものの，「一体化」とオーバーラップする部分が大きい。後者については「個性化」の該当する部分とほぼ同じといえる。

ただし，「貢献」に向かう関係性 JC が「個性化」「一体化」に向かうものと重ならない点があり，それは自らの仕事の社会的意義に関わる部分である。核となるネットワークについては，仕事の社会的なインパクトの重視を共有できる上司や同僚との関係性を深めることや，仕事の社会的意義の重要性を共有できる他者を探すといった，社会的意義の共有やそれへのコミットメントがカギになる。逆に，仕事の社会的意義を共有できない人たちとの関係に深入りしないようにするといった，関係縮小的な JC も想定できる。周辺的ネットワークについては，仕事の社会的意義へのインパクトを高めるために役立つ知識やスキルを得られる新たな関係性を探すことなどが挙げられる。

「個性化」・「一体化」・「貢献」それぞれの経路に適合した関係性 JC は，関係性の質や量の変化を伴うという意味では W&D（2001）の包括的な定義に包含されるともいえる。しかし，このように細分化して捉えることで，後に挙げるように関係性 JC のインパクトをより正確に把握することに役立つと考えられる。

4.2　認知環境の変更としての JC との統合

このように，Robertson らのモデルに依拠し，他者との関係性をリソースと捉えることによって関係性 JC の拡張と細分化を行ったが，それらは最初に挙げた，認知を左右する環境としての社会的関係とどのような関係になるだろうか。

すでに取り上げた３つの経路を志向する関係性 JC 間においてもオーバーラップがあるように，具体的な行動レベルでみればリソース追求的な関係性 JC と，第２節で取り上げた仕事の認知に関わる社会的環境への働きかけとしての JC の間でオーバーラップする部分はみられる。その点については後ほど改めて取り上げることとして，ここでは経路の導出まで立ち戻って関係を整理することにしたい。

Robertsonらが依拠していたRossoらの図式（図2-1）では仕事の意味への経路として4つの次元が挙げられていたが，それらのうちRobertsonらは3つの次元のみを取り上げていた。そこで取り上げられなかったのは，「自己接続」（self-connection）であり，そこでのキーワードは「自分の行動と『真の』自己の認識との間にある一貫性または整合性の感覚」（Rosso et al., 2010: p. 108）と定義された真正性（authenticity）であった。

Rosso et al.（2010）は，真正性を高め，「自己接続」の経路を歩んでいると感じられるメカニズムとして，自己一致（self-concordance），アイデンティティ確証（identity affirmation），パーソナルなエンゲイジメント（personal engagement）を挙げているが，他者との関係性が関わるのは第2のメカニズムであるアイデンティティ確証である。他者との相互作用によって，自らの持つ自己像と同じように他者が自分をみていると感じられることは，自己確証となり真正性の感覚を強めるとされている。

第2節でWrzesniewski et al.（2003）のモデルを紹介したが，そこでは，他者からの手がかりが肯定的なもの（affirming）であるか，それとも否定的（disaffirming）なものであるかが重要であるとされていた。それを踏まえて，肯定的な手がかりを提供する他者との関わりを増やしたり，そうした他者との関係を深めていくといった関係性JCが想定されていると結論づけていた。

こうした関係性JCは，まさにアイデンティティ確証を求めたものである。W&D（2001）が前提としているように仕事の意味とワーク・アイデンティティが相互影響的な関係にあることを踏まえるならば，そうした関係性JCを，図2-1のRossoらの図式の第3象限に当たる，仕事の意味の「自己接続」を志向したものとみなすことができる。すなわち，自己の真正性を維持する関係性への働きかけとして，第2節で取り上げた，認知に影響を与える社会的環境への働きかけというJCを捉えられる。

このように考えれば，Rossoらが挙げた4つの経路を志向する関係性の変化として，関係性JCを統合的に捉えることができる（表2-2）。もちろん，先に言及したように，具体的な行動レベルでは，リソースを求める関係性

JCと「自己接続」を志向する関係性JCはオーバーラップする部分がある。例えば，「貢献」経路では自己の仕事に対する価値観を共有できるような関係性を深めていくことが適合的だが，それは自己の仕事観などに対して肯定的な手がかりを提供する他者との関わりを求めることにもつながるだろう。すなわち，「貢献」経路のためのネットワーク構築と「自己接続」のためのネットワーク構築は，同じような行動を導きうる。同様に，「一体化」経路における信頼関係の構築も，肯定的な手がかりを増やすことに寄与する。このように，行動レベルでは重複するものの，仕事の意味研究においてすでに確立されたものと認識されているRossoらの図式に基づいて，関係性JCを捉えることで概念的な整理が進むとともに，関係性JCをより具体的に捉える可能性が拓かれると考えられる。

5. ディスカッション：意義と今後の課題

本章では，個人にとってのリソースの源泉として社会的ネットワークを取り上げて，意味の経路と結びつけた議論（Robertson et al., 2020）を導入して関係性JCの拡張と細分化を図るとともに，明示的ではないがW&D（2001）が想定していた認知環境としての社会的関係性への働きかけという関係性JCの捉え方との統合を図った。最後に，本章での議論の理論的意義を3点提示するとともに，今後の課題を示す。

5.1　理論的意義

本章の検討の第1の意義は，Robertsonらのモデルを経由してRossoらのモデルを参照することで，仕事の意味の変化との関係づけという観点から関係性JCの根拠を明確にするとともに，関係性JCのブレイクダウンを図ったことである。冒頭に紹介したように，W&D（2001）における関係性JCの定義は非常に広く，他者との関係性の変更がすべて含まれるようにも解釈可能であった。また，JC概念を提唱したW&D（2001）では，なぜ関係性の境界が仕事の意味やワーク・アイデンティティの変化につながるのかについて十分な説明がなされていなかった。

その結果として，他の形態のJCと比べてその位置づけが不明確になっていたため，関係性JCのインパクトが正確に捉えられてこなかった。例えば，Geldenhuys et al.（2020）ではJCの３つの形態のうち関係性JCのみが仕事の意義深さと有意な関係がみられないという分析結果も示されていた。

しかし，Robertsonらのモデルが置いている前提のように，個人によって仕事の意味を何に求めるかが異なっているとすれば，それに応じてどのような関係性JCが個人の仕事の意味に対してインパクトを持ちうるかが違ってくる。これまでの研究では，関係性JCを広範囲に捉えており，それと同時に，仕事の意味に関わる個人の違いが十分に意識されていなかった。そのために，関係性JCのインパクトが低く見積もられてきた可能性がある。

本章で取り上げた「個性化」「一体化」「貢献」「自己接続」という４つのメカニズムを前提として，関係性JCを多面的なものと捉え，どのような相手とどういった関係性を構築しようとしているのかを細かく測定するとともに，何に仕事の意味を求めているのかを調整変数として分析することで，関係性JCのインパクトをより精確に把握できることが期待できる。このように，本章の議論から関係性JCに関するきめ細かい実証研究を導きうることが第１の意義である。

第２の意義は，近年のJC研究において課題とされている，W&D（2001）に由来する３次元モデルとJD-Rベースのモデルの統合と関わるものである。本章では，関係性クラフティングのみ取り上げているものの，JD-Rモデルベースの関係性JCの捉え方と，W&D（2001）の関係性JCの捉え方を，Rossoらの図式を用いて統合的に捉える枠組みを示した。

第１章でも述べられているように，３次元モデルを採用する研究とJD-Rモデルベースの研究の統合を図る研究が近年みられるようになっている。そうした統合を志向する研究で焦点が当てられがちなのは認知的クラフティングをどう位置づけるかであり（cf. Zhang & Parker, 2019），関係性JCに光が当てられることは少ない。しかし，第２節の議論などでもわかるように，仕事に対する認知に関係性が影響を及ぼしうることも踏まえれば，両者の統合を図る際に関係性JCに対しても考慮することが望ましい。本章の検討は，そうしたJC全体の統合に向けた研究にとっても意味を持ちうる。

第3の意義は，関係性JCの対象をダイアドレベルのみから，ネットワークレベルに拡げられる可能性を示したことである。これは，もちろん，社会的ネットワーク論を基盤にしたロバートソンらのモデルを導入した直接的な影響である。W&D（2001）の関係性の定義は包括的であるものの，そこで紹介されている例を踏まえればダイアドレベルの関係性が想定されていたことは明白である。JD-Rモデルに依拠して再概念化をおこなったモデルにおいても，その尺度などをみる限りでは，ダイアド的な関係が主に想定されていた。

しかし，社会的ネットワーク論でこれまでに議論が積み重ねられてきたように，対人関係の影響をより精確に把握するには，直接結合的関係のみから直接的な紐帯を有していないネットワークにまで視野を拡げることは有効であるといえるだろう。本章で取り上げた関係性JCでいえば，「個性化」におけるネットワークの中心性や，「一体化」におけるネットワークの密度などへの着目がその典型である。前者であれば，他者が保持しているネットワークを把握することなどが具体的な行動に含まれるかもしれない。後者であれば，自分が周りとよい関係を築いているだけではなく，集団として一体感を感じられるように集団全体に働きかけを行うことも関係性JCと呼びうる。このような拡張を行うことで，関係性JCの範囲を拡げるだけでなく，仕事の意味に対するインパクトをより精確に見積もることが期待できる。

5.2　今後の課題

最後に，今後検討すべき主要な研究課題を挙げておきたい。最初に挙げるべき課題は，本章の考察を反映した実証研究を展開するための関係性JCの測定尺度の構築である。「個性化」，「一体化」，「貢献」および「自己確証」という，仕事の意味の4つの経路に紐づけて関係性JCをきめ細かく捉えられるという本章の提唱に基づいて研究を進展させるためには，それぞれに紐づけた関係性JCを弁別的に測定できることがカギになる。具体的な行動には複数の意図が込められていたり，仕事の意味への経路を明確に意識せずに行動することも少なくないため，弁別性を高めるためにさまざまな工夫が必要だが，そうした尺度開発を進めることが実証研究を進めるために不可欠である。

その際に，既存の関係性 JC の尺度を参照することも有効であると考えられる。紙幅の関係で具体的な項目を取り上げないが，例えば Slemp & Vella-Brodrick（2013）や Weseler & Niessen（2016）には「一体化」に関わる測定に役立つ項目が含まれているのに対して，JD-R モデルに依拠した「対人関係における（仕事の）資源の向上」次元（Tims et al., 2012）や，それと理論的スタンスを共有している Rofcanin et al.（2019）では，「個性化」経路と相性のよい行動を測定しようとした項目が入っている。それらをうまく取り入れつつ，新たな項目も開発して，弁別性の高い尺度を開発することが求められる。また，Bindl et al.（2019）が開発した，近年の JC で注目されている促進志向／予防志向の違いを反映した尺度も参照すべきであろう。

測定尺度の構築という実証研究を志向した課題だけでなく，理論的側面についても取り組むべき課題が残されている。まず，何に仕事の意味を見出すかに関する個人の志向の変化に関する検討が挙げられる。Robertson らのモデルでは，そうした志向が変化しないことがいったん仮定されている[5]。しかし，ある一時点においても人はさまざまな側面について仕事の意味を見出す可能性があるのみならず，時間の経過とともにそうした志向やそれらの間の重みづけが変化しうる。他者との関係性やその変化を，そうした志向の変化の重要なきっかけの1つと考えることができることから，関係性の変化を通じた仕事の意味の志向の変化を検討することは重要な課題といえる。

本章では行動レベルの関係性 JC に絞って検討したが，W&D（2001）が提唱した関係的境界の変更には認知的な変化も含まれており（cf. 高尾，2021），認知的な関係的境界の変化との関係を検討することも今後の課題として挙げられる。例えば，「貢献」経路において，自分の仕事が影響を与えている他者（例えば顧客）との認知的なつながりが意識されることが含めて検討する

5　もっとも，Robertson et al.（2020）でも，今後の研究課題の1つとして，そうした志向が時間とともに変化しうることに言及し，JC との関連づけを検討することを挙げていた（p. 613）。本章は，それに応えたものの1つといえる。

ことなどが考えられる。自分の仕事の達成を通じて影響を与えている他者（beneficiary）との相互作用が，仕事の意味に変化を及ぼしうることが知られているが（cf. Grant, 2012），直接的な相互作用の機会がない場合でも，そうした他者との関係性を認知するように変化することはありうる。他にも，これまでは知識や必要なサポートといったリソースを得る手段としての他者を仕事仲間として捉え直すことで，仕事の意味が変わることがあるかもしれない（cf. Berg et al., 2013, 藤澤・高尾, 2020）。こうした認知的な関係的境界の変更についても，本章で提示したRossoらの図式に依拠した捉え方を適用して検討を進めることは，関係性JCの理解や仕事の意味の変化の解明にとって意義があると思われる。

〈参考文献〉

Bakan, D. (1966). The duality of human existence: An essay on psychology and religion. Rand McNally.

Berg, J. M., Dutton, J. E., & Wrzesniewski, A. (2013). Job crafting and meaningful work. In B. J. Dik, Z. S. Byrne, & M. F. Steger (Eds.), *Purpose and meaning in the workplace* (pp. 81-104). American Psychological Association.

Bindl, U. K., Unsworth, K. L., Gibson, C. B., & Stride, C. B. (2019). Job crafting revisited: Implications of an extended framework for active changes at work. *Journal of Applied Psychology, 104*(5), 605-628.

Borgatti, S. P., & Everett, M. G. (2000). Models of core/periphery structures. *Social Networks, 21*, 375-395.

Demerouti, E. (2014). Design your own job through job crafting. *European Psychologist. 19*(4), 237-247.

藤澤理恵・高尾義明（2021）.「仕事の境界を他者と共同構成する協同志向ジョブ・クラフティングの探索的検討」経営行動科学学会第24回年次大会発表論文集，201-208.

Geldenhuys, M., Bakker, A. B., & Demerouti, E. (2020). How task, relational and cognitive crafting relate to job performance: A weekly diary study on the role of meaningfulness. *European Journal of Work and Organizational Psychology, 30*(1), 83-94.

Granovetter, M. A. 1973. The strength of weak ties. *American Journal of Sociology, 78*, 1360-1380.

Grant, A. M. (2012). Leading with meaning: Beneficiary contact, prosocial impact, and the performance effects of transformational leadership. *Academy of Management Journal, 55*(2), 458-476.

Griffin, R. W. (1987). Toward an integrated theory of task design. *Research in Organizational Behavior, 9,* 79-120.

Hackman, J. R., & Oldham, G. R. (1980). *Work redesign.* Addison Wesley.

Krackhardt, D. 1992. The strength of strong ties: The importance of philos in organizations. In N. Nohria & R. G. Eccles (Eds.), *Networks and organizations: Structure, form, and action* (pp. 216-239). Harvard Business School Press.

Niessen, C., Weseler, D., & Kostova, P. (2016). When and why do individuals craft their jobs? The role of individual motivation and work characteristics for job crafting. *Human relations, 69*(6), 1287-1313.

Robertson, K. M., O'Reilly, J., & Hannah, D. R. (2020). Finding meaning in relationships: The impact of network ties and structure on the meaningfulness of work. *Academy of Management Review, 45*(3), 596-619.

Rofcanin, Y., Bakker, A. B., Berber, A., Gölgeci, I., & Las Heras, M. (2019). Relational job crafting: Exploring the role of employee motives with a weekly diary study. *Human Relations, 72*(4), 859-886.

Rosso, B. D., Dekas, K. H., & Wrzesniewski, A. (2010). On the meaning of work: A theoretical integration and review. *Research in Organizational Behavior, 30,* 91-127.

Salancik, G. R., & Pfeffer, J. (1978). A social information processing approach to job attitudes and task design. *Administrative Science Quarterly, 23*(2), 224-253.

Schlenker, B. R. 1985. Identity and self-identification. In B. R. Schlenker (Ed.), *The self and social life* (pp. 65-99). McGraw-Hill.

Slemp, G. R., & Vella-Brodrick, D. A. (2013). The job crafting questionnaire: A new scale to measure the extent to which employees engage in job crafting. *International Journal of Wellbeing, 3*(2), 126-146.

高尾義明（2020).「ジョブ・クラフティングの思想―Wrzesniewski and Dutton（2001）再訪に基づいた今後のジョブ・クラフティング研究への示唆―」『経営哲学』*17*（2), 2-16.

高尾義明（2021).「関係性の境界を認知的に変更するジョブ・クラフティング：Wrzesniewski and Dutton（2001）の定義に基づいた新しいジョブ・クラフティング形式」『経済経営研究』*3*, 33-46.

Tims, M., & Bakker, A. B. (2010). Job crafting: Towards a new model of individual job redesign. *SA Journal of Industrial Psychology, 36*(2), 1-9.

Tims, M., Bakker, A. B., & Derks, D. (2012). Development and validation of the job crafting scale. *Journal of Vocational Behavior, 80*(1), 173-186.

Umphress, E. E., Labianca, G., Brass, D. J., Kass, E., & Scholten, L. (2003). The role of instrumental and expressive social ties in employees' perceptions of organizational justice. *Organization Science, 14*(6), 738-753.

Weseler, D., & Niessen, C. (2016). How job crafting relates to task performance. *Journal of Managerial Psychology, 31*(3), 21-33.

Wrzesniewski, A., & Dutton, J. E. (2001). Crafting a job: Revisioning employees as active crafters of their work. *Academy of Management Review, 26*(2), 179-201.

Wrzesniewski, A., Dutton, J. E., & Debebe, G. (2003). Interpersonal sensemaking and the meaning of work. *Research in Organizational Behavior, 25*, 93-135.

Zhang, F., & Parker, S. K. (2019). Reorienting job crafting research: A hierarchical structure of job crafting concepts and integrative review. *Journal of Organizational Behavior, 40*(2), 126-146.

（高尾　義明）

ジョブ・クラフティングの認知次元と構成主義

仕事の有意味性の影響

第3章

1. はじめに

個人が主体的に仕事の創意工夫を行うことを示す概念として，ジョブ・クラフティング（job crafting，以下 JC）がある。JC とは，「個人が職務または仕事に関連する境界に加える物理的および認知的変化」（Wrzesniewski & Dutton, 2001, p.179）と定義される。職務とは組織によって設計されるという従来のトップダウン・アプローチの前提（Hackman & Oldham, 1980）に対し，JC は，能動的な労働者がボトムアップ・アプローチにより，主体的に職務を創造（craft）するという点に意義がある（Berg et al., 2013; Wrzesniewski & Dutton, 2001）。

ところが JC は，その研究が蓄積されるにつれ，提唱者の Wrzesniewski and Dutton とは異なる発展を示すようになった。もともと提唱された JC は，仕事をタスク次元（以下，タスク JC），認知次元（以下，認知 JC），関係次元（以下，関係 JC）の 3 次元で個人が職務を主体的に創造しようとする。この Wrzesniewski and Dutton の JC 概念は，特に認知 JC と関係 JC について量的な操作化が当初困難であった。そこで，JC を操作的に定義し量的な実証を可能にしたものが，仕事の要求度と資源（Bakker & Demerouti, 2007; Demerouti et al., 2001）に基づく概念化である（Tims & Bakker, 2010; Tims et al., 2012)。その概念化に沿って，JC 尺度が設定された（Tims et al., 2012)。

Tims et al. の JC 尺度が作成されたことにより，JC は役割クラフティング（role crafting）と資源クラフティング（resource crafting）という2つのアプローチに区分されることになった。役割クラフティングは Wrzesniewski and Dutton（2001）の3次元モデル（以下，3次元モデル），資源クラフティングは Tims et al.（2012）の JC 尺度に基づく。役割という表現は，職務における個人の動機に着目している。具体的には，職務において個人が何を行い（タスク JC)，何を重視し（認知 JC)，誰と関わるか（関係 JC)，という役割の改善によってやりがいを高めるという観点でこうした表現になっている。他方，資源という表現は，仕事の要求度と資源の管理によって職務を改善するという観点から命名されている（Bruning & Campion, 2018)。

資源クラフティングによって実証的な研究の蓄積が進み，JC 研究そのものの発展を促した。他方，役割クラフティングは認知 JC と関係 JC を量的に示すことが難しく，その実証研究は驚くほど少なく，資源クラフティングに比べて研究蓄積が見劣りしている（Zhang & Parker, 2019)。しかし JC 研究の面白さと独自性は，認知 JC のリフレーミング（枠組みとしての視点の変更）を伴うことにより，労働者が主体的に職務を創造するという点にこそ，存在していたはずである（高尾，2020)。ところが実証を重視する資源クラフティングは，役割クラフティングと存在論と認識論において異なり，そのため認知 JC の重要性を看過することになった。

そこで本章はまず，存在論と認識論において資源クラフティングが実証主義に該当することを述べる。他方，役割クラフティングは実証主義を主要な立場とはせず，同時に心理的構成主義（constructivism）と社会構成主義（social constructionism）のいずれに依拠するのかについて，議論がある。そこで，役割クラフティングのメタ理論として議論の対象となっている心理的構成主義と社会構成主義の差異について述べる。その上で，役割クラフティングにおける認知 JC のリフレーミングと仕事の有意味性の関係性および日本の状況を検討することで，役割クラフティングの特徴が心理的構成主義に該当するのか，社会構成主義に該当するのかについて検討する。これらの検討を経た上で，認知 JC により仕事の有意味性を生成するという役割クラフティングの特徴と意義を明らかにし，今後の研究の方向性を示すことを本章の目的とする。

2. 資源クラフティングにおける認知ジョブ・クラフティングの看過

本節では資源クラフティングが実証主義に該当することを述べた上で，その枠組みの中で認知JCが看過されていった理由について論じる。資源クラフティングはJD-R（Job-Demands-Resources Model: JD-R Model）モデルに基づく（Bakker & Demerouti, 2007; Demerouti et al., 2001）。JD-Rモデルとは，ワーク・エンゲイジメント（Schaufeli et al., 2002; 島津，2014）を高めることを目的としたモデルである。ワーク・エンゲイジメントとは，個人の仕事に関連する充実した心理状態でありバーンアウト（燃え尽き）の反対概念である（Schaufeli et al., 2002; 島津，2014）。仕事の要求度（job-demands）は仕事による燃え尽きを高めてワーク・エンゲイジメントに負の影響をもたらすが，仕事の資源（job-resources）はワーク・エンゲイジメントに正の影響を与える。仕事の資源とは，負荷を軽減し個人の成長と発達を促す仕事面の要因であり，業務の自律性，ソーシャルサポート（職場での支援），上司との関係性，専門性開発の機会などが該当する（Bakker & Demerouti, 2017）。

資源クラフティングは，このJD-Rモデルの枠組みにしたがい，労働者が仕事の資源と仕事の要求度を整合させることで，健康的に働くインセンティブを持つことがその意義である。具体的には，労働者が仕事の資源を獲得し活用することにより，仕事の要求度を低減させ，人と仕事の適合度（person-job fit）を増加させる（Bruning & Campion, 2018; Lichtenthaler & Fischbach, 2019）。また資源クラフティングのメタ分析では，ワーク・エンゲイジメントの高い労働者がJCを行うことで仕事と個人の資源が増加し，さらにワーク・エンゲイジメントが高まるという循環的なモデルも示されている（Rudolph et al., 2017）。

ではどのような経緯で，資源クラフティングにおいて認知JCは看過されていったのだろうか。端的にいえば資源クラフティングが構想された段階で，認知JCの要素は排除されてしまっていた。資源クラフティングが構想された論文は，Tims and Bakker（2010）である。Tims and Bakkerによれば，関係JCと認知JCは他者から客観的に測定することが難しい。関係JCとは公式に職務定義にされるものではなく，職務の中でどれだけ他者との関わりがあったかを示す。認知JCは労働者にとっての職務の意義・重要性を示す。Tims and Bakkerにとっては，この2つのJCは労働者が実際に業務の何を創造したのか，他者にとって知ることができないものである。つまり労働者の主観でしか計測できない。

そこでTims and BakkerはJCをタスクJCに絞った上で，それをJD-Rモデルに組み込むことを提案した。具体的には，タスクJCを3次元に細分化する。「仕事の資源の増加」「挑戦的な仕事の要求度の増加」「妨害的な仕事の要求度の減少」である。仕事の要求度には挑戦的と妨害的の2種類の性質の要求が存在するとされているため，挑戦的な仕事は増加させ，妨害的な仕事は減少させることがタスクJCの目的となる。

このタスクJCの3次元を，Tims et al.（2012）は実際に尺度化した。その結果，「挑戦的な仕事の要求度の増加」と「妨害的な仕事の要求度の減少」は想定どおりの2次元となったが，「仕事の資源の増加」は，「職務知識や自律性という資源（構造的）」と「助言やフィードバックという資源（社会的）」の2次元に分割されたため，計4次元となった。3次元にはならなかったものの，Tims and Bakker（2010）の提唱した概念がほぼそのままJC尺度として具現化されたことになる。

資源クラフティングにおけるJC尺度が，他者からも客観的に測定可能な内容で操作的に定義されたことで，JC研究はより一層発展していく。結果として，メタ分析で示された資源クラフティングのモデルは，図3-1のとおりとなる。個人の特性，仕事の特徴，属性がJD-Rモデルを前提とするJCに媒介され，ワーク・エンゲイジメントを含む望ましい結果につながっていく（Rudolph et al., 2017）。

また資源クラフティングの発展の中で，注目されるべきは，「接近（approach）と回避（approachとavoidance）」（Elliot & Covington, 2001）または「促進（promotion）と予防（prevention）」（Higgins, 1997, 1998）という2

図 3-1　資源クラフティングのモデル

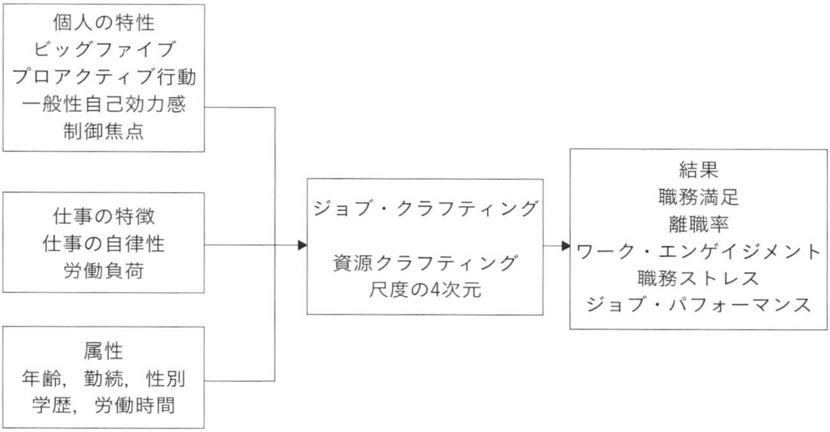

出所　Rudolph, C. W., Katz, I. M., Lavigne, K. N., & Zacher, H.（2017）. Job crafting: A meta-analysis of relationships with individual differences, job characteristics, and work outcomes. *Journal of Vocational Behavior*, 112-138 の P.102, Figure1 を抜粋して筆者が翻訳。

軸でも，JC を区分するという考え方が生じてきたことである。「接近と促進」とは喜びに近づきたい，「回避と予防」とは痛みから遠ざかりたいという人の姿勢を意味する（Bruning & Campion, 2018; Elliot & Covington, 2001; Higgins, 1997, 1998; Neubert et al., 2008）。

接近と促進および回避と予防については歴史的に長く論じられてきたが，人間行動の根底にあるものともされ，近年，特に動機づけ理論の領域で注目されている（Elliot & Covington, 2001）。JC において接近と促進は仕事の資源の増大や挑戦的な仕事の要求度の増大など，職務を増加させていくことが該当する。他方，回避と予防は，妨害的な仕事の要求度の減少など，職務を減少させていくことが該当する（Bruning & Campion, 2018; Lichtenthaler & Fischbach, 2019）。

ここまで述べてきたように，資源クラフティングは客観的に他者からも検証可能な性質のものとして操作的に定義され，JD-R モデルに基づき緻密に構築されたため，労働者のストレスを軽減し精神的な健康を保つという目的において実務的にも高い説明力を有し，JC 研究の発展に寄与したと考えられる。こうした資源クラフティングの特徴は，後述する実証主義の特徴に該当する。

ただし実証主義的な特徴を有する資源クラフティングでは，認知という他者から存在の有無を検証できないものに焦点を当てることは難しい。そのため資源クラフティングにおける認知JCはあくまで環境へのコーピングのようなものであり，仕事の境界を自ら積極的に形作るものとはされず（Tims & Bakker, 2010; Tims et al, 2012），その存在は看過されることになってしまった。

3. 役割クラフティング

本節では資源クラフティングと異なり，実証主義を主要な立場とはしない役割クラフティングについて論じていく。まず3.1では，役割クラフティングのメタ理論として議論の対象となっている心理的構成主義と社会構成主義の差異について論じる。その議論を踏まえて3.2では，心理的構成主義と社会構成主義が役割クラフティングに与えた影響について分析していく。

3.1　役割クラフティングのメタ理論：心理的構成主義と社会構成主義

他者が客観的に測定できる実証的な検証を重視する資源クラフティングに対し，役割クラフティングは存在論と認識論において異なる。Wrzesniewski and Dutton（2001）は，JCの視点が社会構成主義に基づくことを明言している。

研究が依拠する存在論と認識論の差異は，研究の方法論のあり方をめぐる議論としてパラダイム論争とも呼ばれてきた。パラダイムは実証主義と構成主義に大別される。研究パラダイムにおける実証主義とは，存在論としては研究者とは独立した客観的な現実（以下，リアリティ）が存在し，認識論としては研究者とは独立した研究対象を客観的に認識することを意味する。他方，構成主義とは，存在論としてはリアリティとは独立して存在するものではなく社会において構成されるものと考え，認識論としては研究者と研究対象は相互に影響を与えあうものとみなす（抱井，2015）。

研究を考える上で，その研究が実証主義と構成主義のいずれのパラダイムをメタ理論としているのかという点を議論から外すことはできないだろう。その議論は，その研究の解釈の着目点となる。ところが，ここでさらに複雑なことがある。それは研究パラダイムにおける構成主義は，さらに心理的構成主義と社会構成主義に区分することができるということだ（松嶋ほか，2018；中村，2007）。

端的にいえば両者の違いは，リアリティは個人の心によって構成されるのか（心理的構成主義），社会によって構成されるのか（社会構成主義），という理解の差にある（中村，2007）。

心理的構成主義は，中村（2007）によれば西欧思想における観念論（外的なリアリティは完全に実証することはできないという考え方）の流れを汲むものであるが，その主張を明確に行ったのはPiaget（1954）である。Piagetによれば，子どもは，すでに自身に内化されている知識に基づき外的なリアリティを修正し，リアリティを心的に構成する。Piagetの論を発展させ，より急進的に心理的構成主義を唱えるvon Glasersfeld（1984）の立場からすると，外的なリアリティを人が直接に理解することは困難であり，知識とは個人の反復される経験の中で，個人がそれをなんとか秩序づけよう構成したものにすぎないとみなされる。このように心理的構成主義では，個人の心こそがリアリティを構成するのである。

他方，社会構成主義に関しては，その主要な論者であるGergen（1994）によれば，現象学的社会学の影響が大きい。Schutz and Luckmann（1973）は現象学に基づき，社会における意味構成のあり方を考えた。Schutz and Luckmanにおいてはレリヴァンスという概念が鍵概念となる。レリヴァンスとは，社会において多元的な意味領域が存在するときに，その意味領域を関連づけ，それによって知識が集積されていくことを示す概念である。レリヴァンスにより多元的な意味領域が交差することで，人間は日常の生活世界の中で，共在者との相互主観性を形成し，生活世界が継続していく。この現象学的社会学の考え方をさらに発展させ知識社会学として論じたのは，Berger and Luckmann（1966）である。知識社会学の基本的な概念は，下部構造と上部構造の対概念でわかりやすく説明される。知識社会学においては，経済活動である下部構造が上部構造を規定するのではなく，人間の活動である下部構造が，それによって創造された世界である上部構造を規定する。具体的には，人間は日常的な知識を持ち寄りリアリティを構成していくのであるが，そのリアリティがまだ人間の知識を再構成していく。このような弁証法的な相互作用により知識は集積され，生活世界は継続していくのである。社会構成主義はこのような成り立ちに基づくため，Gergen（1994）は社会構成主義の主要な関心は，心による意味の構成ではなく，ミクロな社会的過程，すなわち人間行為の関係性による意味の構成にあるとする。

Gergenは心理的構成主義には心の存在を自明視し，リアリティを理解するための意味構成における過大な心の役割を重視するという課題があると批判した。そして現象学的社会学と知識社会学に依拠しながら，人間行為の社会活動による意味構成に注目すべきと主張した。つまりGergenは心理的構成主義の批判に注力しているが，その要点は次のとおりになる。心理的構成主義では，個人の心（内界）は，自存して基礎づけされているあるがままの世界によって形成されるのではなく，個人が私的に認識し解釈する世界（経験世界）によって形成されるとする。しかしGergen（1994）は，心と世界は自明なものではなく，あくまで人間の行為とは社会的交渉の中における関係性（換言すれば対話）に基づくものだとする。Gergenは，心理的構成主義は西洋の個人主義の伝統に過度に傾注しているが，実態としては個人の感情，思考，動機，記憶すら文化歴史的構築物にすぎないと指摘する。

このようにGergenは心理的構成主義を徹底的に批判し，社会構成主義における共同性と関係性（すなわち対話をすること）の意義を強調している。しかしながら，Gergenは心理的構成主義に一定の価値を認めている。それは実証主義における存在論と認識論の基礎づけに異議を唱える立場で共通しているからである。第1に，実証主義が知識とは客観的なリアリティの反映とみなすことに対し，心理的構成主義と社会構成主義は知識とは構成されるものだと考える。第2に，実証主義はリアリティの客観的な観察が可能で，それによって知識が心に蓄積されると考えるが，心理的構成主義と社会構成主義は客観的な観察に疑問を呈し，研究者自身が知識に影響を与え，構成すると考える。

このGergenの心理的構成主義への評価は，心理的構成主義と社会構成主義が大枠として構成主義と分類でき，実証主義に対置される位置づけにあるので，至極当然とも考えられる。しかしながら松嶋ほか（2018）は，Gergenが心理的構成主義の価値を部分的に認めているため，心理的構成主義と社会構成主義の違いがわかりにくくなり，それが社会構成主義がメタ理論として参照される場合の混乱につながることもあると指摘している。

3.2　心理的構成主義と社会構成主義が役割クラフティングに与えた影響

先述のとおり，Wrzesniewski and Dutton（2001）は，役割クラフティングは社会構成主義に依拠すると明言している。では，Wrzesniewski and Duttonが依拠する社会構成主義にメタ理論としての混乱はないのだろうか。

高尾（2020）は，Wrzesniewski and Duttonによる社会構成主義の解釈には混乱があると指摘している。Wrzesniewski and Duttonでは役割クラフティングのメタ理論として，Salancik and Pfeffer（1978）の社会的情報処理パースペクティブによる職務と人の関係性と，Gergen（1994）による個人の経験世界の強調が紹介されている。

社会的情報処理パースペクティブにおいては，他者からの社会的情報と手がかりにより仕事の意味が形成される。この観点から役割クラフティングにおいては，職務を創造した結果の影響のフィードバックと，それによって生じた新たな仕事の意味とアイデンティティの変化が重要であると指摘された。ここで述べられていることは人間行為の社会活動による意味構成であり，社会構成主義を参照していると考えて，なんら混乱はないだろう。

問題はWrzesniewski and Dutton（2001）が，個人が自身の経験世界により構成を行うこと（Gergen, 1994），を社会構成主義だとみなしていることである。ところが，個人が自身の経験世界により構成を行うこととは，Gergenが心理的構成主義の特徴として指摘し，徹底的に批判を行っている部分なのだ。つまり，Wrzesniewski and Dutton（2001）は心理的構成主義と社会構成主義の差異を捉えることができていなかったと考えられる。より具体的に述べると，Wrzesniewski and Dutton（2001）におけるGergen

(1994) の引用では心理的構成主義，Salancik and Pfeffer (1978) の引用では社会構成主義がメタ理論として参照されている可能性がある。

もちろん本章の関心は，Wrzesniewski and Dutton の解釈の正誤を判定することではなく，役割クラフティングの特徴が心理的構成主義に該当するのか，社会構成主義に該当するのかという点について検討することにある。

この点を解明するために，役割クラフティングのその後の発展を概観する。Berg et al. (2010) は，タスクJC，関係JC，認知JCは相互に影響しあい生じるとしている。つまり認知JCは，それ単独で生じるわけではない。認知JCでは，職務を細分化されたタスクの束とみるのではなく，それを意義有る全体的な物と捉えるように個人の認知がリフレーミングされていく。Berg et al. (2013) では，認知の変化は自身の仕事に対する見方を変える（リフレーミングする）ことであり，それが仕事を意味づける3つの観点から説明される。第1は視点の拡大であり，仕事の位置づけをより大きく有機的に捉えて意味づけをする。第2は視点の焦点化であり，仕事の中でも興味のある領域に絞り込む。第3は，視点の関連づけであり，仕事の中のタスク，人間関係，興味やアイデンティティを有意味性により関連づける。さらに，興味やアイデンティティを有意味性に関連づけるために，個人の動機，強み，情熱に着目するという方法論も示されている。

このように，役割クラフティングでは一貫して認知の変化と仕事の有意味性の関係が示されている。すなわち，動機・強み・情熱など個人のアイデンティティを起点として視点をリフレーミングし，仕事の全体性，有機性から有意味性を見出すという認知JCの具体的なメカニズムが示されている。このメカニズム自体は，心理的構成主義と社会構成主義のいずれの枠組みでも解釈可能であろう。動機・強み・情熱など個人のアイデンティティを個人固有の性質とみなす（いわば個人の心の存在を前提に置く）ならば，心理的構成主義の立場になる。他方，動機・強み・情熱なども，その個人が位置する集団の中で対話的に構成された関係的自己だとみなせば，社会構成主義の立場になる。この立場については，役割クラフティングの研究群の中で明示されているわけではない。

ただし，図3-2の役割クラフティングのモデルでは，その立場が推定でき

図 3-2　役割クラフティングのモデル

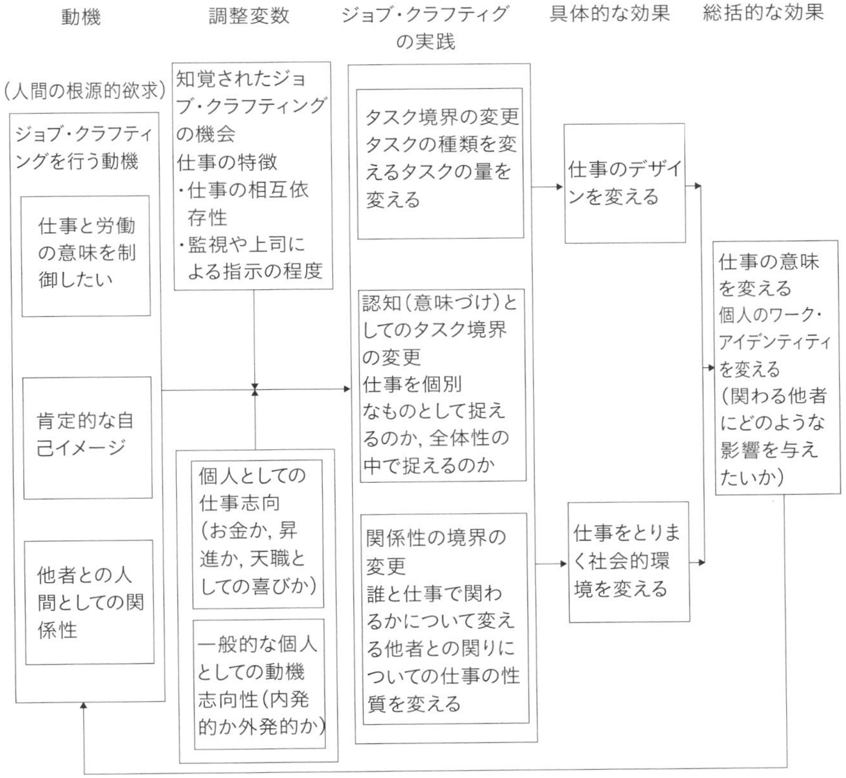

出所　Wrzesniewski, A., & Dutton, J.E. (2001). Crafting a job: Revisioning employees as active crafters of their work. Academy of Management Review, 26(2), 179-201. の p. 182, Figure1 を筆者が加筆して翻訳

る。JC の動機は，個人の「心」とみなせる自己イメージや志向などが出発点になっている。調整変数においても，個人の仕事志向性と動機の性向が影響を与える。そして最終的な結果は，個人にとっての仕事の意味の変化とワーク・アイデンティティの変化である（Wrzesniewski & Dutton, 2001）。このモデルの個人は，集団の中の関係的自己というよりも，構成された社会とは独立した特性を有する個人とみなすことが妥当と考えられる。すなわち役割クラフティングは，基本的には心理的構成主義に依拠していると考えるこ

とができよう。

ところが役割クラフティングにおいても，社会構成主義の影響をみて取れる事例がある。Wrzesniewski and Dutton（2001）が示す，病院の掃除人の事例である。事例分析の結果，Wrzesniewski and Dutton は掃除人の仕事に関する特徴を2グループに分けて示した。最低限の業務のみ行い仕事を嫌う第1グループと，病院全体を見据えた業務を行い，病院の様々な関係者と交流し，仕事を好む第2グループである。第2グループの掃除人は，仕事の意味を全体性から把握し，病院全体の文脈から業務と人々との関係性を捉え直している。つまり仕事の意味は，単に個人の内界で完結しているのではなく，他者や部署という社会的な文脈により，社会的に構成されていると考えられる。

ここまでの議論を要約すると，役割クラフティングの立場は次のように結論づけることができるのではないだろうか。役割クラフティングの着想において，心理的構成主義と社会構成主義の差異は明確に意識されているわけではなかった。しかし，自己とは独立して存在する客観的なリアリティは想定しないものの，特性を有する個人の単位を重視する役割クラフティングは，基本的に心理的構成主義に依拠している。ただし実際の役割クラフティングの事例には，社会構成主義の立場によるものも一部存在する。結局のところ，役割クラフティングは心理的構成主義と社会構成主義の差異を意識しなかったために，その両方がメタ理論として生成されていたと考えられる。

4. 仕事の有意味性と認知ジョブ・クラフティング

前節では，役割クラフティングの存在論と認識論の立場は，心理的構成主義と社会構成主義を包含する幅のあるものと位置づけた。そこで本節では，役割クラフティングにおける存在論と認識論の特徴を，仕事の有意味性という鍵概念に基づき論じていきたい。

ここまで述べてきたとおり，資源クラフティングと役割クラフティングの存在論と認識論の相違を端的に示すものは，認知 JC である。実証主義に依拠する資源クラフティングでは，個人の主観でしかわからない認知は取り扱われない。

認知JCにおける鍵概念は，仕事の有意味性である。仕事の有意味性とは，自分自身にとって仕事が重要（significant）であり肯定的（positive）であることが結合していることである（Rosso et al., 2010; Steger et al., 2012）。仕事の意味と有意味性は，厳密にいえば異なる。仕事の意味とは，仕事を本人がどう感じるかということにすぎず，肯定的，否定的，中立的のいずれもあり得る。他方，有意味性とは仕事が自分にとって重要であり，肯定的と捉えられる場合に限られる（Rosso et al., 2010）。つまりWrzesniewski and Dutton（2001）の掃除人の第1グループであっても，仕事の意味は存在することになろう。しかし有意味性については，仕事を病院全体の文脈から把握し，肯定的に捉える第2グループにのみ存在することになる。

さらに有意味性では，仕事の意味が自身にとって成長と全体性に資する目的があることが重視される（Steger et al., 2012）。例えば，仕事に没入した個人は，統合的に世界とつながっている感覚を得て，いわば忘我の境地にいたる（Kahn & Fellows, 2013）。プロティアンキャリアのような自己の価値観と主体性を重視するキャリア理論においても，仕事の有意味性はメタコンピテンシーとして欠かせない要素になる。それはいわば個人としての目的に当たる，価値観を示している（Hall et al., 2013）。有意味性を評価する尺度も作成されており，「肯定的な意味」「仕事を通じた意味の生成」「全体的な目的への動機」から構成されている。この尺度では，エウダイモニア（最高善としての幸福：eudaimonia）としての意義が包含されており，個人としての成長および社会をより良くするなど全体性に資する目的の存在が示されている（Steger et al., 2012）。

Rosso et al.（2010）によれば，仕事の有意味性の源泉は，「自己」「他者」「仕事の文脈」「精神性のある人生」の4点から構成される。その上で，有意味性に至る径路として，自己－他者の軸と，行為主体性－共同性の軸からなる4象限のモデルを提示している。

図3-3で行為主体性と共同性の軸は，仕事の有意味性が個人として独立しているからこそ生まれる面（行為主体性）と，集団と接するからこそ生まれ

図 3-3　仕事の有意味性への径路

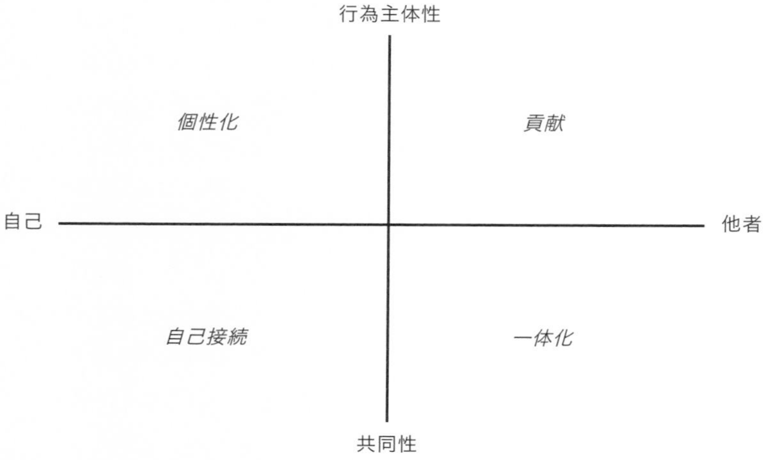

出所　Rosso, B.D., Dekas, K.H., & Wrzesniewski, A. (2010). On the meaning of work: A theoretical integration and review. *Research in Organizational Behavior*, 30, 91-127. の p. 114, Figure1 を筆者が抜粋して翻訳

る面（共同性）という2側面があることを意味している。行為主体性と自己の象限では，制御，自律性，有能さ，自尊心による個性化が生じる。行為主体性と他者の象限では，目的，つながり，自制により貢献が生じる。共同性と自己の軸では，自己一致，自己のアイデンティティの肯定，個人エンゲイジメントにより自己接続が生じる。共同性と他者の軸では，価値観の枠組み，社会の中でのアイデンティティの位置づけ，対人関係の構築により，一体化が生じる。「個性化」「貢献」「自己接続」「一体化」のいずれの要素も，仕事の有意味性につながる径路となり得る（Rosso et al., 2010)。

役割クラフティングにおいて，職務を個別のタスクではなく意義ある全体物と捉えるためには，認知のリフレーミングが必要とされていた。また，認知をリフレーミングする方法としては，「視点の拡大」「視点の焦点化」「視点の関連づけ」という3つが示されていた（Berg et al., 2010, 2013)。しかし，認知をリフレーミングするメカニズムの詳細については，それ以上，示されていない。他方，仕事の有意味性につながる4象限の径路は，仕事に有意味性が生じることを認知のリフレーミングと同等であるとみなせば，具体的に認知のリフレーミングのメカニズムを示していることになる（Rosso et al., 2010）。ただし，「行為主体性」「自己」は心理的構成主義を想起させるし，「共同性」「他者」は社会構成主義を想起させる。つまり「仕事の有意味性の発生＝認知のリフレーミング」のメカニズムにも，心理的構成主義と社会構成主義の要素が包含されているとみなすことができよう。

5. 日本における役割クラフティング

本節では，特に日本における役割クラフティングの研究蓄積について論じる。結論を先取りすれば，日本では社会構成主義の位置づけに近い役割クラフティングの存在が示されている。

高尾（2019）は日本のJC研究として，関口（2009, 2010），関口・細見（2011），森永（2009）の存在を指摘し，資源クラフティングの提起以前から独自の研究蓄積があったとする。そこで日本の研究で示された，JCの2事例を紹介する。ただしこの2事例においては，組織側の働きかけが起点になっている。そうだとすれば，Hackman and Oldham（1980）の職務特性理論の前提となっている，組織による職務設計（すなわちトップダウン・アプローチ）に該当する事例ではないか，という疑問も生じよう。この点についての議論は後述したい。

第1の事例は，武蔵大学の森永雄太教授の指摘によるものだ。森永教授は，福島（2010）で述べられた東京ディズニーランドのカストーディアルという職種で生じた仕事内容の変化が，JCに該当するのではないかと指摘している。東京ディズニーランドのパークの職種はキャストと総称され，その中にカストーディアルという職種がある。もともとのカストーディアルの主たる業務は，1日中パークの清掃をすることであった。そうした性質から，カストーディアルは不人気職種の象徴であり，配属されたキャストは失望していたとされる。そこで，不人気への対策として東京ディズニーランドでは，カストーディアルの業務を清掃という目の前の個別業務ではなく，パークを清潔に管理しゲストの保護をするという，より東京ディズニーランドの全体の目的に寄与するものへと位置づけを変え，各人の理解を得る努力をした。その結果カストーディアルの仕事の有意味性は，「ゲストのために尽くす」という全体的かつ有機的なものへと変わったという。この認知JCにより，カストーディアルが，落ち葉でミッキーの顔を描く，ぬらした箒でミッキーの顔を描く，などのタスクJCを行うようになったとされている。現在，カストーディアルは東京ディズニーランドの人気職種として知られる。

第2はCNNで「7分の奇跡」として紹介され，Ishiyama（2020）がJCと位置づけた，新幹線が駅のホームで折り返す際の清掃業務の事例である。矢部（2013）によれば，従来の個別的なタスクとしての清掃業務の意味づけが，その業務を担当するJR東日本の関係会社であるテッセイの全社的な組織文化変革により，「わくわくドキドキ新幹線劇場」として「トータルサービス」でお客様をおもてなしすることへと，意味づけの変更がなされた。この結果，個々の社員の仕事の意味づけも変更され，それまでは受け身で清掃の仕事を淡々とこなしていた社員から，膨大な業務に関するアイデア提案が生じるようになったのである。

この2事例においては，役割クラフティングの発生が観察できる。東京ディズニーランドにおいては，認知JCは「ゲストのために尽くす」という仕事の意味へのリフレーミング，タスクJCはミッキーの顔を描くなどの行為，関係JCは清掃だけに集中していては生じなかったゲストとのやりとりなどの関係性の変化が挙げられる。テッセイにおいては，認知JCはお客様へおもてなしをするというという仕事の意味へのリフレーミング，タスクJCはさまざまな業務アイデアの提案，関係JCは業務提案のためにお客様からの意見を吸い上げるという関係性の変化が挙げられる。

ただし慎重に解釈すべきなのは，先述したように，この2事例が組織による職務設計（すなわちトップダウン・アプローチ）に該当するのではないか，という点だ。たしかにこの2事例では，組織の働きかけの影響が大きい。東京ディズニーランドでは，組織側がカストーディアルの業務の意味の位置づけを変える働きかけを個人に対して行った。テッセイにおいても，組織側が組織文化変革を行い，自社の業務の意味を「わくわくドキドキ新幹線劇場」と位置づけた。JCの特徴は，ボトムアップ・アプローチによって個人が自分にとって意義あるように職務を創造（craft）するという点にあるため，2事例においては組織で一律的な仕事の意味に関する認知のリフレーミングが生じたことを考慮すると，これが認知JCに該当するのかという点については，議論の余地があるかもしれない。

しかしながら2事例のいずれについても，タスクJCと関係JCとして生じた内容は，組織が職務要件として設定したことではなく，各人が自主的に創造（craft）したことである。これらの新たな職務の創造（craft）は組織としても意図していなかったことであろうから，これらを役割クラフティングと位置づけることは妥当であろう。

そこで本章ではこの2事例を，組織が仕事の意味のリフレーミングが共通的に起きやすい環境を整えることによって，個人の役割クラフティングの発生が促されたという，役割クラフティングの促進条件の例と位置づけたい。この促進条件はWrzesniewski and Dutton（2001）の病院の清掃人の事例と共通しており，仕事の有意味性の発生が個人の内界で完結しているのではなく，他者や部署という社会的な文脈の中で共通的に構成されて生じている。またRosso et al.（2010）の，共同性と他者という経路によって仕事の有意味性が生じる，という指摘とも共通する。

他方，個人の仕事志向性および動機・強み・情熱などの性向により仕事の有意味性が生じる例もある。例えばWrzesniewski et al.（2010）の事例である。この事例では，食品関連の多国籍大企業でマーケティングを担当する中堅マネージャーが，日々の業務に忙殺され，転職も考えるなど仕事に行き詰まりを感じている状況が示された。この中堅マネージャーが仕事に有意味性を見出すための方法として，JCが推奨された。中堅マネージャーは，まず現状の自身の遂行業務を棚卸しして詳細を分析した。その上で，自身の情熱・動機・強みを振り返り，それに合致した業務の時間を増やし，また新たな業務を創造した。この役割クラフティングを行ったことで，中堅マネージャーは，現状の業務担当の範囲内で仕事の有意味性を見出していった。

この事例の役割クラフティングは個人の特性を前提にしており，その特性を最大限に活かせるように職務定義されている既存の自身の職務内容に変更を加えていた。この事例は個人を前提にしていることから，Rosso et al.（2010）が示す仕事の有意味性の軸である「行為主体性」と「自己」との共通性があろう。またGergen（1994）は，心理的構成主義が西欧の個人主義の影響を受けすぎている点を批判しているが，この事例は個人毎に明確な職務定義が行われるという米国企業の仕組みが前提となっており，心理的構成主義の影響が大きいものとみなすこともできよう。

他方，高尾（2019）は，日本では職務が欧米ほど厳格に規定されておらず，職種の変更を含む同一組織内の異動も多いという人事管理の特徴が，JCや仕事の有意味性に影響を与えるという可能性を指摘している。ここから，職務を厳密に定義しないという日本の特徴によって，あるコミュニティ（例えば企業）の文脈だからこそ，それに整合した局所的なリアリティが構成される，という社会構成主義に依拠する役割クラフティングが行われるという可能性を見出すこともできるだろう。

6. 役割クラフティングのメタ理論に関する結論

本節では役割クラフティング，その中でもとりわけ認知JCには心理的構成主義と社会構成主義の要素が包含されているとみなし，両者における認知JCの生じ方の分類を試みる。

本章では，JCを資源クラフティングと役割クラフティングに分類した場合，役割クラフティング（とりわけ認知JC）には独自の意義があることに着目して検討を進めてきた。役割クラフティングにおいては，認知のリフレーミングが行われることに独自性があり，それは仕事の有意味性をもたらす。この独自性をWrzesniewski and Dutton（2001）は社会構成主義に依拠するものと述べた。しかし実際は高尾（2020）が指摘するように，役割クラフティングの着想において，心理的構成主義と社会構成主義は明確に区分されていなかった。

ただしWrzesniewski and Dutton（2001）は，個人の心とみなせる自己イメージや志向などを出発点とし，個人にとっての仕事の意味の変化とワーク・アイデンティティの変化を終着点とする役割クラフティングのメカニズムを示しているが，このメカニズムは個人が意味を構成するという心理的構成主義の影響が大きいと考えられる。Wrzesniewski et al.（2010）の示す事例も，個人の情熱・動機・強みなどの特性を活かす形で役割クラフティングが行われているので，やはり心理的構成主義の影響が大きいといえよう。

ところが役割クラフティングには，心理的構成主義の枠組みだけでは包摂しきれないところに，さらなる独自性がある。本章で示した日本の２事例では，特定のコミュニティの中でそのコミュニティで従来は事実とされていた考え方が共通的に再構成されたことで，類似した役割クラフティングが集団的に発生するという状況が報告されている。この場合は，むしろ役割クラフティングを社会構成主義の枠組みで捉えることがわかりやすい。よって本章は，資源クラフティングが実証主義的にJCを捉えることに対し，役割クラフティングでは心理的構成主義と社会構成主義がメタ理論として該当すると結論づけたい。

ここまでの議論をまとめると，役割クラフティングのメタ理論に当たる心理的構成主義と社会構成主義によって，認知JCの生じ方を分類することも可能であろう。表3-1にその分類を示す。

心理的構成主義に基づく認知JCでは，個人の経験世界（心）によってリアリティが形成され，認知のリフレーミングが生じる。そのため，Wrzesniewski et al.（2010）のマーケティングを担当する中堅マネージャーのように，個人の動機・強み・情熱が出発点となる。個人の動機・強み・情熱による認知のリフレーミングのメカニズムは，先述のBerg et al.（2013）の仕事を意味づける３つの観点で示されるものである。さらにRosso et al.（2010）における仕事の有意味性では，行為主体性と自己という要素が関係する。

他方，社会構成主義に基づく認知JCでは，集団における対話が重要であり，認知のリフレーミングは間主観的に生じる。東京ディズニーランドのカストーディアルの例では，カストーディアルの業務の目的は何かという対話が集団で行われた結果，新しい業務の目的がカストーディアル達の中で間主観的に形成され，認知のリフレーミングが生じた。テッセイの新幹線の清掃担当者の例でも，集団の対話の結果，「わくわくドキドキ新幹線劇場」とし

表 3-1　心理的構成主義と社会構成主義に基づく認知的 JC の分類

	心理的構成主義	社会構成主義
認知のリフレーミングの生じ方	個人が自身の経験世界（心）に基づき，リアリティを構成する	集団における対話に基づき，間主観的にリアリティを構成する
認知 JC の特徴	個人の動機・強み・情熱に応じた JC	集団における間主観的な意味に基づく JC
仕事の有意味性で関係する要素	行為主体性・自己	共同性・他者
具体例	・Wrzesniewski et al.（2010）のマーケティングを担当する中堅マネージャー	・Wrzesniewski & Dutton（2001）の病院の清掃人・東京ディズニーランドのカストーディアル・テッセイの新幹線の清掃担当者
影響を受けている理論	観念論	現象学的社会学・知識社会学
代表的な論者	Piaget（1954），von Glasersfeld（1984）	Schutz and Luckmann（1973），Berger and Luckmann（1966），Gergen（1994）

出所　筆者作成

て「トータルサービス」でお客様をおもてなしするという業務の目的が間主観的に形成され，認知のリフレーミングが生じた。Rosso et al.（2010）における仕事の有意味性では，共同性と他者という要素が関係する。表 3-1 のように，心理的構成主義と社会構成主義による認知 JC の分類は先行研究との整合性もあり，一定の妥当性はあると考えられる。

しかしながら，この分類は現段階では可能性にすぎない。松嶋ほか（2018）が指摘するように，心理的構成主義と社会構成主義の違いはわかりにくい。リアリティが個人の心で構成されるのか，集団の対話で間主観的に構成形成されるのかという区分を，研究して解明することには，相当な工夫を要するものと思われる。

認知 JC における心理的構成主義と社会構成主義の区分にはこうしたわかりにくさ，難しさがあるものの，先行研究を丹念に分析すれば，この区分の存在を完全に否定することもできない。両者の差異の探究を進めることは，JC 研究に新たな価値をもたらす可能性があるだろう。

7. 役割クラフティング研究の今後の課題と可能性

本節では，役割クラフティングにおける心理的構成主義と社会構成主義の区分に関する研究を進めるにあたり，今後の研究にはどのような課題と可能性があるかについて論じる。

まず確認すべきことは，役割クラフティングのメタ理論が心理的構成主義と社会構成主義であったとしても，その研究の方法論を質的研究に限定することはない，ということである。抱井（2015）によれば，実証主義と構成主義のパラダイム論争では，以前は両立不可能性論が主流であり，両者は相容れないものとされた。その際，量的研究といえば実証主義，質的研究といえば構成主義という二者択一の整理もされていた。しかし，近年においては両立可能性論の影響が無視できなくなり，量的研究と質的研究を統合して使いこなす混合研究法の進捗に目覚ましいものがあるという。

ここから，役割クラフティングの研究パラダイムが構成主義であったとしても，混合研究法により量的研究と質的研究を統合して使いこなすことで，さらに研究蓄積が進展する可能性があるといえる。そこで，主に役割クラフティングの領域における今後の研究課題と可能性について以下の4点を指摘したい。

第1の課題と可能性は，役割クラフティング，特に認知JCにおける社会構成主義を起点とする事例の研究蓄積である。Wrzesniewski and Dutton（2001）は心理的構成主義と社会構成主義の差異を捉えることができていなかったと指摘したが，その後のWrzesniewski et al.（2010）における個人の動機・強み・情熱への研究発展でもわかるように，役割クラフティングでは主に心理的社会構成主義の視点が重視されていたことが実態であろう。Wrzesniewski and Dutton（2001）の病院の清掃人の事例では社会構成主義の視点が示されているものの，あくまで例外的な位置づけにとどまっていたと考えられる。その理由としては，Gergen（1994）が指摘するように，心理的構成主義が西洋の個人主義の伝統に過度に傾注しているという点の影響もあるだろう。したがって日本の2事例が社会構成主義による認知JCに分類できることは偶然ではないと考えられる。

認知JCにおける社会構成主義を起点とする事例の研究を進める場合，考慮すべきは認知JCと関係JCの相互の影響であろう。Berg et al.（2010）は，タスクJC，関係JC，認知JCは相互に影響しあい生じるとしていた。したがって，認知JCと関係JCは相互に影響しあうはずだ。社会構成主義の視点においては，集団における対話が重視されていた。集団における対話とは，関係JCに他ならないのではないだろうか。つまり，Wrzesniewski et al.（2010）のように個人の動機・強み・情熱を起点として認知JCが生じる場合は関係JCを考慮する必要はそれほどないが，社会構成主義の視点において集団における対話が認知JCの起点になる場合は，関係JCの影響を考慮せざるを得ないだろう。ここから，認知JCと関係JCの相互影響を緻密に分析する研究が，今後は求められるであろう。

第2に心理的構成主義と社会構成主義を考慮した役割クラフティングの測定尺度を，どのように作っていくかという課題が挙げられる。JCの尺度については，すでに森永ほか（2015），関口（2010），Leana et al.（2009），Tims et al.（2012）などが，測定尺度を開発している。しかしこれらは，いずれも役割クラフティングには該当しない尺度である。他方，Niessen et al.（2016），Sekiguchi et al.（2017），Slemp and Vella-Brodrick（2013），Weseler and Niessen（2016）などの尺度は，Wrzesniewski and Dutton（2001）の3次元の概念そのものを測定しており，役割クラフティングの尺度に該当する。ただし，仕事の有意味性につながる認知JCのリフレーミングなどの詳細は構成概念に含まれておらず，今後それに適した尺度を開発する余地もあろう。またそもそも尺度によって個人の認知を測定することは個人に依拠する心理的構成主義の認知JCには適切であろうが，社会構成主義の認知JCをどこまで明らかにできるか，という点はなお課題として残るであろう。この場合は，エスノグラフィーやエスノメソドロジーなど異なる方法論を適用していくことが妥当かもしれない。

第3の課題は，役割クラフティングと資源クラフティングが分離されて研究蓄積が進んでいる問題への対処である。JCは役割クラフティングと資源クラフティングという2つのアプローチに区分され（Bruning & Campion,

2018)，資源クラフティングの研究蓄積は進んでいるが（Rudolph et al., 2017），認知 JC の実証研究は驚くほど少ない（Zhang & Parker, 2019）。

この状況に対し，Zhang and Parker（2019）は，個人が自分の好みに合わせて仕事を創造したいと考えている点で両者は重なり合っており，それらを統合的に捉える必要があるとする。そこで Zhang and Parker は，JC を３つのレベルに分類することで，統合的に理解する構造を提案した。第１のレベルは，接近と回避による区分である。第２のレベルは，認知と行動による区分である。第３のレベルは，仕事の資源と仕事の要求度による区分である。こうした JC の統合的整理と理解は，JC 研究に寄与しよう。

しかしながら，この Zhang and Parker（2019）の提案は，実は資源クラフティングに偏っている。資源クラフティングと役割クラフティングの双方を考慮しているのは第２レベルだけであり，第１レベルと第３レベルは資源クラフティングのみに基づく分類である。役割クラフティングの研究蓄積を心理的構成主義と社会的構成主義の区分によって進めていくことで，Zhang and Parker（2019）の提案とは異なる統合のあり方も模索できるのではないだろうか。

最後に第４の課題として，日本と他国の比較を挙げたい。本章では，日本では職務が欧米ほど厳格に規定されていないがために，あるコミュニティの文脈に整合した局所的なリアリティが構成され，社会構成主義を起点とする認知 JC が生じやすいという可能性を提示した。しかしその可能性を検証するためには，日本と他国の比較研究が必要となる。認知 JC に関する国際調査の実施が，今後望まれよう。

〈参考文献〉

Bakker, A.B., & Demerouti, E. (2007). The job demands-resources model: State of the art. *Journal of Managerial Psychology, 22*(3), 309-328.

Berg, J.M., Dutton, J.E., & Wrzesniewski, A. (2013). Job crafting and meaningful work. In B. J. Dik, Z. S. Byrne, & M. F. Steger (Eds.), *Purpose and meaning in the workplace* (pp. 81-104). Washington, DC: American Psychological Association.

Berg, J.M., Wrzesniewski, A., & Dutton, J.E. (2010). Perceiving and responding to challenges in job crafting at different ranks: When proactivity requires adaptivity. *Journal of Organizational Behavior, 31*(2-3), 158-186.

Berger, P., & Luckmann, T. (1966). *The social construction of reality*. Doubleday.（山口節郎訳『現実の社会的構成：知識社会学論考』新曜社，1977年）.

Bruning, P.F., & Campion, M.A. (2018). A role-resource approach-avoidance model of job crafting: A multimethod integration and extension of job crafting theory. *Academy of Management Journal, 61*(2), 499-522.

Demerouti, E., Bakker, A.B., Nachreiner, F., & Schaufeli, W.B. (2001). The job demands-resources model of burnout. *Journal of Applied Psychology, 86*(3), 499-512.

Elliot, A.J., & Covington, M.V. (2001). Approach and avoidance motivation. *Educational Psychology Review, 13*(2), 73-92.

福島文二郎（2010）.『ディズニーの教え方』中経出版.

Gergen, K.J. (1994). *Realities and relationships: Soundings in social construction*. Cambridge, MA: Harvard University Press.

Hackman, J.R., & Oldham, G.R. (1980). *Work redesign*. Addison Wesley: Reading Maas.

Hall, D.T., Feldman, E., & Kim, N. (2013). Meaningful work and the protean career. In B. J. Dik, Z. S. Byrne, & M. F. Steger (Eds.), *Purpose and meaning in the workplace* (pp. 57-78). Washington, DC: American Psychological Association.

Higgins, E.T. (1997). Beyond pleasure and pain. *American Psychologist, 52*(12), 1280-1300.

Higgins, E.T. (1998). Promotion and prevention: Regulatory focus as a motivational principle. *Advances in Experimental Social Psychology, 30*, 1-46.

Ishiyama, N. (2020). The development of "job crafting" and its implications in the workplace in Japan. *Japan Spotlight, September/October, 2020 Issue*.

Kahn, W.A., & Fellows, S. (2013). Employee engagement and meaningful work. In B. J. Dik, Z. S. Byrne, & M. F. Steger (Eds.), *Purpose and meaning in the workplace* (pp. 105-126). Washington, DC: American Psychological Association.

抱井尚子（2015）.『混合研究法入門』医学書院.

Leana, C., Appelbaum, E., & Shevchuk, I. (2009). Work process and quality of care in early childhood education: The role of job crafting. *Academy of Management Journal, 52*(6), 1169-1192.

Lichtenthaler, P.W., & Fischbach, A. (2019). A meta-analysis on promotion-and prevention-focused job crafting. *European Journal of Work and Organizational Psychology, 28*(1), 30-50.

松嶋登・矢寺顕行・浦野充洋・吉野直人・貴島耕平・中原翔・桑田敬太郎・高山直（2018）.「社会物質性のメタ理論」『神戸大学大学院経営学研究科ディスカッション・ペーパー』*2018-13.*

森永雄太（2009）.「ジョブ・クラフティングモデルの実証的検討」『六甲台論集. 経営学編』*56*(2), 63-79.

森永雄太・鈴木竜太・三矢裕.（2015）.「従業員によるジョブ・クラフティングがもたらす動機づけ効果：職務自律性との関係に注目して」『日本労務学会誌』*16*(2), 20-35.

中村恵子（2007）.「構成主義における学びの理論：心理学的構成主義と社会的構成主義を比較して」『新潟青陵大学紀要』*7*(7), 167-176.

Neubert, M.J., Kacmar, K.M., Carlson, D.S., Chonko, L.B., & Roberts, J.A. (2008). Regulatory focus as a mediator of the influence of initiating structure and servant leadership on employee behavior. *Journal of Applied Psychology, 93*(6), 1220-1233.

Niessen, C., Weseler, D., & Kostova, P. (2016). When and why do individuals craft their jobs? The role of individual motivation and work characteristics for job crafting. *Human Relations, 69*(6), 1287-1313.

Piaget, J. (1954). *The construction of reality in the child*. New York: Basic Books.

Rosso, B.D., Dekas, K.H., & Wrzesniewski, A. (2010). On the meaning of work: A theoretical integration and review. *Research in Organizational Behavior, 30*, 91-127.

Rudolph, C.W., Katz, I.M., Lavigne, K.N., & Zacher, H. (2017). Job crafting: A meta-analysis of relationships with individual differences, job characteristics, and work outcomes. *Journal of Vocational Behavior, 102*, 112-138.

Salancik, G.R., & Pfeffer, J. (1978). A social information processing approach to job attitudes and task design. *Administrative Science Quarterly, 23*(2), 224-253.

Schaufeli, W. B., Salanova, M., González-Romá, V., & Bakker, A. B. (2002). The measurement of engagement and burnout: A two sample confirmatory factor analytic approach. *Journal of Happiness Studies, 3*(1), 71-92.

Schutz, A., & Luckmann, T. (1973). *The structures of the life-world* (*Vol. 1*). Northwestern University Press.（那須壽訳『生活世界の構造』筑摩書房, 2015年）.

関口倫紀（2009）.「ジョブ・クラフティング：働く個人による主体的なジョブデザイン：大学生のアルバイト場面における尺度化を中心に」『経営行動科学学会年次大会発表論文集』*12*, 290-293.

関口倫紀（2010）.「大学生のアルバイト経験とキャリア形成」『日本労働研究雑

誌』*52*(9)，67-85.

関口倫紀・細見正樹（2011）．「職場生産性に資するジョブ・クラフティングの媒介効果に関する研究―職務自由度，コミットメント，OCB を含む調整的媒介モデル」『経営行動科学学会年次大会発表論文集』*14*，459-464.

Sekiguchi, T., Li, J., & Hosomi, M. (2017). Predicting job crafting from the socially embedded perspective: The interactive effect of job autonomy, social skill, and employee status. *The Journal of Applied Behavioral Science, 53* (4), 470-497.

島津明人（2014）．『ワーク・エンゲイジメント――ポジティブメンタルヘルスで活力ある毎日を』労働調査会.

Slemp, G. R., & Vella-Brodrick, D. A. (2013). The Job Crafting Questionnaire: A new scale to measure the extent to which employees engage in job crafting. *International Journal of Wellbeing, 3*(2).

Steger, M.F., Dik, B.J., & Duffy, R.D. (2012). Measuring meaningful work: The work and meaning inventory (WAMI). *Journal of Career Assessment, 20* (3), 322-337.

高尾義明（2019）．「ジョブ・クラフティング研究の展開に向けて：概念の独自性の明確化と先行研究レビュー」『経済経営研究』*1*，81-105.

高尾義明（2020）．「ジョブ・クラフティングの思想―Wrzesniewski and Dutton（2001）再訪に基づいた今後のジョブ・クラフティング研究への示唆―」『経営哲学』*17*(2)，2-16.

Tims, M., & Bakker, A.B. (2010). Job crafting: Towards a new model of individual job redesign. *SA Journal of Industrial Psychology, 36*(2), 1-9.

Tims, M., Bakker, A.B., & Derks, D. (2012). Development and validation of the job crafting scale. *Journal of Vocational Behavior, 80*(1), 173-186.

von Glasersfeld, E. (1984). An introduction to radical constructivism. The invented reality, *1740, 28*, 5-20.

Weseler, D., & Niessen, C. (2016). How job crafting relates to task performance. *Journal of Managerial Psychology*, 31(3), 21-33.

Wrzesniewski, A., Berg, J. M., & Dutton, J. E. (2010). Turn the job you have into the job you want. *Harvard Business Review, 88*(6), 114-117.

Wrzesniewski, A., & Dutton, J.E. (2001). Crafting a job: Revisioning employees as active crafters of their work. *Academy of Management Review, 26*(2), 179-201.

矢部輝夫（2013）．『奇跡の職場』あさ出版.

Zhang, F., & Parker, S.K. (2019). Reorienting job crafting research: A hierarchical structure of job crafting concepts and integrative review. *Journal of Organizational Behavior, 40*(2), 126-146.

（石山　恒貴）

ジョブ・クラフティングがもたらす職業性ストレス研究の新たな展開

ジョブと従業員に関する理論的前提に着目して

第4章

1. はじめに

ワーク・デザイン研究と職業性ストレス研究は，これまで相互に影響を及ぼし合いながら発展し，学術的・実践的な知見を生み出してきた。これら2つの分野間の関係は，ジョブ・クラフティング（以下では，JCと略記）に関する研究にも見て取ることができる。Wrzesniewski & Dutton（2001）によってワーク・デザイン研究の文脈で提唱されたJCは，その後，職業性ストレス研究の理論モデルである仕事の要求度－資源モデル（Job Demands-Resource model; JD-Rモデル）の枠組みのもとで再定義・尺度化された（Tims & Bakker, 2010; Tims et al., 2012）。そこで提示された新たな概念定義と操作的定義は，ワーク・デザイン研究にも取り入れられたことで，両分野における実証研究の進展に寄与するなど，その後のJC研究を方向づける転換点となったことが指摘されている[1]（Slemp, 2016; 高尾，2020）。

これまでのJC研究を振り返ると，Wrzesniewski & Dutton（2001）によ

1　Slemp（2016）は，JD-Rモデルに基づいて再定義されたJCをJD-R craftingと呼び，Wrzesniewski & Dutton（2001）が提唱したJCと区別している。本章では，前者をJD-Rモデルに基づくJC，後者をオリジナルのJCと呼ぶことで区別する。

るオリジナルのJCの新規性―従来のワーク・デザイン研究における概念や理論にはないような新たな特徴―には，まだ発展の余地が残されている可能性もまた特筆すべきである。例えば，オリジナルのJCが示した理論的な新規性のうち，仕事の意味やワーク・アイデンティティの変化は，必ずしも現行の研究に受け継がれていないことが指摘されている（高尾，2020)。JCについては，さらにその理論的前提にも新規性が認められるものの（e.g., 第3章)，そのうちの何が，どのようにその後の研究に継承されたか，もしくは継承されなかったについて，これまで十分に検討されてこなかった。こうした問いに現時点から振り返って答えることで，今後のワーク・デザイン研究や職業性ストレス研究を展望する新たな視点をもたらすことが期待される。そこで本章では，オリジナルのJCの理論的前提に関する新規性を整理した上で，そのうちの何が，どのようにワーク・デザイン研究や職業性ストレス研究に継承されたか，もしくは継承されなかったかを明らかにすることを目的とする。さらに，継承されなかったJCの理論的前提を，改めて職業性ストレス研究に取り入れることの意義と方法について検討することで，今後の研究に資することを目指す。

このような目的のもと，本章では，JC研究の転換点―JD-Rモデルに基づくJCの再定義・尺度化―に至るまでの，ワーク・デザイン研究および職業性ストレス研究の理論的系譜に着目した文献検討を行う[2]。文献検討における分析枠組みは，次の3つの側面を含む，ジョブと従業員に関する理論的前提である。1つ目はジョブに関する理論的前提であり，ワーク・デザイン研究や職業性ストレス研究におけるジョブが，それぞれの文脈でどのような特徴を持つ概念として設定されているかに着目するものである。2つ目は従業員に関する理論的前提であり，職場における従業員の反応や行動を説明するにあたって，理論モデルやその背後にどのような特徴，もしくは人間性（human nature）(Schein, 1980）を持つ従業員を想定しているかに着目するものである。

2　本章で検討する範囲にとどまらず，JCに関する様々なワーク・デザイン研究や職業性ストレス研究が現在も展開されている（e.g., Tims et al., 2022)。これらの研究も含めて検討できていないのは本章の限界であり，今後の課題でもある。

3つ目はジョブと従業員の関係に関する理論的前提であり，ジョブと従業員の間でどのような影響関係が想定されているかに着目するものである。

また，文献検討の範囲に，JC と JD-R モデルそれぞれの背後にある，ワーク・デザイン研究および職業性ストレス研究の理論的系譜を含める理由は次のとおりである。第1に，オリジナルのJCの理論的源泉を参照しつつ，その上にJCを位置づけ直すような学説史的アプローチを用いることで，JCの持つ理論的前提の「何が」従来の概念や理論と比べて新しいかを説明できるようになると考えるからである。第2に，それがJD-R モデルに基づくJCの再定義・尺度化において「どのように」継承されたか，もしくは継承されなかったかを説明するためには，同じくJD-R モデルの理論的な発展過程を踏まえる必要があると考えるからである。第3に，JC と JD-R モデルが接点を持つ以前より，ワーク・デザイン研究と職業性ストレス研究は互いに影響を及ぼし合っていたことから，そうした歴史的経緯を把握することも，本章における目的の達成に必要であると考えるからである。

本章の構成は次のとおりである。まず，第2節では，JC に至るまでのワーク・デザイン研究の流れに沿って，ジョブと従業員に関する理論的前提の変遷を明らかにする。続いて，第3節では，職業性ストレス研究における主要な理論モデルの発展史の中にJD-R モデルを位置づけることで，同じくジョブと従業員に関する理論的前提の変遷を明らかにする。最後に，第4節では，JD-R モデルに基づくJC において，オリジナルのJCの持つ理論的前提のうち，何が，どのように継承されたか，もしくは継承されなかったかを考察する。その上で，継承されなかったJCの理論的前提を，改めて職業性ストレス研究に取り入れることの意義と方法について検討する。

2. ワーク・デザイン研究の理論的系譜

本節では，職務設計アプローチとも呼ばれる科学的管理法（2. 1），その限界を乗り越えるべく生まれた職務再設計アプローチ（2. 2），そして従来のアプローチからの認識論的転回を伴って提唱されたJC アプローチを取り上げ

(2.3)，それらの理論的前提がどのように変化したかを検討する[3]。

2.1　職務設計アプローチ

ワーク・デザイン研究の端緒でもあるTaylor（1911）の科学的管理法では，仕事をなるべく単純化することで，工員（workman）および組織の生産性が向上すると考えられている。科学的管理法が「科学的」たるゆえんは，実証主義の枠組みを従業員の作業管理に適用し，さらにそれを体系化させたことにある（Eastman & Bailey, 1994）。科学的管理法の具体的な考え方としては，作業の計画と執行の分離，さらには率を異にする出来高払制度を基礎とした，仕事の単純化，専門化，標準化といった基本原則などが挙げられる（長町，1975; 村上，2021）。

職務設計アプローチの理論的前提について，第1に，科学的管理法は課業管理法（task management）と言い換えることもでき，そこで管理の対象となるのは，一定時間内に終わらせるべき作業量を意味するタスクである（Taylor, 1911）。また，タスクは主にその作業に必要となる標準的な時間や動作によって規定される（長町，1975）。したがって，ここでのジョブとは，時間や動作に基づいて客観的に設定されたタスクに相当すると理解できる。

第2に，従業員について，科学的管理法が提唱している率を異にする出来高払制度は，より多くの賃金を得ることが従業員の働く動機を高めることを前提としている（村上，2021）。したがって，ここでは経済的インセンティブによって一様に動機づけられる合理的経済人（rational-economic man）（Schein, 1980）が，従業員の特徴として仮定されていると考えられる。

第3に，ジョブと従業員の関係について，科学的管理法では，組織側の責任のもとでタスクが計画され，それを現場で従業員が実行することを想定している。そのため，従業員はジョブに対して従属的であり，その影響を一方向的に受けると考えられる。

3　ワーク・デザイン研究のより体系的なレビューは，例えばGrant et al.（2011）によって行われている。また，職務再設計アプローチを網羅的かつ批判的に検討している文献として，金井（1982）や田尾（1987）などが挙げられる。

2.2　職務再設計アプローチ

科学的管理法に基づいて機械論的に設計された仕事は，職務不満足，欠勤，離職といった労働者の疎外を引き起こし，組織レベルのアウトカムも低下させることが，その後の研究によって指摘されるようになった（Lawler et al., 1973）。こうした研究結果は，科学的管理法に基づく現場実践の負の側面を克服し，従業員の職務満足とパフォーマンスの向上を目指す職務再設計の考え方へとつながった。作業の単純化を志向していた職務設計アプローチに対して，職務再設計アプローチは，作業の範囲や多様性を拡大させる職務拡大と，責任や裁量の範囲を拡大させる職務充実を通じた労働の人間化を目指すものである（Hackman & Oldham, 1976）。

こうした問題意識のもと，従業員のモチベーションにつながるような職務特性（job characteristics）の概念化や理論化に焦点を当てた研究が行われた。これら一連の研究は，Turner & Lawrence（1965）に始まり，Hackman & Lawler（1971）を経て，最終的にはHackman & Oldham（1976; 1980）による職務特性モデル（job characteristics model）として結実した。Hackman & Oldham（1976）が提唱した職務特性モデルでは，職務特性の5つの中核的次元として，技能の多様性，タスクの完結性，タスクの重要性，自律性，フィードバックが挙げられており，これらが仕事の有意味性の知覚といった心理状態を介して，モチベーション，パフォーマンス，職務満足など個人レベルのワーク・アウトカムに影響すると考えられた。また，これらの概念間の関連を調整する要因として，成長欲求の強さ（growth-need strength）が設定されている[4]。

職務再設計アプローチの理論的前提について，第1に，ここでのジョブは，その職務特性によって特徴づけられる概念であり，これらの職務特性は従業員を取り巻く環境に属する客観的事実であると考えられている。例えば，Hackman & Oldham（1976）による職務特性モデルでは，5つの中核的次元を通してジョブが把握される。また，客観的な職務特性とは別に，従業員に

4　Hackman & Oldham（1980）では，さらに知識と技能（knowledge and skill）および仕事の文脈への満足（satisfaction with the work context）が調整因子として追加されている。

よって認識された主観的な職務特性についても言及されているが（Hackman & Oldham, 1980），職務特性モデルに基づくジョブ・リデザインが着目するのは，あくまでジョブの客観的側面であると考えられる（Hackman & Lawler, 1971; Salancik & Pfeffer, 1977）。

第2に，従業員について，職務再設計アプローチでは，職務特性モデルにおける成長欲求の強さのように，従業員が自分自身の能力を発揮したいという自己実現の欲求を持ち，それを仕事のモチベーションの根源とするような自己実現人（self-actualizing man）（Schein, 1980）を想定している。また，職務特性モデルでは，自己実現欲求に相当する成長欲求の強さの個人差を考慮することで[5]，動機づけプロセスの個人差を説明することを試みている[6]（Lawler, 1974; 村上，2021）。したがって，職務設計アプローチが想定する従業員は，それぞれ異なるレベルの自己実現欲求を持つ存在であることが示唆される。

第3に，ジョブと従業員の関係について，まず，職務再設計アプローチの主要な関心はジョブが従業員に与える影響であり，これは職務特性モデルからも明らかである。これに加えて，職務特性モデルに基づくジョブ・リデザインは，従業員の参加型による実施だけでなく（Hackman & Oldham, 1980），従業員が主導するボトムアップな取り組みとしても位置づけられている（Kulik et al., 1987）。これらを踏まえると，従業員は主にジョブの影響を受けつつも，ジョブに対して自ら働きかけることができる能動的な存在であり，したがって，従業員からジョブへの影響関係も想定されていると考えられる。

2. 3　JCアプローチ

職務設計アプローチや職務再設計アプローチでは，主に製造業を中心とした産業構造が想定されていた。しかし，その後のサービス経済化や知識経済

5　成長欲求の強さについては，個人間での異質性に加えて，個人内で変化する可能性についても指摘されている（金井，1982; Kulik et al., 1987）。

6　これに対して，例えば職務特性モデルの基礎にもなっているHerzberg et al.（1959）の動機づけ－衛生理論（motivation-hygiene theory）では，自己実現欲求の一様性が想定されている（金井，1982）。

化に伴うサービス労働やナレッジワークの出現，さらには仕事の相互依存性や不確定性の増大など，産業構造の変化に伴う仕事のあり方が著しく変化したことで，それに応じた新しい理論が求められるようになった（Grant & Parker, 2009）。JC アプローチの誕生は，こうした時代の変化を1つの契機としている。

Wrzesniewski & Dutton（2001）によって提唱された JC は，仕事に関するタスクや関係性の境界を巡って従業員が行う物理的，認知的な変更であると定義される。JC の動機としては，仕事のコントロールと意味，肯定的な自己イメージ，他者との人間的なつながりへの欲求の充足が挙げられる。また，JC の機会といった仕事の特徴や，仕事の志向性といった個人の特徴が，JC への動機づけと実際の JC 行動の関連を調整すると考えられた。さらに，JC によって，仕事の意味やワーク・アイデンティティが変化すると予想されている。

JC アプローチの理論的前提について，第1に，JC においてクラフティングされるのは，タスクや関係性の量や内容といった客観的側面に加えて，それらに対する従業員の認知や意味づけといった主観的側面である。したがって，JC におけるジョブは，客観的側面と主観的側面の両方を含んだ概念であることが示唆され，客観的事実としてのジョブをデザインおよびリデザインの対象としていた従来のアプローチとは異なっていることが指摘される。

第2に，従業員について，職務設計アプローチでは合理的経済人を，そして職務再設計アプローチでは自己実現人を想定していたのに対して，ジョブ・クラフター（job crafter）（Wrzesniewski & Dutton, 2001）は，これらと異なる2つの人間モデルに立脚していると考えられる。1つは，多様な欲求が個人間で異なることや個人内で変化することを前提とした複雑人（complex man）（Schein, 1980）である。Wrzesniewski & Dutton（2001）は，JC を動機づけるのは主に欲求が充たされない状況であると述べており，また，欲求の程度は個人間で異なるだけでなく，文脈によって変化すること，さらには JC の結果としても変化することが想定されている。このように，従業員の内部にあり，かつ可変である欲求に着目した理論的メカニズムの説明からも，ジョブ・クラフターとしての従業員は複雑人と親和性があると考えられる。

もう1つは，自身が置かれた状況において，意味への意志[7]（will to meaning）（Bailey et al., 2019）に基づき意味を構築・再構築する主体として従業員を捉える意味充実人である[8]（寺澤，2012)。JCの結果として生じる仕事の意味やワーク・アイデンティティの変化に着目すれば，JCは他者との相互作用を通じて従業員が能動的に行う意味の構築・再構築であると表現することもでき（Rosso et al., 2010; Wrzesniewski et al., 2003），そこでの従業員は意味充実人と整合的である。この2つの人間モデルは，従業員が動的に変化する存在であることを含意している点で共通している。具体的に，複雑人では従業員の欲求が変化すること，意味充実人では従業員の仕事の意味やワーク・アイデンティティが変化することを想定している。したがって，能動的にJCを行う主体であると同時に，JCによって変化する対象として従業員を捉えることこそ，JCアプローチに特徴的な人間観であると考えられる。

第3に，ジョブと従業員の関係について，従業員はJCを通してジョブに影響を与えると同時に，JCによって変化したジョブの影響を受けるような，双方向的な影響関係が成り立っていると考えられる。ジョブに対して自ら働きかけることができる従業員を想定している点において，JCアプローチは職務再設計アプローチと類似するが，両者の間には違いが指摘される。まず，職務再設計アプローチでは，従業員によってジョブ・リデザインが行われるという，一時的で，一方向的な影響関係が想定されている。これに対して，JCアプローチでは，従業員のJCによってタスクや関係性に物理的および認知的な変化が生じるだけでなく，これら一連の変化を通じて，仕事の意味やワーク・アイデンティティなど従業員自身も変化し，それがさらなるJCにつながると予想される。つまり，JCが想定するジョブと従業員の関係は，双方向の継続的な影響関係を伴う動的なプロセスであり，これは従業員が動的に変化することを含意している人間観にもつながっている。表4-1では，ワーク・デザイン研究の主要なアプローチにおける理論的前提をまとめている。

7　Pratt & Ashforth（2003）による意味（meaning）と有意味性（meaningfulness）の区別に基づけば，「意味への意志」における「意味」は「有意味性」に相当すると解釈できる。

8　意味充実人と類似する人間モデルとして，Weick（1995）のセンスメーカー（sensemaker）が挙げられる。

表 4-1　ワーク・デザイン研究における理論的前提

	ジョブ	従業員	ジョブ－従業員関係
職務設計	客観的	一様（欲求）	ジョブから従業員への影響
職務再設計	客観的	個人間で異なる（欲求）	ジョブから従業員への影響，従業員からジョブへの影響
JC	主観的，客観的	個人間で異なる，個人内で変化する（欲求，仕事の意味，ワーク・アイデンティティ）	双方向の動的な影響

出所　筆者作成

3. 職業性ストレス研究の理論的系譜

本節では，職業性ストレス研究の始原的な理論モデルの1つであるミシガンモデル（3. 1），実証研究にもインパクトをもたらした仕事の要求度－コントロールモデル（3. 2），JCの再定義・尺度化の理論的基礎にもなっているJD-Rモデルを取り上げ（3. 3），ジョブと従業員に関する理論的前提がどのように変化したかを検討する[9]。

3.1　ミシガンモデル

ミシガン大学の研究グループから提唱された複数の理論モデルは，その後の職業性ストレス研究に大きな影響を及ぼしてきた。その1つがミシガンモデル（Michigan model）である（Caplan et al., 1975）。ミシガンモデルは，French & Kahn（1962）が提示した枠組みを理論的基礎とし，そこから派生した役割ストレスモデル（role stress model）（Kahn et al., 1964）や，個人－環境適合モデル（person-environment fit model）（French et al., 1974）などを

9　職業性ストレス研究も含めたストレス研究の全般的な歴史は，例えばCooper & Dewe（2004）に詳しい。また，職業性ストレス研究における主要な理論モデルの変遷をまとめている文献として，岩田（2017）や川上（1999）などが挙げられる。

踏まえて提唱されたモデルである[10]。ミシガンモデルでは，職場環境のストレス要因（e.g., 仕事の量的負担，役割葛藤，役割のあいまいさ）が従業員のストレス反応（e.g., 抑うつ，高血圧，喫煙），ひいては健康障害（e.g., 心血管疾患）につながると考えられている。これに加えて，個人の特性や社会的支援が，ストレス反応の原因として，また，ストレス要因とストレス反応の関連を調整する要因として想定されている。

ミシガンモデルの特徴としては，次の2点が挙げられる。1つは環境と個人を表す概念を切り離していることである。具体的には，環境と個人をそれぞれ職場環境のストレス要因（stressor[11]）と従業員のストレス反応（strain）に対応させることで区別しており，こうした概念の区分はその後の職業性ストレスに関する理論モデルでも長らく用いられている（川上，1999）。もう1つの特徴は，Lewin（1951）の場の理論（field theory）の考え方を受け継いでいることである。ミシガンモデルにおける職場環境は，さらに客観的環境と主観的環境に分けられる。この主観的環境は，従業員が客観的環境を認識することで形成されるものであり，場の理論における心理的環境に相当する概念である（Buunk et al., 1998）。

ミシガンモデルの理論的前提について，第1に，ここでのジョブは，客観的環境と主観的環境の両方を含むものであり，仕事の量的負担，役割葛藤，役割のあいまいさなど，様々なストレス要因の程度を通して特徴づけられるものである。また，ミシガンモデルでは主観的環境を重視していることが指摘されており（Kompier, 2003），これはモデルの概念図（Caplan et al., 1975, p. 5）や，関連する説明からも示唆される。したがって，ミシガンモデルにおけるジョブは，ストレス要因の程度によって特徴づけられる職場環境の客観的および主観的側面であり，特にその主観的側面に重きが置かれるような概

10　Caplan et al.（1975）より以前のモデル（e.g., French & Kahn, 1962; Kahn et al., 1964）がミシガンモデルと呼ばれたり，これら複数のモデルがまとめてミシガンモデルと総称される場合もある（e.g., Buunk et al., 1998; Kompier, 2003）。

11　Caplan et al.（1975）は，ストレス要因を意味して“stress”と表現しているが，その後，ストレス要因は一般的に“stressor”と表現されるようになったため，ここでは“stressor”としている。

念であると理解できる。

第2に，従業員について，ミシガンモデルでは，生得的および獲得された特性（e.g., 仕事の動機，能力，パーソナリティ）を持つ存在として従業員を捉えている。こうした従業員の特性は，ストレス反応の原因として，また，ストレス要因とストレス反応の関連を調整する要因としてモデルに組み込まれている。ミシガンモデルでは，環境が個人に与える影響の個人差にも主眼が置かれているため，こうした従業員の特性は，長期的に変化する可能性があったとしても，基本的には安定的なものとして扱われている（Caplan et al., 1975）。

第3に，ジョブと従業員の関係について，ミシガンモデルでは，従業員が客観的環境を主観的環境として認識し，その影響を一方向的に受けるような関係が想定されている。ミシガンモデルに基づくストレス反応や健康障害への予防的アクション（preventive actions）に関する議論では，職務拡大や職務充実といった職場環境への介入に加えて，従業員による参加型のジョブ・リデザインの必要性について言及されている（Caplan et al., 1975）。しかし，従業員が自ら能動的に職場環境に働きかけるようなボトムアップな取り組みとしては位置づけられておらず，したがって，従業員からジョブへの影響は基本的に想定されていないと考えられる[12]。

3.2　仕事の要求度－コントロールモデル

Karasek（1979）は，職務特性モデルなどに代表される仕事のコントロール（control; decision latitude）に関する研究の流れと，ミシガンモデルなどに代表される仕事の要求度（job demand）に関する研究の流れが分断されていることに着目し，両者を統合したモデルとして仕事の要求度－コントロールモデル（job demands-control model; JD-C モデル）を提唱した（Buunk et al.,

12　これに関連して，ミシガンモデルにも取り入れられている個人－環境適合モデルでは，従業員によるコーピングの対象として環境を挙げており（French et al., 1974），環境に対する従業員の影響が示唆されている。しかし，これはあくまで個人と環境の不適合への対処として行われるコーピングであるため，従業員の能動性を前提としたプロアクティブ・コーピングとは違い（Aspinwall & Taylor, 1997），従業員の役割は受動的であると考えられる。

1998)。

JD-C モデルにおいて，仕事の要求度は仕事の心理的負担を表し，コントロールは職務上の裁量権や技能の活用の自由度を表す概念である。また，仕事の要求度とコントロールは職業別の特性であり，これらの高低の組み合わせによって，従業員を取り巻く心理社会的な職場環境は，高ストレイン，低ストレイン，パッシブ，アクティブのいずれかに分類できると考えられた。その上で，高ストレインな職場環境（i.e., 仕事の要求度が高く，コントロールが低い）は従業員のストレス反応につながるというストレイン仮説（strain hypothesis），アクティブな職場環境（i.e., 仕事の要求度が高く，コントロールも高い）は従業員の学びや成長，ひいては生産性の向上につながるというアクティブ・ラーニング仮説（active learning hypothesis）が提示された（Karasek & Theorell, 1990）。

その後，職場における社会的支援を含めた要求度－コントロール－社会的支援モデル（demand-control-support model; DCS モデル）（Johnson & Hall, 1988）や，動的な JD-C モデル（dynamic version）（Karasek & Theorell, 1990）が提唱されるなど，モデルの拡張もなされている（Karasek, 1998）。

JD-C モデルの理論的前提について，第1に，JD-C モデルでは，仕事の要求度とコントロールという2つの次元を通して，また，拡張モデルの1つである DCS モデルでは，これに社会的支援を加えた3つの次元を通してジョブを捉えている。これらの次元は，職業ごとに異なる，客観的環境としてのジョブを特徴づけるものであり（Kompier, 2003），ミシガンモデルで重視されていた主観的環境は含まれていないことが明示されている（Karasek & Theorell, 1990）。

第2に，従業員について，JD-C モデルにおけるアクティブ・ラーニング仮説では，従業員が自由意志に基づいて自らの能力を発揮したり，能動的に学習したりする欲求を持つことが前提となっている（Landsbergis, 1988）。ただし，欲求の個人差は考慮されておらず，これは JD-C モデルが様々な要因の個人差を認めつつも，職場環境がもたらす影響の普遍的な側面を重視していることに起因している（Karasek & Theorell, 1990）。一方で，動的な JD-C モデルでは，長期的に職場環境が従業員のパーソナリティを変化させることにも着目している。具体的には，高ストレインな職場環境が従業員の不安の蓄積（accumulated anxiety），アクティブな職場環境が従業員の統制感（feeling of mastery）につながり，こうして変化したパーソナリティが，今度は職場環境からの影響を調整するという仮説が立てられた（Karasek & Theorell, 1990; Karasek, 1998）。したがって，JD-C モデルでは従業員の特徴として，一様な欲求と個人内で変化するパーソナリティに着目しており，個人差を重視していた職務特性モデルやミシガンモデルとは異なっていることが指摘される。

第3に，ジョブと従業員の関係について，JD-C モデルやその拡張モデルからも明らかなように，ジョブからの影響を従業員が一方向的に受けるような関係が想定されている。また，職場環境への介入を意味する仕事の再構成（work reconstruction）に従業員が参加することはあっても，それ自体を従業員が主導することは想定されていない（Karasek & Theorell, 1990）。さらに，Karasek & Theorell（1990）は，従業員が自ら行う取り組みとして，コーピングを通じた環境への適応を挙げているものの，こうしたコーピングでさえも従業員に偏った負担を強いていると指摘している。これらの議論からも，従業員がジョブに与える影響は基本的に想定されていないと考えられる。

3.3　仕事の要求度－資源モデル

JD-R モデルは，対人援助職に特異的な現象であると想定されたバーンアウトが，実際には幅広い職業において普遍的であること，また，それが仕事の要求度（job demands）と仕事の資源（job resources）によって規定されることを検証するために構築されたモデルである（Demerouti et al., 2001）。JD-R モデルにおける仕事の要求度とは，従業員の持続的な物理的・心理的努力を要求し，身体的・心理的コストを伴うような仕事の物理的・心理的・社会的・組織的側面を表す（e.g., 強いプレッシャー，好ましくない物理的環境，感情への負荷）。また，仕事の資源とは，従業員の目標の達成を促進し，仕事の要求度やそれに関連する身体的・心理的コストを低減し，従業員の成長・学び・発達を促進するような，仕事の物理的・心理的・社会的・組織的側面を表す（e.g., 雇用の安定性，上司や同僚からの支援，意思決定への参加）。JD-R モデルでは，職場のあらゆる特性が仕事の要求度もしくは仕事の資源に分類可能であり，仕事の要求度と資源のバランスが崩れることによって従業員のストレス反応が生じると考える（Bakker & Demerouti, 2007）。

その後，JD-R モデルは，ポジティブ心理学の観点からワーク・エンゲイジメントの概念を取り入れたり（Schaufeli & Bakker, 2004），自分が環境をどのくらいコントロールできるかという感覚を表す個人資源（personal resources）（e.g., 自己効力感，楽観性）の概念を取り入れたりするなど（Xanthopoulou et al., 2007），モデルの拡張や改良が施されている（Bakker & Demerouti, 2017）。また，これらを踏まえて，JD-R モデルでは，仕事の要求度からストレス反応や健康問題につながる健康障害プロセス（health impairment process）と，仕事の資源からモチベーションやパフォーマンスにつながる動機づけプロセス（motivational process）を仮説として挙げている。さらに，仕事の要求度と仕事の資源は，それぞれ動機づけプロセスと健康障害プロセスを調整すると考えられている（Bakker & Demerouti, 2017）。

JD-R モデルの理論的前提について，ここでは主に，JC を再定義・尺度化する際に参照されていたモデル（e.g., Bakker & Demerouti, 2007）について検討する。第1に，JD-R モデルにおけるジョブとは，仕事の要求度や仕事の資源の程度によって特徴づけられる概念である。また，ジョブは，環境に帰属する外的な（environmental; external）な要因であると説明されることからも（Demerouti et al., 2001; Schaufeli & Bakker, 2004），従業員の認識から独立した客観的事実としてジョブを捉えていることが示唆される。こうしたジョブの捉え方は，職務特性モデルや JD-C モデルとも共通している。

第2に，従業員について，JD-R モデルでは，主に基本的欲求と個人資源に着目して従業員を捉えている。まず，従業員は自律性，有能さ，関係性に関する基本的欲求（basic needs）（Ryan & Deci, 2000）を生得的に持つことを前提としているが，これらの欲求の個人差は考慮されていない。一方で，従業員の個人資源は，動機づけプロセスの先行要因であると同時に，仕事の要求度とストレス反応の関連を調整する個人差要因でもあると考えられている。したがって，JD-R モデルが前提とする従業員は，一様な欲求と個人差のある個人資源を持つ存在であることが示唆される。

第3に，ジョブと従業員の関係について，JD-R モデルでは，ジョブから

表 4-2　職業性ストレス研究における理論的前提

	ジョブ	従業員	ジョブー従業員関係
ミシガンモデル	客観的，主観的	個人間で異なる（特性）	ジョブから従業員への影響
JD-C モデル	客観的	一様（欲求），個人内で変化する（パーソナリティ）	ジョブから従業員への影響
JD-R モデル	客観的	一様（欲求），個人間で異なる（個人資源）	ジョブから従業員への影響

出所　筆者作成

の影響を従業員が一方向的に受けるような関係が想定されている。従業員からジョブへの影響については，逆因果の可能性に関する議論の中で言及されてはいるものの（Bakker & Demerouti, 2007），従業員が能動的に職場環境へ働きかけることを主張するものではなく，従業員の役割はあくまで受動的であると考えられている（Bakker & Demerouti, 2017）。こうしたジョブと従業員の関係の捉え方は，ミシガンモデルや JD-C モデルと共通していることが指摘される。表 4-2 では，職業性ストレス研究の主要な理論モデルにおける理論的前提をまとめている。

4. 職業性ストレス研究の新たな展開

本節では，まず，オリジナルの JC と JD-R モデルの間で異なる理論的前提が，JD-R モデルに基づく JC においてどのように継承されたか，もしくは継承されなかったかを考察する（4. 1）。次に，そこで継承されなかった理論的前提を，改めて職業性ストレス研究に取り入れることの意義と方法について検討する（4. 2）。

4.1 JD-R モデルに基づく JC の再定義

JD-R モデルに基づく JC は，従業員が個人－仕事のフィットの向上を目的として，自身の欲求，選好，スキル，能力とのバランスを保てるよう仕事の要求度と仕事の資源を実質的に変える試みであると定義される（Tims & Bakker, 2010; Tims et al., 2012）。JCの具体的なパターンとしては，仕事の資源を増やすこと（e.g., フィードバックを求める），挑戦的な仕事の要求度を増やすこと（e.g., 新たなプロジェクトへの参加），阻害的な仕事の要求度を減らすこと（e.g., 仕事量を減らす）が想定されており，これによって健康アウトカムやワーク・アウトカム（e.g., ワーク・エンゲイジメント，職務満足）が改善すると予想されている（Demerouti, 2014）。また，Tims & Bakker（2010）による概念定義に基づき，Tims et al.（2012）は，社会的な仕事の資源の増加，構造的な仕事の資源の増加，挑戦的な仕事の要求度の増加，阻害的な仕事の要求度の減少という4つの次元から構成される尺度を開発した。

表4-1，表4-2にも示されるように，オリジナルのJCとJD-Rモデルでは，ジョブと従業員に関する理論的前提が異なっている。そうした中で，JD-Rモデルに基づくJCが依拠している理論的前提は次のように整理される。第1に，ジョブに関しては，JD-Rモデルの理論的前提が継承されている。オリジナルのJCにおけるジョブは，客観的側面と主観的側面の両方を含んでおり，それが従来のアプローチからJCを区別する特徴の1つであった。これに対して，JD-Rモデルに基づくJCは，仕事の要求度と仕事の資源の「実質的な変化（actual changes）」（Tims et al., 2012, p. 174）であると説明され，ジョブの客観的側面のみがクラフティングの対象になっていると理解できる。言い換えれば，JD-Rモデルに基づくJCに含まれるのは，タスクと関係性クラフティングのみであり，ここにはジョブの主観的側面に関わる認知的クラフティングは含まれていない（Tims & Bakker, 2010）。

第2に，従業員について，JD-Rモデルに基づくJCでは，従業員の欲求，選好，スキル，能力に着目し，これらが仕事の特性とフィットしない状況がJCの動機になると説明している（Tims & Bakker, 2010; Tims et al., 2012）。ただし，従業員を特徴づけるこれらの要因が，JCを通して変化する可能性については考慮されていない。これに対して，オリジナルのJCでは，従業員を複雑人として捉えた場合，従業員の持つ欲求が充たされない状況がJCの動機になり，JCを通してこの欲求も変化すると考えられている。また，従業員を意味充実人として捉えた場合，従業員は仕事の意味やワーク・アイデンティティを絶え間なく構築・再構築する存在であり，これらはJCの過程で変化すると考えられている。したがって，JD-Rモデルに基づくJCでは，従業員の持つ特徴がJCの過程で動的に変化することを必ずしも重視していないことが示唆され[13]，この点を重視していたオリジナルのJCの理論的前提は継承されていないことが指摘される。

第3に，ジョブと従業員の関係について，JD-Rモデルに基づくJCでは，オリジナルのJCと同じく，ジョブと従業員の間の双方向で動的な影響関係を想定している。具体的には，従業員の欲求，選好，スキル，能力と仕事の特性のバランスが取れていない状況がJCの条件となり，タスクや関係性クラフティング（i.e., 仕事の資源を増やすこと，挑戦的な仕事の要求度を増やすこと，阻害的な仕事の要求度を減らすこと）の結果として生じる健康アウトカムやワーク・アウトカムのポジティブな変化が，さらなるJCを促進するような「フィードバック・ループ（feedback loop）」（Tims & Bakker, 2010, p. 7）が想定されている。しかし，上述のように，JD-Rモデルに基づくJCでは，ジョブの主観的側面や従業員が動的に変化することが重視されていないため，理論的メカニズムの焦点がオリジナルのJCとは異なっている。特に，オリジナルのJCに含まれる認知的クラフティングや，JCを通じた仕事の意味やワーク・アイデンティティの変化は，JD-Rモデルに基づくJCにおいて必ずしも重視されていない。したがって，JD-Rモデルに基づくJCとオリジナルのJCでは，同じくジョブと従業員の間の双方向的かつ動的な影響関係を想定しているものの，両者では理論的メカニズムの焦点が異なっており，JD-Rモデルに基づくJCだけでは，これらの多様なメカニズムを包摂することに限界があると指摘される。

4.2　今後の職業性ストレス研究への示唆

これまでの議論をまとめると，JD-Rモデルに基づくJCにおいて十分に継承されなかった理論的前提として，(i)ジョブの主観的側面，(ii)従業員の動

13　ただし，その後のJD-Rモデルでは，JCによる従業員の個人資源の変化にも着目されている（Bakker & Demerouti, 2017）。

的な変化，(iii)ジョブと従業員をつなぐ理論的メカニズムの多様性が挙げられる。最後に，これらを今後の職業性ストレス研究に取り入れることの意義と方法について検討する。

第1に，(i)ジョブの主観的側面については，例えばJCが従業員の健康アウトカムやワーク・アウトカムにもたらす効果のメカニズムを検討する際に必要であると考えられる。JCのもたらす効果は複合的であり，そこには様々なメカニズムが介在していることが指摘されている（Oldham & Hackman, 2010）。そのため，ジョブの客観的側面に対応するタスクや関係性クラフティングに限定するのではなく，ジョブの主観的側面に対応する認知的クラフティングも含めて検討することで，そうした複合的な効果のメカニズムを解きほぐすことが可能になると考えられる。実際に，Sakuraya et al. (2022) による国内の従業員を対象としたJC介入研究（無作為化比較試験）では，若年層の従業員において，介入群のタスク・クラフティングだけでなく，認知的クラフティングも対照群と比較して有意に増加したことが報告されている。こうした知見からも，ジョブの客観的側面だけでなく，主観的側面にも着目して検討することの重要性が指摘される。

このような検討を可能にする方法の1つとして，介入研究の過程で収集できる質的データを活用し，量的データの分析や解釈に役立てるような研究デザイン（mixed methods experimental design）（Creswell & Plano Clark, 2017）が挙げられる。具体的には，JC介入研究において，介入群を対象としたJC介入プログラム（e.g., グループワーク）の参与観察を行ったり，参加者の体験についてインタビューしたりすることで，JC介入プログラムの参加者が何をどのように体験したか―参加者によってどのようなJCがどのように行われたか―に関する探索的な分析を行うことが挙げられる。こうした質的データの収集および分析により，介入の効果やメカニズムについて，ジョブの主観的側面も含めた解釈が可能になると考えられる。

第2に，(ii)従業員の動的な変化について，ジョブだけでなく従業員も様々な時間単位で変化することが，過去の研究で実証的に示されている（e.g., Petrou et al., 2012; 森永，2010）。このように，動的に変化する存在として従業員を捉えることで，従来の研究を補完するような新たなアプローチにつながることが期待される。1つの例として，ここでは仕事のストレス要因の挑戦性・阻害性に関する研究を取り上げる（Cavanaugh et al., 2000）。近年の研究より，仕事のストレス要因は，ある文脈では挑戦的ストレス要因（challenge stressor）として，また別の文脈では阻害的ストレス要因（hindrance stressor）として経験されることが指摘されている（Bakker & Demerouti, 2017）。これに対する解釈の1つとして，仕事のストレス要因の挑戦性・阻害性は必ずしも固定的な属性として決まっているわけではなく，それを従業員がどのように評価するかによって規定される可能性が挙げられる[14]（e.g., O'Brien & Beehr, 2019）。ここで，従業員が動的に変化するという前提に立つことにより，従業員の変化に伴って仕事のストレス要因の挑戦性・阻害性に対する評価がどのように変化するかを問うことが可能になる。

このような問題意識のもと，例えばYokouchi & Hashimoto（2020）では，従業員の仕事の意味やワーク・アイデンティティの変化に伴い，仕事のストレス要因に対する評価がどのように変化するかを，質的方法を用いて検討している。当該研究では，〈作業をこなす〉，〈役割と責任を果たす〉，〈自分なりの価値を提供する〉という変化の段階を抽出した上で，従業員にとってどのような仕事のストレス要因が挑戦的であるか（e.g., 新しい経験，困難な状況の打開），もしくは阻害的であるか（e.g., 作業が追いつかない，理想と現実のギャップ）は，これらの段階に応じて変化することを示唆している。従業員が動的に変化することを前提にした職業性ストレス研究において，今後は，従業員の経験を探索的に明らかにするような質的アプローチに加えて，そこで示唆された概念間の関連を検証するような量的アプローチが求められる。その際には，クロスセクションデータを用いた横断研究だけでなく，パネルデータを用いた縦断研究により，個人間の異質性と個人内の変化を区別して検討していく必要性も指摘される。

第3に，(iii)ジョブと従業員をつなぐ理論的メカニズムの多様性に関して，

14　このような解釈の視点は，仕事のストレス要因の挑戦性・阻害性に対する認知的評価（cognitive appraisal）（Lazarus & Folkman, 1984）に着目したアプローチであると説明される（O'Brien & Beehr, 2019）。

職業性ストレス研究における個々の理論モデルは，こうした多様な理論的メカニズムの特定の部分に焦点を当てたものである。それぞれの理論モデルが捉える理論的メカニズムの相補的な関係性が明らかにされ，さらにそれらが統合的されることで，ジョブと従業員の間の影響関係の全体像の解明につながることが期待される。したがって，今後の職業性ストレス研究では，ジョブと従業員をつなぐ理論的メカニズムの多様性を前提に，多様な理論的メカニズムを解きほぐすような取り組みと，細分化された理論的メカニズムを統合するような取り組みの両方が重要になると考えられる。

こうした取り組みの方法について，まず細分化を考えた場合，従業員からジョブへの影響を検討する際には，(i)でも述べたように，タスクや関係性クラフティングに加えて，認知的クラフティングを介した理論的メカニズムを考慮する必要性が指摘される。もちろん，オリジナルのJCやJD-Rモデルに基づくJCが提示した枠組みに限らず，近年はBruning & Campion（2018）による新たな分類軸―問題の解決や状況の改善などを目的とした接近的なクラフティング（approach crafting）と仕事の削減などを目的とした回避的なクラフティング（avoidance crafting）―なども提唱されている。こうした枠組みは，多様な理論的メカニズムを解きほぐす新たな視点を提供するものである。次に，統合化に関して，多様な理論的メカニズムをまとめるための方法の1つが，時間軸に着目することである（Griffin & Clarke, 2011）。具体的には，従業員からジョブへの影響（e.g., タスク・クラフティング）や，ジョブから従業員への影響（e.g., タスクが減ることによる健康影響）が，どのくらいのタイムスパンで起こるかに着目することで，細分化された多様なメカニズムを統合的に捉え，それらを検証することが可能になると考えられる。例えば，1日単位で起こるようなメカニズムを想定するのであれば，日誌法を用いた検証が可能であり（e.g., Fritz & Sonnentag, 2009），1年単位で起こるようなメカニズムを想定するのであれば，縦断研究を用いた検証が可能である（e.g., Frese et al., 2007）。これらを通じて，ジョブと従業員の間の双方向で動的な影響関係の全体像の解明につながることが期待される。

最後に，上述の(i)から(iii)では，「客観」や「環境」だけでなく，「主観」や「個人」を重視している。そのため，これらの視点を取り入れた職業性ストレス研究からは，個人を志向した介入（individually targeted interventions）（Cartwright & Cooper, 2005）が実践的インプリケーションとして得られやすいことが指摘される。その際には，従業員の健康問題やパフォーマンスの低下を本人の努力不足と捉えるような，いわゆる自己責任論に陥らないことはもちろん，JCが含意するような従業員の能動性を尊重することもまた重要である[15]。こうした前提のもと，個人への介入と職場環境への介入を適切に組み合わせることで，個人レベルおよび組織レベルの健康アウトカムやワーク・アウトカムの向上につながることが期待される。

謝辞

本章の執筆にあたって，川上憲人先生（東京大学），高尾義明先生（東京都立大学），森永雄太先生（武蔵大学）から多くの有益なコメントを賜った。記して深謝の意を表したい。

〈参考文献〉

Aspinwall, L. G., & Taylor, S. E. (1997). A stitch in time: Self-regulation and proactive coping. *Psychological Bulletin, 121*(3), 417-436.

Bailey, C., Yeoman, R., Madden, A., Thompson, M., & Kerridge, G. (2019). A review of the empirical literature on meaningful work: Progress and research agenda. *Human Resource Development Review, 18*(1): 83-113.

Bakker, A. B., & Demerouti, E. (2007). The job demands-resources model: State of the art. *Journal of Managerial Psychology, 22*(3), 309-328.

Bakker, A. B., & Demerouti, E. (2017). Job demands-resources theory: Taking stock and looking forward. *Journal of Occupational Health Psychology, 22*(3), 273-285.

Bruning, P. F., & Campion, M. A. (2018). A role-resource approach-avoidance model of job crafting: A multimethod integration and extension of job crafting theory. *Academy of Management Journal, 61*(2), 499-522.

Buunk, B. P., de Jonge, J., Ybema, J. F., & de Wolff, C. J. (1998). Psychosocial aspects of occupational stress. In P. J. D. Drenth, H. Thierry, & C. J. de Wolff (Eds.), *Handbook of work and organizational psychology,* (Vol. 2, pp.

15　健康の自己責任論を批判する立場と，個人の主体性を尊重する立場は，必ずしも対立しないことが指摘されている（玉手，2021）。

145-182). Psychology Press.

Caplan, R. D., Cobb, S., French, J. R. P., Jr., Harrison, R. V., & Pinneau, S. R., Jr. (1975). *Job demands and worker health: Main effects and occupational differences*. NIOSH.

Cartwright, S., & Cooper, C. (2005). Individually target interventions. In J. Barling, E. K. Kelloway, & M. R. Frone (Eds.), *Handbook of work stress*. (pp. 607-622). Sage.

Cavanaugh, M. A., Boswell, W. R., Roehling, M. V., & Boudreau, J. W. (2000). An empirical examination of self-reported work stress among U.S. managers. *Journal of Applied Psychology, 85*(1), 65-74.

Cooper, C. L, & Dewe, P. (2004). *Stress: A brief history*. Blackwell Publishing（大塚泰正・岩崎健二・高橋修・京谷美奈子・鈴木綾子訳『ストレスの心理学：その歴史と展望』北大路書房，2006年）.

Creswell, J. W., Plano Clark, V. L. (2017). *Designing and conducting mixed methods research* (3rd ed.). Sage（大谷順子訳『人間科学のための混合研究法：質的・量的アプローチをつなぐ研究デザイン』北大路書房，2010年）.

Demerouti, E. (2014). Design your own job through job crafting. *European Psychologist, 19*(4), 237-247.

Demerouti, E., Bakker, A. B., Nachreiner, F., & Schaufeli, W. B. (2001). The job demands-resources model of burnout. *Journal of Applied Psychology, 86*(3), 499-512.

Eastman, W. N., & Bailey, J. R. (1994). Examining the origins of management theory: Value divisions in the positivist program. *The Journal of Applied Behavioral Science, 30*(3), 313-328.

French, J. R. P., Jr., & Kahn, R. L. (1962). A programmatic approach to studying the industrial environment and mental health. *Journal of Social Issues, 18*(3), 1-47.

French, J. R. P., Jr, Rodgers, W., & Cobb, S. (1974). Adjustment as person-environment fit. In G. V. Coelho, D. A. Hamburg, & J. E. Adams (Eds.), *Coping and adaptation* (pp. 316-333). Basic Books.

Frese, M., Garst, H., & Fay, D. (2007). Making things happen: Reciprocal relationships between work characteristics and personal initiative in a four-wave longitudinal structural equation model. *Journal of Applied Psychology, 92*(4), 1084-1102.

Fritz, C., & Sonnentag, S. (2009). Antecedents of day-level proactive behavior: A look at job stressors and positive affect during the workday. *Journal of Management, 35*(1), 94-111.

Grant, A. M., Fried, Y., & Juillerat, T. (2011). Work matters: Job design in classic and contemporary perspectives. In S. Zedeck (Ed.), *APA handbook of industrial and organizational psychology* (Vol. 1, pp. 417-453). American Psychological Association.

Grant, A. M., & Parker, S. K. (2009). Redesigning work design theories: The rise of relational and proactive perspectives. *Academy of Management Annals, 3*(1), 317-375.

Griffin, M. A., & Clarke, S. (2011). Stress and well-being at work. In S. Zedeck (Ed.), *APA handbook of industrial and organizational psychology* (Vol. 3, pp. 359-397). American Psychological Association.

Hackman, J. R., & Lawler, E. E. (1971). Employee reactions to job characteristics. *Journal of Applied Psychology, 55*(3), 259-286.

Hackman, J. R., & Oldham, G. R. (1976). Motivation through the design of work: Test of a theory. *Organizational Behavior and Human Performance, 16*(2), 250-279.

Hackman, J. R., & Oldham, G. R. (1980). *Work redesign.* Addison-Wesley.

Herzberg, F., Mausner, B., & Snyderman, B. B. (1959). *The motivation to work* (2nd ed.). John Wiley.

岩田昇（2017）.「職業性ストレスの測定と評価」島津明人（編著）『産業保健心理学』（pp. 31-48）ナカニシヤ出版.

Johnson, J. V., & Hall, E. M. (1988). Job strain, work place social support, and cardiovascular disease: A cross-sectional study of a random sample of the Swedish working population. *American Journal of Public Health, 78*(10), 1336-1342.

Kahn, R. L., Wolfe, D. M., Quinn, R. P., Snoek, J. D., & Rosenthal, R. A. (1964). *Organizational stress: Studies in role conflict and ambiguity.* John Wiley & Sons.

金井壽宏（1982）.「職務再設計の動機的効果についての組織論的考察」『経営学・会計学・商学研究年報』*28*, 103-245.

Karasek, R. A. (1979). Job demands, job decision latitude, and mental strain: Implications for job redesign. *Administrative Science Quarterly, 24*(2), 285-308.

Karasek, R. A. (1998). Demand/Control model: A social-emotional, and psychological approach to stress risk and active behavior development. In J. Stellman (Ed.), *Encyclopedia of occupational health and safety* (pp. 34.6-34.14). International Labour Office.

Karasek, R. A., & Theorell, T. (1990). *Healthy work: Stress, productivity, and the reconstruction of working life.* Basic Books.

川上憲人（1999）.「職業性ストレスの理論の変遷と現状」『ストレス科学』*13*(4),

230-237.

Kompier, M. (2003). Job design and well-being. In M. J. Schabracq, J. A. M. Winnubst, & C. L. Cooper (Eds.), *The handbook of work and health psychology* (2nd ed., pp. 429-454). John Wiley & Sons.

Kulik, C. T., Oldham, G. R., & Hackman, J. R. (1987). Work design as an approach to person-environment fit. *Journal of Vocational Behavior, 31*, 278-296.

Landsbergis, P. A. (1988). Occupational stress among health care workers: A test of the job demands-control model. *Journal of Organizational Behavior, 9*, 217-239.

Lawler, E. E. (1974). The individualized organization: Problems and promise. *California Management Review, 17*(2), 31-39.

Lawler, E. E., Hackman, J. R., & Kaufman, S. (1973). Effects of job redesign: A field experiment. *Journal of Applied Social Psychology, 3*(1), 49-62.

Lazarus, R. S., & Folkman, S. (1984). *Stress, appraisal, and coping*. Springer (本明寛・春木豊・織田正美訳『ストレスの心理学：認知的評価と対処の研究』実務教育出版，1991年).

Lewin, K. (1951). *Field theory in social science: Selected theoretical papers*. Harper & Brothers (猪股佐登留訳『社会科学における場の理論［増補版］』誠信書房，1979年).

森永雄太 (2010).「モティベーションの変動に関する探索的研究－デイリーログ法を用いて－」『人材育成研究』*5*(1)，3-15.

村上伸一 (2021).『価値創造の経営管理理論（改訂六版）』創成社.

長町三生 (1975).「職務設計とは」長町三生（編著）『職務設計の理論と実際』(pp. 4-41) 日本能率協会.

O'Brien, K. E., & Beehr, T. A. (2019). So far, so good: Up to now, the challenge-hindrance framework describes a practical and accurate distinction. *Journal of Organizational Behavior, 40*(8), 962-972.

Oldham, G. R., & Hackman, J. R. (2010). Not what it was and not what it will be: The future of job design research. *Journal of Organizational Behavior, 31*(2-3), 463-479.

Petrou, P., Demerouti, E., Peeters, M. C., Schaufeli, W. B., & Hetland, J. (2012). Crafting a job on a daily basis: Contextual correlates and the link to work engagement. *Journal of Organizational Behavior, 33*(8), 1120-1141.

Pratt, M. G., & Ashforth, B. E. (2003). Fostering meaningfulness in working and at work. In K. S. Cameron, J. E. Dutton, & R. E. Quinn (Eds.), *Positive organizational scholarship: Foundations of a new discipline* (pp. 309-327). Berrett-Koehler.

Rosso, B. D., Dekas, K. H., & Wrzesniewski, A. (2010). On the meaning of work: A theoretical integration and review. *Research in Organizational Behavior, 30*, 91-127.

Ryan, R. M., & Deci, E. L. (2000). Self-determination theory and the facilitation of intrinsic motivation, social development, and well-being. *American Psychologist, 55*(1), 68-78.

Sakuraya, A., Shimazu, A., Imamura, K., & Kawakami, N. (2022). Effects of a job crafting intervention program on work performance among Japanese employees: An analysis of secondary outcomes of a randomized controlled trial. *Journal of Occupational and Environmental Medicine, 64*(4), e202-e210.

Salancik, G. R., & Pfeffer, J. (1977). An examination of need-satisfaction models of job attitudes. *Administrative Science Quarterly, 22*, 427-456.

Schaufeli, W. B., & Bakker, A. B. (2004). Job demands, job resources, and their relationship with burnout and engagement: A multi-sample study. *Journal of Organizational Behavior, 25*, 293-315.

Schein, E. H. (1980). *Organizational psychology* (3rd ed.). Prentice-Hall（松井賚夫訳『組織心理学』岩波書店，1981 年）.

Slemp, G. R. (2016). Job crafting. In L. G. Oades, M. F. Steger, A. D. Fave, & J. Passmore (Eds.), *The Wiley Blackwell handbook of the psychology of positivity and strengths-based approaches at work* (pp. 342-365). John Wiley & Sons.

高尾義明（2020）.「ジョブ・クラフティングの思想」『経営哲学』*17*(2)，2-16.

玉手慎太郎（2021）.「健康をめぐる自己責任論を乗り越えるために」『社会と倫理』*36*，155-170.

田尾雅夫（1987）.『仕事の革新』白桃書房.

Taylor, F. W. (1911). The principles of scientific management. Harper（上野陽一訳『科学的管理法〈新版〉』産業能率短期大学出版部，1969 年）.

寺澤朝子（2012）.『個人と組織変化―意味充実人の視点から―［改訂版］』文眞堂.

Tims, M., & Bakker, A. B. (2010). Job crafting: Towards a new model of individual job redesign. *SA Journal of Industrial Psychology, 36*(2), 1-9.

Tims, M., Bakker, A. B., & Derks, D. (2012). Development and validation of the job crafting scale. *Journal of Vocational Behavior, 80*(1), 173-186.

Tims, M., Twemlow, M., & Fong, C. Y. M. (2022). A state-of-the-art overview of job-crafting research: Current trends and future research directions. *Career Development International, 27*(1), 54-78.

Turner, A. N., & Lawrence, P. R. (1965). *Industrial jobs and the worker*. Harvard Graduate School of Business Administration.

Weick, K. E. (1995). *Sensemaking in organizations.* Sage（遠田雄志・西本直人訳『センスメーキング イン オーガニゼーションズ』文眞堂，2001年）.

Wrzesniewski, A., & Dutton, J. E. (2001). Crafting a job: Revisioning employees as active crafters of their work. *Academy of Management Review, 26*(2), 179-201.

Wrzesniewski, A., Dutton, J. E., & Debebe, G. (2003). Interpersonal sensemaking and the meaning of work. *Research in Organizational Behavior, 25,* 93-135.

Xanthopoulou, D., Bakker, A. B., Demerouti, E., & Schaufeli, W. B. (2007). The role of personal resources in the job demands-resources model. *International Journal of Stress Management, 14*(2), 121-141.

Yokouchi, N., & Hashimoto, H. (2020). Evolving self-concept in the workplace and associated experience of stress: A case of a large Japanese company. *Journal of Workplace Behavioral Health, 35*(3), 175-192.

（横内　陳正）

第 2 部

ジョブ・クラフティングの実践と課題

第2部は，ジョブ・クラフティングの実践に関わるさまざまな課題を検討する4つの章から構成されている。

第5章では，ジョブ・クラフティングの継続において問題となりうるジョブ・クラフティングの副作用に注目し，周囲からの支援の重要性を指摘している。第6章は，部下が上司のジョブ・クラフティングを模倣するかどうか，さらにLMX（Leader-Member Exchange）がそうした模倣を促進するかを，質問紙調査の分析をもとに検討している。第7章では，産業保健の立場からジョブ・クラフティングの意義を確認した上で，介入研究の内容やプロセス，厳密な検証結果の紹介がなされる。第8章は，ジョブ・クラフティングの先行要因とその効果についての先行研究の追試である。オランダで実施された2つの研究の結果が日本で再現できるかを検証する。

ジョブ・クラフティングを続けるための周囲の支援

副作用に注目して[1]

第5章

1. 問題意識

本章の目的は，従業員がジョブ・クラフティング（以下 JC）を続けるために組織や上司がどのような支援を行うことが必要なのかについて検討することである。そのために本章では，JC を行うことで生じる意図せざる悪影響に注目し，その内容や発生プロセスについて職場の上司や同僚といった周囲の視点から探索的に明らかにしていく。

本章で注目する JC とは，個人が自らの仕事のタスク境界もしくは関係的境界においてなす物理的・認知的変化と定義される。（Wrzesniewski & Dutton, 2001, p. 179）。JC 研究の発展と共に，JC に動機づけ効果があることが実証的に明らかにされるようになる（森永・鈴木・三矢，2015; Rudolph et al., 2017; Tims., Bakker, & Derks, 2013）と，JC を促す人事管理やリーダーシップの影響が検討されるようになってきた（例えば，Meijerink, Bos-Nehles, & de Leede, 2020; Wang, Demerouti, & Bakker, 2016）。

これまで JC を促進する組織的要因を探求しようとする先行研究の知見を

1　本章は斎藤弘通氏（産業能率大学）および産業能率大学総合研究所との共同研究の成果の一部である。ここに記して感謝する。

概観すると，自律的な職務設計や主体的行動を促すリーダーシップの有効性が明らかになっている（Esteves, & Lopes, 2017; Kim & Beehr, 2018; Meijerink, Bos-Nehles, & de Leede, 2020; Slemp, Kern, & Vella-Brodrick, 2015；Thun, & Bakker, 2018）。これらは総じて，「任せる」マネジメントがJCを促すことを主張している。

本章は，これらの先行研究によってもたらされてきた知見に基本的には依拠しつつも，やや異なる観点からJCを促す支援について理解を深めたいと考えている。第1に，JCを「継続するため」の支援を考慮に入れたいと考えている。先行研究の主たる関心は，JCを行う人と行わない人を分ける組織的要因の探求にとどまっており，JCを続ける人と途中でやめてしまう人の違いは十分に注目してこなかった。確かにJCという考え方が十分に理解されておらず，組織内でも希少な行動である状況では，とにかくJCに取り組める環境を整えるための組織や管理者側の働きかけに関する知見が重要となる。しかしJCという考え方がある程度理解されて普及してくるようになると，前者の知見だけでは不十分になるだろう。JCは必ずしも単発で行われる行動とは限らず，継続的に行われる行動でもあるからである。本章では，JCを「行動をおこす」側面と「行動を継続する」という相互に関連しながらも異なる段階から構成されている行動であるとみなす。その上で，後者にも注目して組織や上司が行う支援の質的違いを明らかにしていく。

第2に，第1の点と関連してJCがもたらしうるネガティブな影響とその発生プロセスについて明らかにしたいと考えている。その理由は，JCが従業員にとって望ましい成果をもたらさなければ，JCは継続されないからである（Parker et al., 2019）。これまでJCの先行研究では，JCが従業員にとってポジティブな影響を与えることを強調してきた。しかし，JCに取り組むことは，様々な側面で仕事の特徴に変化を加えることになる。このことは，従業員にとって意図せざる結果をもたらすことも想定しうる（Johns, 2010）。

この点と関連して，最近のいくつかの研究ではJCが従業員にとってネガティブな影響を与えることがあることを指摘している。具体的に整理すると，負の影響を示唆する研究は，大きく2つに分けることができる。1つは，特定のタイプのJCが，従業員に負の影響を与えるという主張であり，いわば

JCの種類別の影響の違いを示唆するものである。例えばPetrou et al.（2012）は，「妨げとなる仕事の要求度の減少」のJCが従業員のワークエンゲイジメントを低下させるという結果を報告している。もう1つは，JCが一方で良い影響を与えながら，他方で同時に負の影響を与えることもある，という「諸刃の剣（the double-edged sword）」の側面を指摘する研究である。Harju et al.（2021）は，接近型[2]JC（approach crafting）が仕事の複雑化の増加を介してWEの増加をもたらす一方で，仕事量の増大を介してバーンアウトの増加と関連することを明らかにしている。後者は，先行研究がこれまで効果的なJCとみなしてきたものの中にも，同時に，負の影響をもたらしているものがあることを指摘するものともいえる。

本章では，後者の研究群で指摘された「JCがポジティブな影響と同時に併せ持つ負の影響」のことを副作用と呼び，JCの継続プロセスで支援が必要となる要因としてこの種の副作用に注目していく。具体的にはHarju et al.（2021）で指摘されたもの以外にもJCは従業員が意図したわけではない影響を与える可能性が考えられる。本章では，JCがもたらす副作用のタイプやそれが生じるプロセスについて探索的に明らかにしていく。

ここまでの議論をまとめると，本章の基本的な問題意識は，JCは単に任せるだけでは効果的に継続されないのではないか，というものである。そしてこのような問題意識のもと，大きく分けて2つの研究課題を明らかにしていく。1つ目の研究課題は，従業員がJCに取り組み，継続するために組織や管理者はどのような支援をしているのか，である。2つ目の研究課題は，それらの支援はどのような副作用に対処するものであり，それらの副作用はどのようなプロセスで生じるものなのか，である。

2　第1章でも触れたように，Harju et al.（2021）によれば接近型JC（approach crafting）が，従業員が自分のモチベーションを高める挑戦的な職務要求を増やす資源獲得プロセスである一方，回避型クラフティング（avoidance crafting）は，従業員がストレスとなる妨げとなる職務要求を減らす資源保存プロセスを表すとされる。

2. 調査の方法

本章では，上述した2つの問いを明らかにするため，大きく分けて2つの条件を満たす対象者に対して，インタビュー調査を行った。第1の条件は，効果的なJCを実践している人（以下クラフター）という条件である。本章で注目する副作用は，ポジティブな影響と同時に出現するものである。そのため，そもそもJCを行っていない人や，JCがポジティブな影響を与えていない人は副作用が生じる前提状況を満たしていない可能性が高いからである。

第2の条件は，上司の視点からも，ヒアリングを実施することが可能な人を対象とした。その理由は，研究課題の2つ目と関連して，JCの副作用が周囲の視点からどのように捉えられ，どのように修正されているのかを明らかにするためである。他者の視点からもJCとその影響を捉えようとした理由は，本章が注目する副作用は，クラフター本人が想定していないものである可能性が高いからである。本章では，ジョブ・クラフティングがある程度は他者からも観察可能であるという立場（Tims, Twemlow, & Fong, 2022）から，クラフターの周囲の人物がクラフターのJCにどのような副作用や副作用が生じる可能性を見出しているか，それに対して周囲がどのように反応しているのかについて調査することとした。

JCという考え方について一定の理解をしている企業の人事部に，自社でJCを効果的に行っていると考えられる人物とその周囲の方に対するインタビュー調査を依頼した（表5-1参照）。その結果，製薬・IT・ファシリティマネジメントという異なる業界の3社での実施が可能となった。インタビュー調査はクラフター3名とその上司3名についてそれぞれ40分～1時間程度行った。またC社では追加的にクラフターの同僚と人事部員各1名に対するインタビュー調査をそれぞれ40分～1時間行った。クラフターだけでなく，上司や同僚からのヒアリングをペアで行ったことで，JCが周囲にもたらす影響と共にJCする従業員に対するマネジメント側の取り組みや工夫についても聞き出すことができた。

インタビューを行ったクラフターの性別は女性が1名（AJ氏），男性が2

表5-1　インタビュー調査協力者一覧

企業名	A社（製薬）	B社（IT）	C社（ファシリティマネジメント）
対象者（本人）	AJ氏（50代）	BJ氏（40代）	CJ氏（30代）
対象者（上司）	AS氏	BS氏	CS氏
対象者（同僚）		BC氏	
対象者（人事）		BH氏	

出所　筆者作成

名（BJ氏，CJ氏）である。年齢層は異なるが全員が30代以上で担当業務に十分な経験を有しており，全員が管理職であった。次にクラフターの上司にもインタビューを行った。上司は，女性が1名（BS氏），男性が2名（AS氏，CS氏）であり，いずれのケースも数年にわたってクラフターと共に働いていた。

半構造化インタビューを行い，クラフターに対するインタビューでは，①従業員が現在の職場でどのようなJCを行っているのか，②JCを行うようになったプロセスや経緯，③上手にJCを行う上での苦労や気にかけていること，などを事前の質問項目として用意した。インタビューでは，話の流れに応じて柔軟に追加的な質問を行った。上司や同僚，人事部に対するインタビューでは，①クラフターはどのような人物か，②JCの副作用としてどのような影響があるのか，③JCを効果的に用い，副作用を低減するために周囲や組織はどのような支援を行っているのか，などを事前の質問項目として設定した。また，当日の言及内容に応じて，柔軟に追加的質問を行った。

3. 結果

インタビュー調査の結果，クラフターは現在の職場においてJCを行いながら概ねやりがいをもって仕事に従事していることが確認された。しかし同時にそのような従業員ですら，JCを続ける際に時として困難に直面することがあることも言及された。

周囲へのインタビューでは，基本的にクラフターの能動的な働き方に対して肯定的な評価が示されると同時に，JCによって副作用が生じそうになること，そのため上司や同僚が適宜支援を提供していることが明らかになった。同時にそのような好ましくない影響は，しばしばJCが適切な範囲を超えて「過剰」な状態にしてしまうことによって生じることがわかった。

次節では，まずJCに取り組み続けるための周囲の支援や働きかけについて明らかにしていく。

3.1　効果的なJCを起こし，続けるための支援

調査対象となった職場では，クラフターが効果的なJCを行うことが可能になるよう支援していた。その支援は，①機会提供，②能力開発，③共有支援，④方向づけ支援の4つに分類することができた。以下では，それぞれについて記述していく。

①　機会提供

まず，JCを支援する人事制度として社内FA制度や社内公募制度の存在が指摘された。インタビュー調査の中では，新しい部署を作る際にトップがこれまでの人脈を通じてメンバーを集めるのではなく，広く社内から募集するといった事例が言及された。例えばBJ氏は，社内公募によってメンバーに選ばれ，社内に蓄積のない新しい仕事に就くことが可能になっていた。またより小規模な企業では，上述のような制度としては整っていないものの，クラフターの知識を活用できるように特別なポストを新設し，自分自身で役割をみつけ出していくことを強いるような仕事の与え方がなされていた。

まず，B社では社内公募制度が整えられており（BH氏），この制度を新部門のメンバー集めにBS氏が活用したことでBJ氏が現在の仕事についていた。

社内の公募制度を使って，それで社内公募をかけたんですね（BS氏）。

一方C社ではB社のような公式な制度はないものの，上司の裁量で異動が行われていた。

社内的にも彼はイノベーション部長というのをやってもらっているんですけれども，最初はそんな営業的なことは苦手かなと思っていたんですが，ちょくちょくやり始めたりですね。今なんかは実は自分よりも後輩の人たちと，そういう（筆者注；教育事業部の人たちとの）コラボレーションもやってくれます（CS氏）

異動に関しては，本人希望の場合と会社の指示によるものがある。社内公募制のように本人希望を後押しする制度を活用することもできるし，上司が直接的に異動を命ずることが支援になるという事例である。今回調査対象となったクラフターは，方法はやや異なるものの，本人の志向や希望を反映する形でJCを行いやすい職場や部署に配置されていることがわかった。これらは，クラフターがその能力を発揮するための前提条件を整える支援ともいえる。

②　能力開発

第2に，JCを行うための学習機会を提供していた。具体的には外部の研究会や勉強会，学会や研修への参加を業務とみなしたり，金銭的な補助を企業や上司が積極的に行ったりしていた。多くの職場で目の前の業務や営業成績の達成を重視しつつも，長期的な成長や革新のために知見を広めることを重視するという考えが提示されていた。

結局社内だけだと情報も限界ありますし，やっていることが本当に正しいかどうかっていうのは，外からみるともしかしたら違っているかもしれませんので，情報はやはり社外から集めるというのは，私は大切だと思います。AJがそういう企画したい，まあちょっと予算かかりますっていったら，私が判断できる範囲であれば全てゴーサイン出しますね（AS氏）。

このように外部に学びに出る機会の提供や金銭的支援を会社や上司が支援しているという事例が得られた。このような学びの支援を通じて獲得された新しい知識や技術を用いてJCの職場内での実践がつながっていた。

③　共有支援

クラフターの上司たちは，クラフターが能動的にアウトプットすることを支援し，場を提供していた。④の方向づけとも関連するが，アウトプットする場を創出することで，従業員が自分ならではの知見を創出する行動を支援していると考えられる。

知識の吸収は脱帽するんだけれども，それを実務に活かすというのをやってくれないかというのを盛んにいっていまして，（中略）昔の彼なら，いえいえ私なんてというところが，協会入っているおかげで，D社の方とか，E社の方とかがCJ君やってみてと。他の会社の方からそういうプッシュを受けたこともあって，まあ，彼としては色んな人から認められたから嬉しかったでしょうね。ですから，VE（筆者注：バリューエンジニアリング）協会で発表し出したところからだいぶ変わったなという感じがしましたね。外向きになってきたと（CS氏）。

クラフターが知識や知見を共有する対象は社外のこともあったが，社内向けに独自の知見を共有することを求めるケースもあった。特に社内向けに知識共有を求める場合には，クラフターが保有している独自の考えやアイディアを自社の文脈に落とし込むことを求めることにもなる。すなわち，社内の状況に合わせてJCを行うことを求めることにもつながっている。同時にクラフターの周囲の人材にも新しい視点に対するレディネスを高めることができるようであった。

ある学会だとか，あるセミナーがあった時には，プロジェクトで誰か行ってみんなに共有して，ということでやってますから，そういう意味では，それを無駄な物にするってことはないです。（中略）プロジェクト会を週に1回，

普通何もなければ金曜日の午前中やってるんです。その場で，あの例えば，来年度の医療改訂はどういうのがポイントだとかね。あるいはこういうところに行ってこうだったとか，というようなことはその場で。ま，簡単にですけど共有して（後略）（BS氏）。

④　方向づけ支援

第4に，従業員が持ち込んでくる新しい知識や情報の活用について，もう少し公式的にやり取りし，相互にフィードバックを行うという取り組みがみられた。このような取組は，JCを行うことへの支援というよりも，どのようにやるのか，というやり方への支援といえる。

新しいことやる部署ですし，そういう意味では，新しいことでこういうことしようっていうのは，もうある程度，半年に1回合宿。合宿といっても，泊まりがけじゃないんですけどね。1日缶詰で。プロジェクトを。少人数ですから，そこで，今後の半期の方向性と，その時の誰が何を担当して，いつまでにやるかということをこう，みんなでこう，みんなで1-2日かけて話をして。かつその担当っていうか，自分がそのテーマのオーナーだっていう人が，表明，決意表明するんですね。（中略）方向性として合わせてますし，目標管理だとかそういう制度もありますから（BS氏）。

ここで言及されている方向づけは，半期ごとに自身が取り組むテーマについてのディスカッションの機会の提供であり，日常業務の中で取り組むような細かなJCを対象としているわけではなかった。しかし，大まかな方向性を共有していることで，日々の業務の中で行われるJCの方向性を共有したり，修正したりする機会が確保されているようであった。

一方，上司－部下関係の中で個別のやり取りをしながら方向性を合わせていくケースもあることが言及された。定期的な面談のような形でやり取りをすることで，個別のフィードバックを行っている。

将来を託せるような人についてはですね，1週間に1回は，定期的に話をしているんですよ。それも『ちょっと今日暇だから話しない』的じゃなくてですね，2週間か3週間前には，『必ずこの日に君と会うよ』，という計画を出しているんですよ。（中略）。そこで，場合によっては，行動を注意するような話もありますよね（CS氏）。

ここまでをまとめると，今回調査を実施した上司－部下関係においては，4つのタイプの支援が見出された。これらはさらに2つの種類にまとめることができる。1つ目は，JCを起こす支援である。本章の調査結果でいえば，①機会提供，②能力開発，③共有支援が含まれる。2つ目がJCを方向づける支援である。本章の調査結果でいえば，③共有支援と④方向づけ支援が当てはまる。このうち，③共有支援は行動を起こす支援と方向づける支援と場合に応じて双方にまたがる支援となっており，特に社内向けに共有を求める時には方向づける支援としての働きがあると考えられた。方向づけ支援は，職場の公式な取り組みの中で行われるケースもあったが，上司部下間でインフォーマルに行われるケースもあった。ただしいずれのケースも組織全体の管理の立場から他者のリクエストが伝えられる機会となっていた。

3.2　JCが負の影響をもたらす3つの「すぎる」

ここまで述べてきたとおり，社内で効果的にJCを続けている人の中には，JCという行動を起こす支援だけでなく，方向づける支援を受けている人もいることが明らかになった。そのような支援が提供される原因としては，先行研究が示唆してきた副作用への対処が考えられる。そこで研究課題2）として接近型のJCの副作用がどのように生じるのかについて答えるための分析を行った。

その結果，以下の3つの点において過剰が生じることを通じて負の影響が実際に生じる，もしくは生じそうになるケースがあったことが明らかになった。

①　こだわり「すぎ」がやりすぎを生む

クラフターは自分のこだわりを仕事に盛り込むことを通じて熱心に働くことが多く，そのため，高い成果に結びつくことも多い。しかし同時にそのようなこだわりが「過剰」になる場合には，副作用を生じさせることも報告された。その1つは，JCが働き「すぎ」を介して残業増に結びつくケースである。

時間と仕事に関しても，自分として必要で，自分でやるって決めたら，基本的には時間を惜しまないですね。だからこちらがよくみていないとちょっと過重労働になってしまう。フタ開けてみたら。という面も（後略）。（AS氏）

このような言及は，AS氏に限らずBS氏からも得られた。仕事を拡張していくタイプのJCを行うクラフターの場合，しばしば生じるタイプの副作用といえるのかもしれない。AJ氏の職場のように特定の人に仕事が偏ったり，組織で禁止されている時間ぎりぎりまで仕事に打ち込んだりすることが長期間続くことは，従業員が健康を損なうリスクを生じさせていた。

②　偏り「すぎ」が成長を阻む

2つ目の過剰は「偏りすぎ」という形で上司の目に映っていた。JCを行う人は，自身が保持している価値観や強みを上手に仕事に反映させていくことに長けている人が多い。そのような行動は，ある程度まではクラフター自身にとって仕事の意味を感じやすい状況を作り出すことに結びつくと考えられる。しかしながら，自分の価値観や好き嫌いをあまりに反映させすぎると，周囲の目からは適正ではない，と捉えられるようになっていくようだ。例えば，BS氏はBJ氏が得意分野を活かして業務に取り組んでいることを評価しつつも，長期的な成長の視点から，BJ氏の仕事の偏りに対して懸念を示している。

偏りがありますよね，あいつの好きなもののね。統計にしても数学的な部分が多いですし，VE（筆者注：バリューエンジニアリング）にしてもあいつ，

ロジカルシンキングものを好きですから，そうするとやっぱり偏りがあるんですよね。論理的な部分だけで，だからあいつ，情緒的なものをわりとね，軽視していますね。そういうことも勉強してくれればなと思っていますけれども（CS氏）。

クラフターは，こだわりをもって仕事に取り組んでいることが多い。それゆえ自分の価値観とは異なる考え方や方法を受け入れたり，他者の意見を取り入れたりすることを難しくするようであった。クラフターのこだわりが偏りすぎると，他の意見を取り入れる余地を少なくしてしまい，本人の学習や成長を阻害することが懸念されていた。

③　抱え込み「すぎ」が適応を阻む

３つ目の問題と関連して，仕事を抱え込みすぎることの課題が指摘された。効果的なクラフターはこだわりを上手に仕事に反映することができるため，プレイヤーとして優秀であることが多い。しかし同時に，それゆえマネジャーへと抜擢されたり，後輩を指導する立場に移行したりした際にうまくいかないケースもあった。

ただ，ちょっと先ほどもお話したとおり，一応メインで担当する若手がいますので，基本的には，AJとよく話すのは，いつまでもやっているとなかなか育たないので，どんどんどんどん仕事を回そうと。彼らが主体的に動かないといつまでたっても仕事を覚えないし，意識も芽生えないので。結局AJと一緒に仕事をすると，（中略）能力も高いので，どうしてもAJに頼ってしまうんですけど，いつまでもそれやっているとやはり若手が育たないし。（AS氏）

職場の中で十分な経験を踏んだ立場になってくると，若手を育成したり，部下を成長させたりすることが組織からの役割期待に含まれてくることがある。しかしクラフターが仕事を抱え込みすぎると，それができずに職場から十分に評価されないという結果に陥る。また，本人にとっても意図せず役割に適応できずに戸惑いを感じてしまうこともあるようだ。例えばBJ氏の場合も職場の取りまとめ役に役割が移行する中でやらなければならない業務に対する戸惑いを感じているようであるとBC氏が述べている。

ここまで取り上げてきたように，JCは，いくつかの「過剰」を生み出すことによって，周囲からネガティブな兆候を捉えられるようになっている。共有支援と方向づけ支援はこれらを表面化させたり，解消したりするために提供されているようであった。

4．考察

調査の結果，研究課題1に関しては，JCを支援するために組織や上司は4つの支援を行っていることが明らかになった。具体的には，①機会提供，②能力開発，③共有支援，④方向づけ支援，の4つである。このうち特に③共有支援と④方向づけ支援が研究課題2と関連していた。組織や同僚は，共有支援や方向づけ支援を通じてJCによってもたらされる3つの副作用に対処していることが明らかになった。具体的には，①こだわり「すぎ」がやりすぎを生む，②偏り「すぎ」が成長を阻む，③抱え込み「すぎ」が従業員の役割適応を阻む，である（表5-2）。

まず研究課題1に関わる本章の調査結果は，職場の上司のリーダーシップや人事管理がJCを促すという先行研究の指摘を部分的に追認するものである。特に①機会提供，②能力開発，といった人事上の仕組みはJCを行う前提条件として有効であると考えられる。

一方，研究課題1に関わる本章の調査結果で指摘された③共有支援と④方向づけ支援は，JC研究においてこれまで十分に考慮されてこなかった側面を含む支援であると考えられる。JCは必ずしも従業員の意図したとおりの成果だけをもたらすわけではない。そのような従業員に対して組織や上司側が「関わって」いくことの必要性を示すものといえる。③共有支援を行うことはJCを含む従業員による独自の貢献を奨励することになり，JCを喚起するとともに，それを組織内に合わせた形で実践するように工夫をもとめるプ

表 5-2　副作用を引き起こす行動とその影響

	行動	結果
1	仕事へのこだわり	負担の増加
2	仕事の偏り	成長機会の喪失
3	仕事の抱え込み	役割不適応

出所　筆者作成

表 5-3　調査の結果得られた支援と JC への影響

		行動を起こす支援	行動を方向づける支援
1	機会提供	○	
2	能力開発	○	
3	共有支援	○	○
4	方向づけ支援		○

出所　筆者作成

ロセスとも考えられる。また④方向づけ支援はより直接的に行動を修正するリクエストを盛り込んだりフィードバックを行ったりすることで JC を継続しやすい形態に方向づけていると考えられた（表 5-3）。

この点に関連して Matsuo（2018）はふり返り（reflection）が学習目標と JC の関係に対して調整効果を促すことを明らかにしている。この知見に基づけば，組織や管理者が対話の中で従業員に対してふり返り（reflection）を促し，考えの修正や変更する機会を与えていくことができれば従業員の JC を間接的に促すことができる。Matsuo（2018）も従業員の JC を一連のプロセスと明示的に捉えているわけではないものの，本章の知見と合わせて考えることで，JC を継続的に取り組むための支援において単に任すだけでなく，関わる中で気づきや修正を求めていくことの有効性を示しているといえるだろう。

JC の実践においてこのような支援が必要となるのは，JC がしばしば副作用を伴うからである。２つ目の研究課題に関わる分析から明らかになったのは，JC が業務を「過剰」に変化させる行動をとることで負の影響を引き起こすケースがあることである（表5-2）。Tims & Bakker (2010) が主張するように組織側や管理者が行う職務設計は従業員にとって適合的ではないため，JCが促されることがある。また，そのような状況で，JCを行うことはミスフィットを是正するだろう。ただし本章の調査結果からは，JCは必ずしも成功裏にもたらされるとは限らないことも明らかになった。能動的にJCを行うことができていると目されている従業員でさえ，時としてミスフィットを増大させたり，増大させそうになったりするケースがあるということである。

これまでも一般的に肯定的な影響を与えるとされる接近型のJCであっても，否定的な影響を及ぼすケースを指摘するものは少数ながらみられた (Harju et al., 2021; Zito et al., 2019)。これらの先行研究で指摘される副作用は主としてJD-Rモデルの枠組みの中で想定される現時点の従業員ウェルビーイングに対する両面効果を指摘するものといえる。本章の調査結果と関連でいえば，①こだわり「すぎ」がやりすぎを生む，はこれらの先行研究の知見を部分的に追認する調査結果といえる。これまで仕事の特性の一部が過剰に提供されることで，従業員に対する影響が変わるものがあることが指摘されてきた (De Jonge & Schaufeli, 1998; Warr, 1994)。従業員がJCを行うプロセスにおいても，同様の影響の変化がクラフターの意図せざる副作用として生じうる可能性を示唆していると考えられる。

同時に，本章ではより長期的な視点から従業員に対する副作用の危険性が示唆されたといえる。②偏り「すぎ」が成長を阻むは，JCがキャリア開発の機会をかえって制限してしまう可能性を指摘している。キャリア開発の文脈では，一見すると不連続な異動が従業員の成長や熟達に有効に働く可能性が指摘されてきた（平野・内田・鈴木，2008；笠井，2011)。従業員がJCにこだわり，短期的に関心を持てる業務にだけ取り組むようになると，一見能動的なJCがかえって経験を連続的なものにとどめてしまい，経験の幅を狭めてしまうことになりかねない。現在の職場で取り組むべき「意欲的に働くための」JCと「中長期的な成長を見据えた」学習や成長は両輪で行われるべきであり，このバランスをとるための支援が必要であることが示唆された。

同様に③抱え込み「すぎ」が従業員の役割適応を阻むことの危険性も指摘

された。JC が役割期待に反する場合には従業員の職務適応を阻害する可能性がある。JC を行うことが役割への適応を阻害してしまえば，従業員は JC を通じて作り出す役割と期待される役割との間に一層強いコンフリクトを感じることにつながるだろう。また中長期的に役割への適応が進まない場合には上司からの業績評価にも悪影響を及ぼす可能性もある。本章の調査結果は，Dierdorff and Jensen（2018）によって指摘された JC と業績評価の U 字型の関係が生じるメカニズムの一端を明らかにしているともいえる。すなわち，組織側から従業員に対する役割期待が変わっているにも関わらず，従来の役割期待に基づいたまま業務を抱えこみ続けている場合には評価に結びつかない。これがフィードバックや対話に至らずに放置され続ける程度においてもっとも評価が低くなるということである。このような問題がクラフターのキャリアのトランジションが生じる時期に起こりやすいことを示唆するものといえよう。本調査の結果に基づけば，中長期的なキャリア移行の視点を欠いたままで JC だけを実践することは必ずしもキャリアの充実に結びつかないことを示唆している。

5. まとめ

本章では JC の実践とその成果を他者の視点から捉え直すことで，JC を職場でいかに実践し続けることができるのかについて検討を行った。効果的に JC を行っているクラフターとその上司を中心とする周囲の人物に対する調査の結果，組織や職場は JC を喚起する支援と共に，JC を方向づける支援を行っていることがわかった。後者の支援は，JC に伴う副作用の予防や解消を目的として提供されていると考えられた。さらに副作用は，JC がもたらす「過剰」によって，従業員の健康や成長，役割適応に対して悪影響をもたらす可能性があることを指摘した。

調査結果に対する理論的考察を踏まえると本章における議論の意義は3つあると考えられる。1つ目は研究課題の1つ目とそれに対する発見事実に関わるものである。JC 研究における人事管理や上司の役割については，まだ十分に研究知見が蓄積されていない発展途上の研究領域といえる。例えばリーダーシップがJCを促進することは明らかにされるようになってきたが，JCを持続するために組織や上司が行うことのできる支援については十分に明らかにされてこなかった。本章の調査結果に従えば，組織や上司は従業員に自律性を与えたり，任せたりするだけでは不十分である。JCを持続していくためには，本章における分析で示唆された方向づける支援を通じて，考え直す機会を提供すること（Grant, 2021）も必要である。

2つ目は研究課題2に対応するものである。Rudolph et al.（2017）以降，JCは従業員にとって良い影響を与えるもの，という前提が与えられてきたように思われる。しかしそのような前提はあくまでJD-Rモデルを代表とする職務設計論が想定する成果変数の範囲内にとどまっている。これに対して最近では職務や仕事の設計が与える影響を拡張して捉えていくことの重要性も指摘されるようになっている（Parker, 2014）。本章の主張はParker et al.（2019）によって提唱された「賢い（wise）」なプロアクティブ行動」と「そうでないプロアクティブ行動」を区別し，プロアクティブを持続するプロセスを明らかにしようとする知見をJCの領域に応用する取り組みと位置づけられる。そしてキャリア開発や組織社会化の観点からJCの成果を捉え直すことで，これまで見過ごされてきた危険性に光を当てた点に意義がある。

3つ目の意義は方法論的な特徴に基づくものである。本章では，ジョブ・クラフティングがある程度他者からも観察可能であるという立場（Fong, Tims Khapova, & Beijer, 2021; Tims et al., 2022）に立ち，JCがもたらす副作用やそれらを解消するための支援について検討を行った。JCを他者の視点から捉えようとする研究は初期の研究では試みられたものの（例えば，Ghitulescu, 2007），その後は十分に取り組まれていない。一方でTims et al.（2022）で指摘されているように，昨今改めて注目されるようになってきている。本章における議論はJCに対する周囲の支援に注目することで，JC研究における他者の視点を取り戻そうとする試みとも位置づけられる。JCは組織の文脈から切り離されて生じているわけではなく（砂口・貴島，2022），組織文脈からの影響も受けて行われる。JCを促す環境や周囲の働きかけが重要な検討課題になるとしたら，本章で試みられた他者視点からジョブ・クラフティングがもたらされるメカニズムを解き明かしていくことも有効な方法となりうるだろう。

上記の知見を踏まえれば，実践的な示唆を得ることも可能である。まず人事部門はクラフターを育成するためにも，建設的にフィードバックする風土の醸成や，能動性を促進しつつも任せっぱなしにするのではなく，能動的な行動を発揮するプロセスに寄り添いながら考えを変えたり，修正したりしていく管理者のスキルを育成していくことが求められるだろう。また，人事部門は従業員がJCを長い仕事人生の中で有効に活用できるようにキャリア開発の視点と統合して活用するよう促すことが有効であろう。JCは多くの場合，現在の職場でやりがいを見出すことに対して有効である。しかし，だからといってJCに固執し，異動の機会や異動や昇進に伴う役割期待への適応をおろそかにしないように注意を促す必要があろう。

本章における議論には限界もある。まず，少数調査の結果に留まっており，網羅的でない。また発見事実はいずれも萌芽的な指摘にとどまっており十分に理論的に整理されたものとはなっていない。以下今後の課題を具体的に指摘したい。第1に，本章で示唆されたようにJCは上司や同僚との関係の中で変容しながら持続的に取り組まれる行動と捉えることが重要である。そのためには，上司からの異なるタイプの支援によってJCがいかに実施され，いかに変容していくのかといった相互作用のプロセスを明らかにしていくことが重要である。この点本章は，クラフターと上司の双方にインタビューを行っているものの，特定のJCの実施や変容について時系列での聞き取りを実施するなどの詳細な調査を行えていない。今後は，より精緻なデザインのもと，インタビュー調査を行っていくことが求められるであろう。

第2に，調査対象の偏りがある。本章の調査対象はいずれも経験豊かな従業員であり，いわば熟練したクラフターのみが対象となっている。調査結果の一般化に際しては慎重である必要がある。その上で若いクラフターにおいても同様の副作用が生じうるのか，必要な支援の種類が異なるのか，について今後検討していく必要があろう。

第3に，本章ではJCの成果を拡張して捉えることで副作用が生じる可能性を示唆した。しかしながら，そのプロセスや論理について必ずしも体系的な説明を行っているわけではない。今後は副作用の存在を踏まえた上で，JCの影響を体系的に捉える理論的フレームワークの構築が求められるだろう。

〈参考文献〉

De Jonge, J., & Schaufeli, W. B. (1998). Job characteristics and employee well-being: a test of Warr's Vitamin Model in health care workers using structural equation modelling. *Journal of Organizational Behavior: The International Journal of Industrial, Occupational and Organizational Psychology and Behavior, 19*(4), 387-407.

Esteves, T., & Lopes, M.P. (2017). Leading to crafting: The relation between leadership perception and nurses' job crafting. *Western Journal of Nursing Research, 39*(6), 763-783.

Fong, C. Y. M., Tims, M., Khapova, S. N., & Beijer, S. (2021). Supervisor reactions to avoidance job crafting: The role of political skill and approach job crafting. *Applied Psychology = Psychologie Appliquee, 70*(3), 1209-1241.

Ghitulescu, B. E. (2007). *Shaping tasks and relationships at work: Examining the antecedents and consequences of employee job crafting* (Doctoral dissertation, University of Pittsburgh).

Grant, A. (2021). *Think again: The power of knowing what you don't know.* Penguin.（楠木建監訳『THINK AGAIN 発想を変える，思い込みを手放す』三笠書房，2022年）

Harju, L. K., Kaltiainen, J., & Hakanen, J. J. (2021). The double-edged sword of job crafting: The effects of job crafting on changes in job demands and employee well-being. *Human Resource Management, 60*(6), 953-968.

平野光俊・内田恭彦・鈴木竜太（2008）.「日本的キャリアシステムの価値創造のメカニズム」『一橋ビジネスレビュー』*56*(1), 76-92.

Johns, G. (2010). Some unintended consequences of job design. *Journal of Organizational Behavior, 31*(2/3), 361-369.

笠井恵美（2011）.「まったく異なる職務への異動が企業における熟達を促す可能性の検討」『Works Review』*6*，62-73.

Kim, M., & Beehr, T. A. (2018). Can empowering leaders affect subordinates' well-being and careers because they encourage subordinates' job crafting behaviors?. *Journal of Leadership & Organizational Studies, 25*(2), 184-196.

Matsuo, M. (2018). Effect of learning goal orientation on work engagement through job crafting: A moderated mediation approach. *Personnel Review,*

48(1), 220-233.

Meijerink, J., Bos-Nehles, A., & de Leede, J. (2020). How employees' pro-activity translates high-commitment HRM systems into work engagement: The mediating role of job crafting. *The International Journal of Human Resource Management, 31*(22), 2893-2918.

森永雄太・鈴木竜太・三矢裕 (2015).「従業員によるジョブ・クラフティングがもたらす動機づけ効果―職務の自律性との関係に注目して」『日本労務学会誌』*16*(2), 20-35.

Parker, S. K. (2014). Beyond motivation: Job and work design for development, health, ambidexterity, and more. *Annual review of psychology, 65*, 661-691.

Parker, S. K., Wang, Y., & Liao, J. (2019). When is proactivity wise? A review of factors that influence the individual outcomes of proactive behavior. *Annual Review of Organizational Psychology and Organizational Behavior, 6*, 221-248.

Petrou, P., Demerouti, E., Peeters, M. C., Schaufeli, W. B., & Hetland, J. (2012). Crafting a job on a daily basis: Contextual correlates and the link to work engagement. *Journal of Organizational Behavior, 33*(8), 1120-1141.

Rudolph, C. W., Katz, I. M., Lavigne, K. N., & Zacher, H. (2017). Job crafting: A meta-analysis of relationships with individual differences, job characteristics, and work outcomes. *Journal of Vocational Behavior, 102*, 112-138.

Slemp, G. R., Kern, M. L., & Vella-Brodrick, D. A. (2015). Workplace well-being: The role of job crafting and autonomy support. *Psychology of Well-being, 5*(1), 1-17.

砂口文兵・貴島耕平 (2022).「組織行動研究における組織」組織学会編『組織論レビューⅢ―組織の中の個人と集団』1-20. 白桃書房.

Thun, S., & Bakker, A. B. (2018). Empowering leadership and job crafting: T he role of employee optimism. *Stress and Health, 34*(4), 573-581.

Tims, M., Twemlow, M., & Fong, C. Y. M. (2022). A state-of-the-art overview of job-crafting research: current trends and future research directions. *Career Development International. 27*(1), 54-78.

Tims, M., & Bakker, A. B. (2010). Job crafting: Towards a new model of individual job redesign. *SA Journal of Industrial Psychology, 36*(2), 1-9.

Tims, M., Bakker, A. B., & Derks, D. (2013). The impact of job crafting on job demands, job resources, and well-being. *Journal of Occupational Health Psychology, 18*(2), 230-240.

Tims, M., & Parker, S. K. (2020). How coworkers attribute, react to, and shape job crafting. *Organizational Psychology Review, 10*(1), 29-54.

Wang, H., Demerouti, E., & Bakker, A. B. (2016). A review of job-crafting research: The role of leader behaviors in cultivating successful job crafters. *Proactivity at Work*, 95-122.

Warr, P. (1994). A conceptual framework for the study of work and mental health. *Work & Stress, 8*(2), 84-97.

Wrzesniewski, A., & Dutton, J. E. (2001). Crafting a job: Revisioning employees as active crafters of their work. *Academy of Management Review, 26*(2), 179-201.

Zito, M., Colombo, L., Borgogni, L., Callea, A., Cenciotti, R., Ingusci, E., & Cortese, C. G. (2019). The nature of job crafting: Positive and negative relations with job satisfaction and work-family conflict. *International Journal of Environmental Research and Public Health, 16*(7), 1176.

（森永　雄太）

上司のジョブ・クラフティングと部下のジョブ・クラフティングの関連

若年層を対象にして

第6章

1. はじめに

本章では，「上司のジョブ・クラフティング（JC）は部下のJCに影響を与えるか？」という問いについてリーダー・メンバー交換（LMX）の調整効果に着目しながら検討を行った。それにあたり，まず1.1ではJCがわが国の低職位者にとって特に重要となることについて論じた。次に1.2では，低職位者のJCの障壁について記述した。最後に，1.3では，上司のJCは部下に模倣される可能性があること，上司と部下のJCの関連はLMXが高いとさらに強くなる可能性があることについて論じ，本章の研究目的を導出した。

1.1 低職位者にとってのJCの重要性

近年，JCという概念に注目が集まっている。JCとは，Wrzesniewski & Dutton（2001）が提唱した概念であり，従業員が認知，タスク，関係性の境界を変更することを意味する。JCはタスク次元，人間関係性次元，認知次元の3次元からなる（Wrzesniewski & Dutton, 2001）。

JCによって従業員が仕事やその社会的環境，また仕事に対する認識を編み直すことは，彼ら彼女らにとっての仕事の意味を変化させることにつながる（高尾，2019）。そのため，JCを行うことで従業員は仕事の有意味性を高め，内発的動機の高い状態で仕事に従事すると考えられている。実際に，実証研究においてもJCはwell-beingやワーク・エンゲイジメント，職務パフォーマンスなどと関連することが確認されている（e.g., Slemp & Vella-Brodrick, 2013; Slemp & Vella-Brodrick, 2014; Yang et al., 2017）。これらのことから，JCは個人と企業の両方に利益をもたらす可能性があると考えられており，研究者と実務家の双方に注目されている。

近年関心を集めるJCであるが，キャリア発達の文脈を踏まえると，JCは低職位者にとって特に重要だと考えられる。具体的には，低職位者の中には若年労働者とプラトー（キャリア停滞）に直面する中堅以上の労働者が多いと考えられるが，両者ともにJCが重要となると推測される。

まず，若年労働者について，日本の管理職（課長）昇進の平均年齢は38.6歳であることから（リクルートワークス研究所，2015），30代以下の若年労働者の多くは低職位だと予想される。20～30代は仕事においてやりがいを重視する傾向にあるが（朝永，2006; パーソルキャリア，2019），30代以下の従業員は見習いとしての役割を担うことも多く，自身の仕事の意味や重要性についてフィードバックを受ける機会が少ない。よって，彼ら彼女らがやりがいや有意味感を得ながら働く上ではJCが必要であると推測される。

次に，プラトーに直面する労働者について，まず，プラトーとはそれ以上向上せず横ばいになっている状態のことを示す（山本，2016）。プラトーには昇進における停滞を示す階層プラトー現象と，長期間同じ職務を担当した結果，新たに学ぶべきことがなくなっているような状態を示す内容プラトー現象がある（山本，2016）。バブル経済期までわが国においては管理職位が増加傾向にあり，多くの従業員が昇進することが可能であったが，バブル崩壊後，課長などの管理階層を廃止し組織のフラット化を進める動きがあり，プラトー現象が広範に進行している（山本，2016）。プラトーは職務満足感や職務パフォーマンスと負の関連があるが（Yang et al., 2019），JCにより仕事の内容や意味を自分好みに変更することは，こうした停滞感や仕事への不満足さを打破できる可能性がある。よって，プラトーに直面する中堅社員にとってもJCは重要な役割を果たすと考えられる。

以上のように，一口に低職位者といっても多様であるが，以下では主に若年層を想定して議論を進めることにする。

1.2　低職位者のJCの障害

先に示したように低職位者にとってJCは特に重要となるものの，低職位者がJCを行うにはいくつかの障壁がある。例えば，低職位者は自身の権力のなさから，タスク・人間関係次元JCを行い，新たに仕事を作り出すことは制限されていると感じている（Berg et al., 2010）。また，低職位者は高職位者に比べると中枢的な職務を行わないことが多いために組織や事業への理解が浅いことが多いが，それは認知次元JCをする上での障壁となっている（Qi et al., 2019）。例えば，担当する仕事の意義やそれが組織に果たす役割を見出すためには，組織や事業への深い理解が必要だと考えられる。さらに低職位者の中で高い比率を占めている若手の従業員は高職位者に比べ，組織や事業への理解が浅いために，メタ的な視点から目の前の仕事の価値を捉え直すことが難しい。

こうした，低職位者のJCをする上での障害は，お手本となるJCをする上司の存在により乗り越えられると考えられる。なぜなら，部下のJCの障壁の背景には，「自身の仕事をどの程度変更することが許容されているのかわからない」「他者を納得させたり巻き込みながら，タスクや他者との関わり方を変えていく方法を知らない」「目の前の仕事がどのような成果につながっているかわからない」といった事情があると推測される。そうであるならば，周りにうまくJCを行う人がいれば，その行動や考え方を真似ることで，JCを行う上での課題を乗り越え，より頻繁にJCを行うようになると予想される。

1.3　JCの模倣と伝染

個人レベルの活動であると考えられてきたJCであるが，近年はJCを社会的文脈の中で捉える研究も進められている（e.g. Tims & Parker, 2020; Wang et al., 2020）。すなわち，JCを従業員個人の行為として独立して捉えるのではなく，共に働く人との関係性の中で捉えていくことの重要性が指摘される。

実際に，同僚間や上司と部下の間での JC の模倣や伝染に関する先行研究もいくつか存在する。まず，同僚に着目した研究において同僚の職務要求度の低減[1]や最適化といった JC が，従業員のそれらに正の影響を与えることが確認されている（Demerouti & Peeters, 2018; Bakker et al., 2016）。次に上司に着目した研究において，Xin et al.（2020）は上司の JC は上司の職務資源を部分媒介して部下の JC に正の影響を与えること，さらに，これらの関連はエンパワリング・リーダーシップにより負に調整されることを明らかにしている。

このように，JC の模倣や伝染に関する検討はいくつか行われているものの，先行研究には２つの課題が残る。第１に，上司の JC が部下の JC に与える影響を検討した研究（Xin et al., 2020）では，タスク次元 JC と人間関係次元 JC をあわせて JC と捉え，検討を行っている。そのため，JC の次元による違いを検証できていないことに加え，認知次元 JC については扱っていない。第２に，上司に着目した Xin et al.（2020）の研究では，上司の JC が部下の JC に与える影響を調整する要因として上司のエンパワリング・リーダーシップに注目している。一方で，上司と部下の関係性の質に着目した検討は行われていない。

そこで，本章では上司の JC が部下の JC に正の影響をもたらすかについて，LMX の調整効果に着目して明らかにすることを目的とした。

2. 理論的枠組みと仮説

第１節に示したように，部下は上司の JC を模倣する可能性がある。本節では，まず 2. 1 において社会的学習理論をもとに上司の JC が部下の JC に正の影響を与えるという仮説を，2. 2 において両者の関連は LMX によって調整されるという仮説を導出する。

1　JD-R モデルの JC である。詳しくは第１章を参照。

2.1　ジョブ・クラフティングの模倣

本節は，社会的学習理論を理論的な枠組みとし，「仮説1：上司のJCが部下のJCに正の影響を与える」という仮説を導出する。社会的学習理論は，人の学習様式は社会的であり，人は他人を介して学習することを説明する理論である（Bandura, 1971）。具体的には，人は他者の行動を観察学習するといわれており，他者の行動を目撃することで新しい行動パターンを習得する（Bandura, 1971）。この観察は直接経験だけでなくテキストなどのメディアを通じても生じる（Bandura, 1971）。つまり，上司がタスク・人間関係次元JCをしている場合，部下はその行動を観察することでJCのやり方を覚え，自らJCをするようになると考えられる。認知次元JCについては，考え方の変更自体は観察することが難しいが，認知次元JCを行う上司は日頃から仕事の意味や価値を言葉にしたり，チャットなどのメッセージツールで発信したりすることが想定される。部下は，そうした上司の言動を踏まえて仕事の意味づけをすることを真似る可能性がある。

以上より，社会的学習理論の観察学習の考え方を援用すると，上司のJCを観察することで部下はそれを真似し，JCをするようになると予測される。よって，仮説1a～1cを導出した。

H1a：上司のタスク次元JCが部下のタスク次元JCに正の影響を与える
H1b：上司の人間関係次元JCが部下の人間関係次元JCに正の影響を与える
H1c：上司の認知次元JCが部下の認知次元JCに正の影響を与える

2.2　LMXの調整効果

LMXとは，リーダーとメンバーの関係性を示す概念である。リーダーがフォロワーに対して平等なリーダーシップスタイルを取るという従来までのリーダーシップの考え方と異なり，LMX理論はリーダーと個々のメンバーの関係性に着目した理論である（Graen & Cashman, 1975 ; Graen & Uhl-Bien, 1995; Yammarino et al., 2005）。LMX理論の中核は，リーダーとフォロワーが成熟したパートナーシップを構築し，その関係がもたらす多くの利益が利用できるようになった時に効果的なリーダーシップが発生するという考え方にある（Graen & Uhl-Bien, 1995）。このパートナーシップ構築の背景には，リーダーとフォロワーの間の様々な種類の社会的交流や役割の交渉がある（Yammarino et al., 2005; Martin, 2018）。例えば，LMX が低い状況においては，雇用契約において定められた要求にのみ，部下は応える（Graen & Uhl-Bien, 1995）。一方で，LMX が高い状況においては，例えば，リーダーからのキャリアのサポートのお返しとして部下は責任の重い仕事を引き受けるなど，リーダーへの忠誠心のもと，役割を超えた行動にも従事するようになる（Graen & Uhl-Bien, 1995）。

先行研究では，LMX が JC に正の影響を与えることが確認されている（Lee, 2020; Qi et al., 2019）。例えば，Lee（2020）は，LMX が JC の3次元に対して正の影響を与えることを確認している。LMX と JC が正の関連を示す理由としては，LMX が高いと上司からソーシャルサポートを受けることができるので JC を行う上での困難やストレスに対処可能になる，上司から組織の情報を多く入手可能なため仕事の意味をよく理解できる，上司から信頼を得ているために高い自律性を持って仕事を行うことができる，などが挙げられている（Lee, 2020; Qi et al., 2019）。

LMX は JC に正の影響を与えるだけでなく，上司の JC と部下の JC の関連を調整し，LMX が高い場合の方が上司の JC と部下の JC の関連は強まる可能性がある。まず，LMX が高い場合は，上司と良好な関係性が築けているため，上司とコミュニケーションをとる頻度が多く，模倣の機会も多いと推測される。また，上司に対する尊敬も大きいため，模倣の動機も強い。加えて，タスク・人間関係次元 JC について，低職位者は自分の権力の無さや，自律性の低さをこれらの JC の障害要因として挙げていた（Berg et al., 2010）。これに対して LMX が高い場合，上司と良好な関係性を築くことができているため，上司の権力を借りながら自分がやりたい仕事の追加や，人との関わり方を変更することが可能だと考えられる。よって，LMX が高い場合においては，より上司のタスク・人間関係次元 JC を部下が真似しやすくなると推測されることから，下記の2つの仮説を立てた。

H2a：上司のタスク次元JCが部下のタスク次元JCに与える影響をLMXが調整する：LMXが高い場合，両者の関連は強まる
H2b：上司の人間関係次元JCが部下の人間関係次元JCに与える影響をLMXが調整する：LMXが高い場合，両者の関連は強まる

次に，認知次元JCについて，LMXが高い場合，上司の仕事の意味づけを部下が知ることができる機会が多いと推測される。具体的には，良好な人間関係を築くことができている上司・部下間では，インフォーマルに仕事のやりがいを話す機会も多く，その結果，部下が目の前の仕事の意味を考える機会が増えると推測される。また，先に述べたように上司に対する尊敬も大きいため，模倣の動機も強いと予想される。よって，LMXが高い状況においては，上司・部下間の認知次元JCの模倣が生じやすいと推測されることから，下記の仮説を立てた。なお，仮説1および2をまとめた，本章の分析モデルは図6-1のとおりである。

H2c：上司の認知次元JCが部下の認知次元JCに与える影響をLMXが調整する：LMXが高い場合，両者の関連は強まる

図6-1　本章の分析モデル

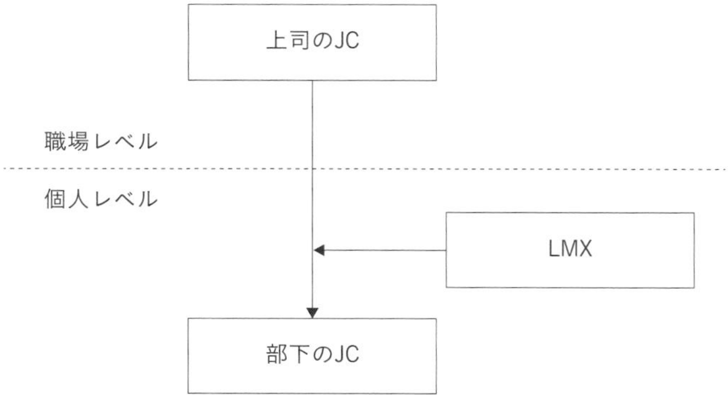

出所　筆者作成

3. 方法

第3節では，本章における分析の方法について述べる。具体的には，3.1において調査の概要を説明し，3.2において使用した質問項目について記述する。最後に，3.3では本章で用いた分析方法について述べる。

3.1　調査の概要

2021年12月（Time1）と2022年1月（Time2）に，計4社から協力を得てエンゲージメントサーベイに付随する形でアンケート調査を行った。対象となった企業のうち，1社はサービス業でありほとんどの回答者が接客を行っていた。また，回答者のうちの正社員の割合は，7割程度だった。それに対し，残り3社はオフィスワークを中心とする会社でほとんどの回答者が事務職，営業職の正社員であった。よって，仕事内容の違いを考慮し，本項においては後者の3社のデータを統合し，分析に用いた。213の課の上司213名，部下342名から回答を得たが，多くは1時点のみに回答している，分析に使用する項目に回答していない等，欠損がみられたため，最終的な有効回答は109の課の上司109名，部下205名となった。有効回答におけるグループ当たりの人数は平均1.9（最小1，最大7）である[2]。また，部下の性別の内訳は男性114名（55.61%），女性91名（44.39%）であり，勤続年数の平均は3.37（SD=2.55）年，205名中3名を除く98.54%が正社員であった。年齢データはA社からは得られなかったが，A社の2021年10月時点での平均年齢は30.86歳であり，分析対象となったB社，C社の部下の平均年齢は33.83（SD=9.66）歳であった。したがって，本章で主に想定している若年層の低職位者を中心にデータを取得できた。上司の勤続年数の平均は7.70（SD=2.92）年であった。また，年齢データを取得できB社，C社の上司の平均年齢は46.83（SD=9.36）歳であった。

2　本章では，各課から多くの回答を得られなかったことおよび，レベル2（本章では課に当たる）の数が100を超えるような場合，レベル1のグループ内の人数が小さくても（1を含んでも），パラメーター推定にあまり問題が生じないことから（McNeish, 2014），部下，上司それぞれ1名のみが調査に協力した課のデータも分析に用いた。

3.2　質問項目

①　JCに関する項目

上司のJCはTime1のデータを，部下のJCはTime2のデータを使用した。項目はともに，Sekiguchi et al.（2017）にSlemp & Vella-Brodrick（2013）の3項目を加えた計12項目を用いた。タスク次元JCの項目例は「必要と感じれば新たな作業を自分の仕事に加える（上司α =.647，部下α =.774）」，人間関係次元JCの項目例は「仕事を通じて積極的に人と関わる（上司α =.770，部下α =.830）」，認知次元JCの項目例は「自分の担当する仕事の目的や意味を捉えなおす（上司α =.859，部下α =.903）」である。7件法で回答を求めた。上司のタスク次元JCについては一部の項目間の相関が低かったことから（r=.159〜r=.496），αも.647と低かった。一方で，尺度の再構成の判断基準となる.50よりは高い値であったことから（小塩，2011），以後の分析にも使用した。

②　LMXに関する項目

部下のTime2のデータを用いた。Graen & Uhl-Bien（1995）を翻訳した，松原（1998）の7項目を使用した。項目例は「上司の公式な権限とは関係なく，あなたの仕事上の問題を解決するために，上司が個人的な好意であなたを手助けしてくれる（α =.923）」である。7件法で回答を求めた。

③　統制変数

部下の性別，勤続年数，職務自律性，リモートワークの頻度の影響を統制した。部下の職務自律性の測定には，Morgeson & Humphery（2006）の6項目（M=5.276，SD=1.095，α =.940）を用いた。項目例「どのような順序で仕事を進めるかを決めることができる」であり，7件法で回答を求めた。リモートワークの頻度については，江夏他（2020）の1項目「最近1か月間で，自宅やサテライトオフィスで『終日』勤務した1週間当たりの日数はどのくらいありましたか」を使用した。「1．全くない」〜「7．毎日」の7件法で回答を求めた。リモートワークの頻度については，正規分布を描かなかったことから，中央値を境に，リモートワーク高群と低群に分類した。具体的には，中央値である「3. 週1以上週2未満」以下を0，中央値より大きな値（「4. 週2以上週3未満」以上）を1とするリモートワークダミーを作成し，分析に投入した。リモートワークを週に4～5日行っている，リモートワーク高群は全体の38.05%であった。

3.3　分析の方法

次に，仮説検証にあたってはデータの階層性を踏まえて，個人をレベル1，職場（課）をレベル2とするマルチレベル分析を行った。分析モデルは図6-1のとおりである[3]。Model1では，nullモデルの検証を行いICCとχ^2検定の確認により，マルチレベル分析を行う必要があるか確かめた。Model2では仮説1，Model3では仮説2の検証を行った。上司のJCとLMXについては中心化した上でモデルに投入した。分析にはStata16を使用した。

4. 結果

第4節では，分析の結果について述べる。具体的には，4. 1に記述統計を，4. 2に仮説1および仮設2の検証結果を示す。

4.1　記述統計と相関分析

分析で使用する変数の記述統計および，相関分析の結果を表6-1に示した。上司のJCの平均値はM=5.255（SD=.908）～M=5.530（SD=.728）なのに対し，部下のJCはM=4.923（SD=1.146）～M=5.217（SD=.843）であり，上司の方がややJCをしている傾向にあることがうかがえた。

3　Gooty et al.（2012）において，グループ・レベルLMXが理論的に意味のある構成概念となり得るかどうかについては懸念が残ると指摘されていることや，竹内・竹内（2010）などの先行研究で個人レベルとして扱われていることから，本章においてもLMXを個人レベルの変数として扱った。

表 6-1　記述統計

個人レベル	*M*	*SD*	1	2	3
1　部下のタスク次元 JC	5.217	.843			
2　部下の人間関係次元 JC	5.016	.989	.601***		
3　部下の認知次元 JC	4.923	1.117	.658***	.641***	
4　LMX	4.995	1.146	.366***	.396***	.463***
集団レベル					
1　上司のタスク次元 JC	5.530	.728			
2　上司の人間関係次元 JC	5.255	.908	.249***		
3　上司の認知次元 JC	5.472	.959	.391***	.509***	

出所　筆者作成

4.2　仮説検証の結果

まずはじめに，null モデルの分析結果を確認する。表 6–2 の Model1 に示したとおり，ICC はタスク次元で .270，人間関係次元で .223，認知次元で .291 であった。これは，個人間分散と課間の分散の総和のうち，課間の分散の占める割合が，22.3 ～ 29.1% であることを示している。また，χ^2 検定の結果は，残差分散の χ^2 値がタスク（χ^2 = 12.30，p<.001），人間関係（χ^2 = 8.04，p<.01），認知（χ^2 = 15.22，p<.001）のいずれの次元においても有意であった。このことから，マルチレベル分析の必要性が確認された。

第 2 に，仮説 1a ～ 1c の検証結果を，表 6–2 の Model2 に示す。タスク次元 JC，人間関係次元 JC，認知次元 JC ともに上司の JC が有意な影響を示さなかったことから，仮説 1a ～ 1c は支持されなかった。

第 3 に，仮説 2a ～ 2c の検証結果を表 6–2 の Model3 に示す。まず，タスク次元 JC について，LMX との交互作用は有意傾向であった。また，図 6–2 に示すように LMX が高い場合において上司と部下のタスク次元 JC は弱い正の関連を示し，LMX が低い場合は上司と部下のタスク次元 JC は負の関連を示していた。次に，人間関係次元 JC について，LMX との交互作用項は有意あった。また，図 6–3 に示すように LMX が高い場合において上司と部下の人間関係次元 JC は正の関連を示し，LMX が低い場合は上司と部下の人間関係次元 JC は負の関連を示していた。最後に，認知次元 JC と LMX

表 6-2　仮説検証の結果

	タスク次元			人間関係次元			認知次元		
	Model 1	Model 2	Model 3	Model 1	Model 2	Model 3	Model 1	Model 2	Model 3
切片	5.180***	3.790***	3.236***	4.965***	2.185***	2.583***	4.856***	2.882***	3.221***
統制変数									
男性ダミー		.308***	.311***		-.063	-.047		.220†	.235*
勤続年数		-.010	-.003		-.002	-.003		-.024	-.020
職務自律性		.385***	.388***		.439***	.437***		.392***	.397***
リモートワークの頻度		.136	.131		.327**	.348**		.106	.113
A 社ダミー 1)		-.429**	-.383**		-.060	-.020		-.688***	-.661***
独立変数									
タスク次元 JC（集団レベル）		-.081	-.075						
人間関係次元 JC（集団レベル）					.086	.072			
認知次元 JC（集団レベル）								.075	.070
LMX		.100*	.101*		.137**	.169**		.237***	.246***
交互作用									
タスク次元 JC×LMX			.109†						
人間関係次元 JC×LMX						.155*			
認知次元 JC×LMX									.069
個人間分散	.713	.575	.578	.867	.734	.728	.928	.777	.773
グループ間分散	.434	.187	.155	.464	.229	.192	.595	.208	.207
ICC	.270	.096	.067	.223	.089	.065	.291	.067	.067

1）3 社からデータを得ているもののそのうち 1 社の n は 10 であったこと，投入する変数の平均値をみると，A 社とそれ以外の 2 社に分類可能であったことから A 社のダミー変数を投入した

出所　筆者作成

図 6-2　上司のタスク次元 JC と LMX の交互作用

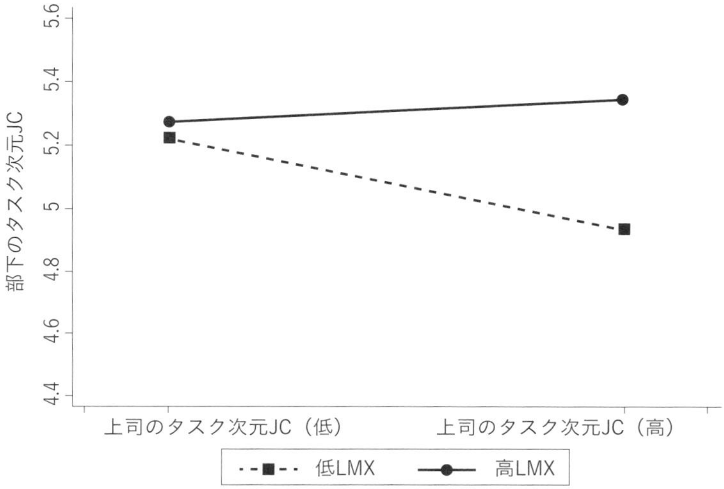

出所　筆者作成

図 6-3　上司の人間関係次元 JC と LMX の交互作用

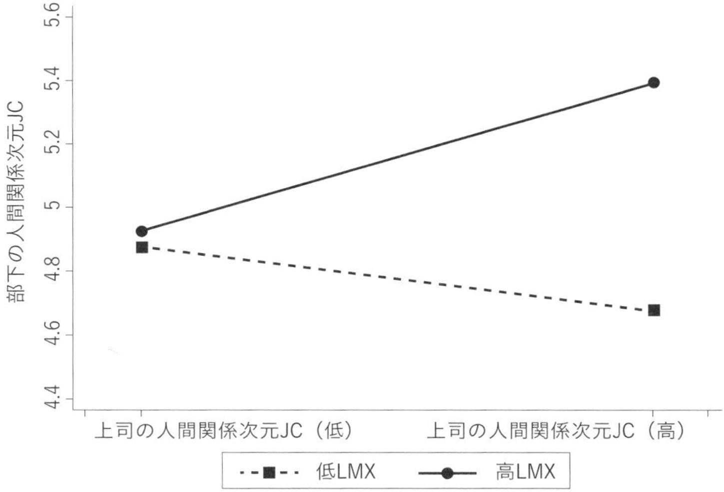

出所　筆者作成

の交互作用は有意でなかった。以上より，仮説2bは支持され，仮説2a，2cは支持されなかった。また，LMXはいずれの次元の部下のJCにも有意な正の影響を与えており，上司との良好な人間関係が部下のJCを促していることがうかがえた。

5. 考察

第5節では，本章における分析の結果について考察する。具体的には，5.1において仮説検証の結果についての考察を記し，5.2において，今後の課題と展望を記述する。

5.1　上司・部下間でJCの模倣は生じるか？ これらの関連はLMXによって調整されるか？

近年，JCは研究者と実務家の双方から注目を集めている。低職位者は見習いとしての役割を担うことが多いことから，仕事に有意味性を感じながら働くことが難しいと想定される。そのため，特に低職位者にとって仕事の有意味性を高めることのできるJCが重要となる。本章では，低職位者のJCを促進する方法の探索を目的に，上司のJCが部下のJCに正の影響を与える（仮説1），これらの関連はLMXにより調整され，LMXが強い場合においてこの関連は特に強まる（仮説2）という2つの仮説の検証を行った。分析の結果，仮説1は支持されず，仮説2の一部が支持された。

まず，仮説1について上司のJCが部下のJCに有意な正の影響を与えないという結果は予想に反するもので，先行研究（Xin et al., 2020）とも異なるものだった。先行研究と異なる結果が生じた理由の1つには，リモートワークが推奨される中で部下が上司のJCを観察する機会が減少していたことがあると考えられる。Xin et al.（2020）の調査は，新型コロナウイルス感染症拡大以前に行われたものであり，共にオフィスで働く集団を調査対象としていた。一方で，本章において分析の対象となった部下のうち4割程度は週4～5日リモートワークを行っていた。すなわち，対面で上司ともに働いていた部下は Xin et al.（2020）に比べて少なかった。リモートワーク自体は仕事の自律性を高めるため JC をしやすい環境を作り出すと考えられる。本章においても，リモートワークの頻度は部下の人間関係 JC に有意な正の影響を与えていた。一方で，リモートワークが推奨される中では，上司と部下が対面で一緒に働く機会が減り，部下が上司の行動を直接的に観察する機会も制限される。観察学習は直接経験だけでなくテキストなどのメディアを通じても生じるため（Bandura, 1971），リモートワーク下においても観察学習は生じると推測されるが，本章の分析結果と Xin et al.（2020）の知見を踏まえると，リモートワーク環境においては部下が上司の観察をできる機会が減少するため，JC の観察学習が生じにくい可能性がある。

次に，仮説2について，人間関係次元 JC に関する仮説 2b は支持され，タスク次元 JC，認知次元 JC の仮説（仮説 2a，2c）は支持されなかった。まず，仮説 2b の結果は，LMX が高い場合，すなわち部下と上司の関係性が良好である場合において，上司の人間関係 JC は部下の人間関係 JC と正の関連を持つことを示していた。この結果は，第1に，低職位者は権力のなさから JC をしてはいけないと思い，JC をしたくても実行できないという課題があったが，LMX が高い場合は勝手に仕事上で関わる人を増やしても上司はそれを認めてくれると思いやすく，人間関係次元 JC をしやすいと解釈できる。第2に，仮説1の検証結果を踏まえると，LMX が高い場合はその関係性の良好さから，リモートワーク下においても上司とよくコミュニケーションをとり，上司の行動をよく観察しているために，人間関係 JC の模倣が生じた可能性もある。次に，タスク次元 JC に関する仮説 2a は，支持されなかったものの，タスク次元 JC と LMX の交互作用項は有意傾向であった。本章における分析では，当初の想定よりも1時点目と2時点目の両時点において調査に回答した人が少なかったため，サンプルサイズが小さいという課題があった。従って，調査設計を改めた場合においては，仮説 2a が支持される可能性もあり得る。最後に認知次元 JC に関する仮説 2c は，支持されなかった。認知次元 JC が LMX が高い場合においても模倣されなかった理由としては，認知次元 JC を観察することの難しさに起因するかもしれない。認知次元 JC が高い者は，仕事の社会的な意義や自分にとっての仕事の意味を思考するだけでなく，言葉にしていることが多い。そのため，部下が上司の認知次元JCについて認知することは可能だと考えられるが，タスク・人間関係次元に比べ，より上司の認知次元JCを部下が知覚するのは難しいかもしれない。そのため，今後は認知次元JCは上司の認知次元JCとみられる発言の程度を測定するなどして，より精緻な検討を行う必要がある。

以上より，本章における分析の結果，単に上司がJCをしていれば部下がJCもするようになるというわけではないが，上司と部下間の関係性が良好な場合は上司の人間関係JCを部下が真似る可能性があることが示唆された。

5.2　今後の課題と展望

本章における分析にはいくつかの課題と展望が残る。第1に，本章では上司のJCの頻度は上司の回答を用い，部下のJCの頻度は部下の回答を用いた。同じ課で働く上司と部下からデータを取得したため，上司のJCを観察することは可能ではあったもと考えられるが，リモートワークも推進される中で，実際に部下が上司のJCをどの程度観察できていたのかについては測定することはできていない。よって，今後は部下に上司のJCの頻度について回答を求める，どの程度部下が上司のJCを観察可能であったか測定する等を通じて，より精緻な検証を行なっていく必要がある。

第2に，本章で使用した上司のタスク次元JCの尺度のα係数は低かった。これは，項目間の相関に一部弱い相関がみられたことに起因する。部下のタスク次元JCの測定にも同じ項目を使用したが，部下の場合はα係数が低くなかったことから，この尺度を上司（管理職）に使用する場合において信頼性が低くなる問題が生じる可能性がある。今後は，他の管理職を対象に，本章で使用した尺度の信頼性を確認する必要がある。

第3に，本章の分析対象のほとんどは営業職と事務職であった。また，部下の回答の多くは若年層のものだった。そのため，この結果が他の職種や他の年代においても再現されるのかについては今後更なる検討が必要である。

最後に，本章では上司のJCについては2021年12月のデータを，部下のJCについては2022年1月のデータを使用して分析を行なった。しかしながら，上司・部下間で行動の模倣を捉える場合はより期間を設けた方が望ましい可能性もある。あるいは，上司と部下の関係性の期間，すなわち，どれくらいの期間お互いが上司と部下の関係にあるのかも模倣が起こるかどうかに影響を与えた可能性がある。よって，模倣が生じる期間の検討や，上司と部下の関係性の期間が模倣に与える影響などについても，今後より精緻に検討をしていくことが望まれる。

〈参考文献〉

朝永昌孝（2006）.「第2章　仕事にかかわる意識」Benesse 教育研究開発センター（編著）『若者の仕事生活実態調査報告書－25～35歳の男女を対象に－　』Retrieved from https://berd.benesse.jp/berd/center/open/report/wakamono/2006/pdf/wakamono_data04.pdf

Bakker, A. B., Rodríguez-Muñoz, A., & Sanz Vergel, A. I.（2016）. Modelling job crafting behaviours: Implications for work engagement. *Human Relations, 69*（1）, 169-189.

Bakker, A. B., Xanthopoulou, D.（2009）. The Crossover of Daily Work Engagement: Test of an Actor-Partner Interdependence Model. *Journal of Applied Psychology. 9,* 1562-71.

Bandura, A.（1971）. *Psychological Modeling: Conflicting Theories. Aldine*（原野広太郎・福島脩美訳『モデリングの心理学』，金子書房，1975年）.

Berg, J. M., Wrzesniewski, A., & Dutton, J. E.（2010）. Perceiving and responding to challenges in job crafting at different ranks: When proactivity requires adaptivity. *Journal of Organizational Behavior, 31*（2-3）, 158-186.

江夏幾多郎，神吉直人，高尾義明，服部泰宏，麓仁美，矢寺顕行（2020）.「新型コロナウイルス感染症の流行への対応が，就労者の心理・行動に与える影響」『Works Discussion Paper』*31.*

Gooty, J., Serban, A., Thomas, J. S., Gavin, M. B., & Yammarino, F. J.（2012）. Use and misuse of levels of analysis in leadership research: An illustrative review of leader-member *exchange. Leadership Quarterly, 23*（6）, 1080-1103.

Graen, G.B., & Cashman, J.（1975）. A role-making model of leadership in formal organizations: A developmental approach, In J.G. Hunt & L.L. Larson（Eds.）, *Leadership frontiers*（pp. 143-165）. Kent State University Press.

Graen, G. B., & Uhl-Bien, M.（1995）. Relationship-based approach to leadership: Development of leader-member exchange（LMX）theory of leadership over 25 years: Applying a multi-level multi-domain perspective. *Leadership Quarterly, 6*（2）, 219-247.

Lee, K. (2020). The joint effects of leader-member exchange and team-member exchange in predicting job crafting. *Sustainability: Science Practice and Policy, 12*(8), 3283.

Martin, R., Thomas, G., Legood, A., & Dello Russo, S. (2018). Leader-member exchange (LMX) differentiation and work outcomes: Conceptual clarification and critical review. *Journal of Organizational Behavior, 39*(2), 151-168.

正木澄江，岡田昌毅（2016）.「若手従業員の働くことの意味づけの移行に関する縦断的検討」『経営行動科学』*29*(2-3)，103-114.

松原敏浩（1998）.「リーダーシップの文献展望 -8-Graen のリーダー・メンバー交換（LMX モデル）」『経営管理研究所紀要』*5*，113-137.

McNeish, D. M. (2014). Modeling sparsely clustered data: design-based, model-based, and single-level methods. *Psychological Methods, 19*(4), 552-563.

Morgeson, F. P., & Humphrey, S. E. (2006). The Work Design Questionnaire (WDQ): Developing and validating a comprehensive measure for assessing job design and the nature of work. *Journal of Applied Psychology, 91*(6), 1321-1339.

小塩真司（2011）.『SPSS と Amos による心理・調査データ解析：因子分析・共分散構造分析まで第2版』東京図書.

パーソルキャリア（2019）.「若手層はプライベート重視なのか？ 20代・30代の「はたらく価値観」本音調査 2019」Retrieved from https://www.dodadsj.com/content/191029_working-values/

Qi, J., Zhang, K., Fu, X., Zhao, X., & Wang, L. (2019). The effects of leader member exchange, internal social capital, and thriving on job crafting. *Social Behavior and Personality: An International Journal, 47*(6), 1-10.

リクルートワークス研究所（2015）.「5カ国比較“課長”の定義」『Works』*128*, 4-11.

Sekiguchi, T., Li, J., & Hosomi, M. (2017). Predicting job crafting from the socially embedded perspective: The interactive effect of job autonomy, social skill, and employee status. *Journal of Applied Behavioral Science, 53*(4), 470-497.

Slemp, G. R. & Vella-Brodrick, D. A. (2013). The job crafting questionnaire: A new scale to measure the extent to which employees engage in job crafting. *International Journal of Wellbeing, 3*(2), 126-146.

Slemp, G., V& Vella-Brodrick, D. A. (2014). Optimising employee mental health: The relationship between intrinsic need satisfaction, job crafting, and employee well-being. *Journal of Happiness Studies, 15*(4), 957-977.

高尾義明（2019）.「ジョブ・クラフティング研究の展開に向けて：概念の独自性の明確化と先行研究レビュー」『経済経営研究』*1*，81-105.

竹内規彦・竹内倫和（2010）．「人的資源管理システム，組織風土，及び上司－部下間交換関係：従業員の職務態度及び職務成果へのマルチレベル効果の検討」『日本経営学会誌』*26*，77-91.

Tims, M., & Parker, S. K. (2020). How coworkers attribute, react to, and shape job crafting. *Organizational Psychology Review, 10*(1), 29-54.

Wang, H., Li, P., & Chen, S. (2020). The impact of social factors on job crafting: A meta-analysis and review. *International Journal of Environmental Research and Public Health, 17*(21), 8016.

Weseler, D., & Niessen, C. (2016). How job crafting relates to task performance. *Journal of Managerial Psychology, 31*(3), 672-685.

Wrzesniewski, A., & Dutton, J. E. (2001). Crafting a job: Revisioning employees as active crafters of their work. *Academy of Management Review, 26*(2), 179-201.

Xin, X., Cai, W., Zhou, W., Baroudi, S. E., & Khapova, S. N. (2020). How can job crafting be reproduced? Examining the trickle-down effect of job crafting from leaders to employees. *International Journal of Environmental Research and Public Health, 17*(3), 894.

山本寛（2016）．『働く人のキャリアの停滞：伸び悩みから飛躍へのステップ』創成社.

Yammarino, F. J., Dionne, S. D., Chun, J. U., & Dansereau, F. (2005). Leadership and levels of analysis: A state-of-the-science review. *Leadership Quarterly, 16*(6), 879-919.

Yang, R., Ming, Y., Ma, J., & Huo, R. (2017). How do servant leaders promote engagement? A bottom-up perspective of job crafting. *Social Behavior and Personality: An International Journal, 45*(11), 1815-1827.

Yang, W. N., Niven, K., & Johnson, S. (2019). Career plateau: A review of 40 years of research. *Journal of Vocational Behavior, 110*, 286-302.

（池田　めぐみ・高尾　義明）

産業保健における ジョブ・クラフティング

これまでのジョブ・クラフティング 介入研究の動向と今後の展開

第7章

1. はじめに

労働者の心の健康（メンタルヘルス）は，労働者個人のみではなく，企業および社会全体において，重要な課題となっている（川上，2017; 島津，2022）。日本の多くの企業では，2000年頃からメンタルヘルス対策が行われており，2021年に日本生産性本部が実施した，上場企業を対象とした調査では，全体の96.5％がメンタルヘルスの施策（例：心の健康診断の実施）を行っている（公益財団法人日本生産性本部，2021）。しかしながら，「心の病は増加傾向」と回答した企業の割合は22.9％あり，その値は，「心の病は減少傾向」と回答した企業の割合11.1％を上回っている（公益財団法人日本生産性本部，2021）。このように，多くの企業でメンタルヘルス対策は行われているが，メンタルヘルスの不調を減らすには，未だ十分ではない可能性が指摘されている（川上，2019）。加えて，少子高齢化が進み，労働力人口の減少が懸念される日本の現状から，企業では，多様な労働力の活用とともに，労働力の質の向上が求められるようになっている（川上，2019; 島津，2022）。このような背景を踏まえ，労働者個人が持つ強みやパフォーマンスなどポジティブな要因に注目する動きが広がっており，その中でも，ワーク・エンゲイジメント（詳細は2. 1で述べる）や，ワーク・エンゲイジメント向上施策としてのジョブ・クラフティング（以下 JC）への注目が集まっている（島津, 2022）。

本章では，産業保健，特に産業保健心理学におけるジョブ・クラフティング（以下，JC）介入の位置づけや JC を用いた介入研究の紹介，および今後の展開について論じる。第２節では，産業保健心理学における JC 介入の位置づけを論じる。第３節では，筆者らがこれまでに取り組んできた JC 介入プログラムの開発およびそのプログラム内容について論じ，第４節では，本 JC 介入プログラムの効果検討の結果およびその考察について論じる。第５節では，これまでの JC 介入研究を踏まえ，今後の展開について論じる。

2. 産業保健心理学におけるジョブ・クラフティングの位置づけ

第２節では，産業保健心理学における JC の位置づけを論じる。はじめに，2. 1 では，産業保健心理学の中でも注目を集めているワーク・エンゲイジメントの重要性について論じ，2. 2 では，ワーク・エンゲイジメント向上のための介入研究の動向について論じる。2. 3 では，ワーク・エンゲイジメント向上施策として注目される，JC 介入研究の動向について論じる。

2.1　産業保健心理学，およびワーク・エンゲイジメントの重要性

産業保健とは，労働者の身体的，精神的，および社会的ウェルビーイングの増進と保持をその主な目的の１つとする（高田, 1999）。その中で，産業保健心理学とは，労働者の健康と安全，および幸福（ウェルビーイング）の保持・増進のために労働生活の質の向上に心理学の知見を適用することを目的とした領域であり（島津, 2019, 2022），近年，その重要性が増している。例えば，国際連合（国連）が掲げる SDGs（持続可能な開発目標）（*Sustainable development knowledge platform*, 2015）（United Nations, 2015）には，「3. すべての人に健康と福祉を（あらゆる年齢のすべての人々の健康的な生活を確保し，福祉を推進する）」「8. 働きがいも経済成長も（すべての人のための持続的，包摂的かつ持続可能な経済成長，生産的な完全雇用およびディーセント・ワーク（働

きがいのある人間らしい仕事）を推進する）」が含まれているように，労働者の健康や福祉，および働きがいは，世界的に重要な目標とされている（島津，2019）。また，日本においても，健康経営が推進され，企業が，従業員等の健康管理を経営的な視点で考え，戦略的に実践する動きが広まっている。

この産業保健心理学の中で，ポジティブ心理学への注目が集まっている（島津，2022）。従来の産業保健心理学では，心の病気や問題を持つ人の治療などに関心が持たれており，職務満足感や幸福といったポジティブな要因はあまり扱われていなかった（Schaufeli & Bakker, 2003; 川上，2019; 島津，2022）。しかし，1998年にマーティン・セリグマン博士（ペンシルベニア大学心理学部教授，当時の米国心理学会会長）が心理学の対象を，一般の人々の心理や生活に拡げること，加えて，満足感や幸福といった，ポジティブな領域にまで拡大することを提案した。このことをポジティブ心理学と呼ぶ（Seligman & Csikszentmihalyi, 2000; 川上，2019）。このポジティブ心理学への流れから，人間が持つ強みやパフォーマンスなどポジティブな要因に注目する動きが，2000年前後から，産業保健心理学の領域でみられるようになった（島津，2022）。

このポジティブ心理学の代表的なアウトカムとして，ワーク・エンゲイジメントが挙げられる（Schaufeli & Bakker, 2003; 島津，2022）。ワーク・エンゲイジメントは，仕事に関連するポジティブで充実した心理状態であり，以下の3つの側面から構成される：①仕事に誇り（やりがい）を感じていること（熱意），②仕事に熱心に取り組んでいる状態（没頭），③仕事から活力を得ていきいきしている状態（活力）（Schaufeli et al., 2002; 島津，2022）。これまでの研究から，ワーク・エンゲイジメントは，労働者の心身の健康，仕事や組織に対する態度，および仕事の生産性と関連があることが報告されている（島津，2022）。例えば，ワーク・エンゲイジメントとそのアウトカムとの関連を検討したメタ分析[1]（日本疫学会，2018）では，ワーク・エンゲイジメントが高いことは，良好な健康や，高い仕事の満足感，コミットメント，およ

1　複数の論文を系統に集め，統計手法を用いて数量的に統合する研究。疫学研究において，エビデンスレベルが最も高い研究手法である（一般社団法人日本疫学会監修，2018）。

び生産性と関連があることや，低い離職意思とも関連があることが報告されている（Christian et al., 2011; Halbesleben, 2010; Mazzetti et al., 2021）。個別の観察研究においても，ワーク・エンゲイジメントが高いことは，大うつ病性障害のリスクや抑うつ症状（Hakanen & Schaufeli, 2012; Imamura et al., 2016），身体愁訴（Shimazu et al., 2015; Shimazu et al., 2012），および健康問題による休職の低減と関連があることが報告されている（Roelen et al., 2015; Rongen et al., 2014）。このように，ワーク・エンゲイジメントを高めることは労働者の心身の健康および生産性の向上に役立つことがわかっており，労働者個人および組織の双方にとって大切である（川上，2019; 島津，2022）。以上の背景から，産業保健心理学の分野では，ワーク・エンゲイジメントの向上を目指した，様々な介入手法の開発が行われてきた（Knight et al., 2016）。

2. 2　ワーク・エンゲイジメント向上のための介入研究

ワーク・エンゲイジメントの向上を目的とした介入（以下，WE 介入）の説明をするにあたり，その背景となる情報として，疫学研究デザインの１つである「介入研究」および介入研究の１つである「無作為化比較試験」について，説明をする。介入研究とは，ある治療や予防のための方法を，人を対象に試験として実施し，その結果を評価する研究方法である（厚生労働省『「統合医療」に係る情報発信等推進事業』，2015）。産業保健心理学をはじめ，医学や公衆衛生学等の分野では，介入研究によって，様々な介入手法（例：治療や予防方法）の効果を検討することが重要と考えられている（Katz, 2010, 木原雅子・木原正博訳 2013）。加えて，その介入研究の中でも，介入の効果を厳密に評価するために，無作為化比較試験という研究デザインを用いることが求められている（Katz, 2010, 木原雅子・木原正博訳 2013）。無作為化比較試験とは，研究参加者を，介入を受ける群（介入群）と受けない群（対照群）に無作為に割りつけ，その２つの群間で，様々なアウトカムの比較をする方法である。ある介入の効果を厳密に評価するためには，性別や年齢など，介入のアウトカムへの効果を評価する際に交絡となりうる要因が等しい割合で存在する介入群と対照群の比較が必要となるが，無作為化比較試験によって，それが可能となる。無作為化比較試験は，様々なバイアスを最小限にとどめ，厳密に介入の効果を検討することができるという利点がある（Katz, 2010, 木原雅子・木原正博訳 2013)。産業保健心理学の分野において，労働者を対象とした様々な介入研究が実施されているが，介入の効果を厳密に評価できる，無作為比較試験を実施することは，学術的な発展に役立つのみでなく，エビデンスに基づいた効果のある介入を現場に広める上でも，重要な意味を持つと考えられている。

しかしながら，人を対象とした研究では，無作為化比較試験の実施は現実的に困難な場合が多く，非無作為化比較試験（例：研究参加者を，研究者の判断や，研究参加者の意思に基づいて介入群や対照群に割りつける介入研究）や，対照群を設けない単群の前後比較試験（研究参加者の全員に，介入を実施し，介入前後のアウトカムの変化量を検討する介入研究）が実施される場合が多いという現状がある。

次に，これまでのWE介入研究について紹介をする。前述のとおり，これまでに多くのWE介入が実施されており，Knightらは，既存のWE介入研究を集め，メタ分析を行っている（Knight et al., 2016)。彼らのメタ分析に含まれる介入研究は14本あり，例えば，マインドフルネスを用いた介入（Aikens et al., 2014; van Berkel et al., 2014）や，ヨガやエアロビクスのような身体活動の向上を促す介入（Strijk et al., 2013)，職場内にコーヒーコーナーを設ける等，職場の物理的側面や社会的側面にアプローチをした介入（Coffeng et al., 2014)，また，インターネットを介した認知行動療法[2]プログラム（Imamura et al., 2015）等が報告されている。Knightらは，組み入れとなった14本の介入研究のワーク・エンゲイジメント向上に対する結果を数量的に統合するメタ分析を実施した。その結果は，統計的に有意であるものの，効果量の大きさは小程度であった（Hedges g[3]＝0.29, 95% CI＝0.12－0.46)（Knight et al., 2016)。この結果を踏まえると，これまでのWE介入は，統計的に有意な効果はあるものの，効果の大きさは未だ不十分であり，より効果

2　うつ病などの精神疾患の治療や，個人のストレスへの対処力向上において，科学的に効果が確認されている心理療法の1つである。

3　Hedges gは，効果量（効果の程度を表す量）の指標の1つである。値が0.3－0.5の場合は，中程度の効果があることを示す（Knight et al., 2017; Cohen, 1988)。

的な介入手法の開発が求められる（Sakuraya et al., 2020）。

既存のWE介入の効果が限定的な理由として，ワーク・エンゲイジメントの重要な先行要因である，仕事の資源と個人の資源の両方にアプローチできていない可能性が挙げられる（Halbesleben, 2010; 島津，2022）。仕事の資源とは，⑴仕事上の目標達成を促進し，⑵仕事の要求度や要求度に関連する身体的，精神的な負担を軽減し，⑶個人の成長や発達を促進し助けるための物理的，社会的，組織的な仕事の側面といわれる（Bakker & Demerouti, 2007; Schaufeli & Bakker, 2004; 島津，2022）。例えば，上司・同僚のサポート（社会的支援）や，仕事の自律性・コントロールなどが例として挙げられる。Halbelsenのメタ分析では，仕事の資源である，社会的支援や自律性・コントロールが，ワーク・エンゲイジメントと統計的有意な正の相関を持つことが報告されている（Halbesleben, 2010）。つまり，このような仕事の資源を増やすことが，ワーク・エンゲイジメントの向上に有効であると考えられる。次に，個人の資源とは，個人の内部にある心理的資源といわれ，楽観性や自己効力感（目標を達成する際に，うまくできるという自信），レジリエンス（ねばり強さ）などが例として挙げられる（Bakker, 2011; Hobfoll et al., 2003; 島津，2022）。Halbeslebenのメタ分析から，個人の資源である，自己効力感や楽観性は，ワーク・エンゲイジメントと統計的有意な正の相関を持つことが報告されている（Halbesleben, 2010）。従って，このような個人の資源も，ワーク・エンゲイジメントを高める重要な要因であるとされている。既存のWE介入研究をみてみると，インターネットを介した認知行動療法プログラム（Imamura et al., 2015）や，マインドフルネスを用いた介入（Aikens et al., 2014; van Berkel et al., 2014）は，個人の心理的な資源の向上を図った介入であるため，個人の資源にアプローチをした介入に分類される。また，職場の物理的側面や社会的側面にアプローチをした介入（Coffeng et al., 2014）は，仕事の資源にアプローチをする介入となる。一方，身体活動の向上を促す介入（Strijk et al., 2013）等は，個人の資源や仕事の資源の向上を目指したものではない。以上を踏まえると，既存のWE介入の中には，仕事の資源，または個人の資源のどちらかに働きかける介入は存在するものの，その両方にアプローチをした介入は，未だ存在しないといえる（Sakuraya et al., 2020）。

2.3　ジョブ・クラフティング介入研究の動向

この中，仕事の資源と個人の資源の両方に働きかける介入手法として，JCが注目される（Sakuraya et al., 2016; 2020）。Wrzesniewski と Dutton の JC の定義に基づくと，JC は以下の3つに分類される；1. 仕事の境界に変化を加える業務クラフティング，2. 人間関係に変化を加える関係性クラフティング，3. 認知に変化を加える認知的クラフティング（Wrzesniewski & Dutton, 2001）。業務クラフティングや関係性クラフティングは，仕事それ自体，または，職場の人間関係をよりよいものにクラフティングすることであり，仕事の資源（例：上司・同僚からのサポート，自律性／コントロール）の向上につながると考えられる（Demerouti, 2014; Rudolph et al., 2017; Wrzesniewski & Dutton, 2001）。また，認知的クラフティングは，仕事の意味を見直したり，仕事の目的を再構成する等，個人の考え方をクラフティングするものであり，これらは，個人の資源（例：楽観性や自己効力感）につながると考えられる（Bakker, 2011; Bakker & Demerouti, 2017; Wrzesniewski & Dutton, 2001）。これまでの JC の観察研究を集めたメタ分析からは，JC はワーク・エンゲイジメントと統計的有意な，正の関連があることが報告されており，JC がワーク・エンゲイジメントを向上させる可能性が示唆されている（Frederick & VanderWeele, 2020; Rudolph et al., 2017）。また，JC は高い仕事のパフォーマンスや，低いバーンアウトの状態とも関連があることも報告されており（Rudolph et al., 2017），JC 介入がメンタルヘルスの改善や，仕事の生産性の向上にも効果がある可能性が考察される。

このような背景から，近年，労働者の JC を促進するための介入（以下，JC 介入）が多く報告されている（Oprea et al., 2019）。既存の JC 介入の多くは，1～5回程度の集合研修の形式で提供され，参加者は，研修の中で JC の講義を受けたり，自分の JC 計画を立て，研修後に実践するという内容となる（Oprea et al., 2019; Sakuraya et al., 2020）。Oprea らは，2018年1月までに出版された，JC 介入研究を収集し，メタ分析を行った。その結果，JC 介入が，JC や，ワーク・エンゲイジメントの向上に対して，有意な効果があることが報告されている（Oprea et al., 2019）。この結果から，JC 介入をすることが，労働者の JC の促進や，ワーク・エンゲイジメントの向上につながる可能性が考えられる。しかし，これまでのJC介入研究は，3つの課題がある。1つ目は，非無作為化比較試験により効果を検討している研究がほとんどであり，無作為化比較試験による厳密な効果検討はできていないという点である。より質の高いエビデンスを蓄積するためには，JC介入の無作為化比較試験による効果検討が必要である。2点目に，既存の介入研究の特徴として，多くがTimsらが提案した，JCの定義に基づいた介入であることが挙げられる（Tims et al., 2012）。TimsらはJCを4つに分類しており［①構造的な（仕事の）資源の向上，②妨害的な（仕事の）要求度の低減，③対人関係における（仕事の）資源の向上，④挑戦的な（仕事の）要求度の向上］（Tims et al., 2012），これまでのJC介入研究の多くは，これらのJCを促すことを目標としている（Oprea et al., 2019）。しかし，この定義は，JCのオリジナルの定義である，WrzesniewskiとDuttonの定義に基づいたものではないこと，特に，WrzesniewskiとDuttonの定義に含まれる，認知的クラフティングの要素が含まれていない点に，留意する必要がある。上述のとおり，認知的クラフティングは，ワーク・エンゲイジメントの向上に重要な要素であり，効果的なワーク・エンゲイジメント向上を目指すためには，WrzesniewskiとDuttonのJC定義に基づいた3つの分類（業務，関係性，および認知的クラフティング）を促すJC介入の開発が必要と考えられる。3点目に，アジアからの報告がほとんどないことも特記すべき点である。例えば，Opreaらのメタ分析で報告されているJC介入研究は，ほとんどがオランダからの報告であり，その他も，ベルギー，ギリシャ，イタリア，イギリスといったヨーロッパにおける研究となり，日本を含むアジアからの報告は1件も含まれていなかった（Oprea et al., 2019）。日本など，アジアの職場環境は，ヨーロッパと比較すると，縦社会の要素が強い点や（Nakane, 1970），相互依存的な文化があるために，調和を重んじる傾向があることが指摘されている（Kawakami & Shimazu, 2021; Markus & Kitayama, 1991）。従って，これまでのヨーロッパでの知見をそのまま日本に適用できるかについても，検討をする必要がある。以上の背景から，日本におけるJC介入プログラムを新たに開発し，無作為化比較試験により，その効果を検討することは，日本の労働者のワーク・エンゲイジメントの向上施策のためにも重要なテーマとなる。

3. ジョブ・クラフティング介入プログラムの開発および効果検討

第3節では，Sakuraya et al.（2016; 2020; 2022）の内容をもとに，筆者らがこれまでに取り組んできたJC介入プログラムの開発および，そのプログラム内容について論じる。3. 1では，JC介入プログラムの開発過程について論じ，3. 2では，本プログラム実施にあたりJC研修講師の立場として気をつけているポイントや参加者の反応について論じる。

3.1　ジョブ・クラフティング介入プログラムの開発

筆者らは，Wrzesniewski and Dutton（2001）のJCの定義に基づき，JC介入プログラムの開発を行った（Sakuraya et al., 2016)。本プログラムの開発にあたり，はじめに，JCに関する文献レビューを行いJCの概念を整理した。次に，産業保健の専門家（研究者，臨床心理士，産業医および保健師）とディスカッションを重ね，研修で用いるワークの構成等を検討した。加えて，日本の企業で働く労働者を対象に，JCに関するインタビュー調査を行った。例えば,「仕事のやり方や取り組み方に対して，何か工夫していることはありますか（業務クラフティング）？」「職場の人間関係に対して，何か工夫していることはありますか（関係性クラフティング）？」等の質問をし，実際の現場におけるJCの実践事例を収集した。インタビューの回答者からは,「仕事の進捗を把握しやすいように，短期・中期・長期に分けた目標設定を工夫している（業務クラフティング)」という事例や,「上司とうまくコミュニケーションをとれるように，日ごろから雑談などを大切にしている（関係性クラフティング)」という事例など，様々な事例を得ることができた。これらの情報をもとに，研修教材を作成し，最終的に，2回の集合研修（1回あたり120分）から構成されるJC介入プログラムを開発した。本介入プログラムの実施マニュアルは，厚生労働科学研究費補助金 労働安全衛生総合研究事業「労働生産性の向上に寄与する健康増進手法の開発に関する研究」（研究代表者：島津明人）（H28-労働--一般-004)）の成果物として公開されている。以下は，このマニュアルに記載された内容をもとに説明をする（概要を

表7-1に示す)。1回目は,「JCを理解し,自分のJC計画を立案すること」を目的とする。参加者は,はじめにWrzesniewski and Dutton (2001) の定義に基づくJC概念に関する講義を受け,次にJCを用いた事例検討のワークを行う。この事例検討では,仕事に対してやらされ感や行き詰まり感を感じている架空のAさんの事例［例:Aさんは,業績についての上司からの指示や,部下への指導などに追われる日々が続く。他にやりたい仕事もあるが,時間がない。やらされ感がましてしまい,悶々とした日々が続いている］を用いて,このような場合にどのようにJC(業務,関係性,認知的クラフティング)を実践すると,Aさんがより前向きに,働きやすくなるか,について参加者が個人ワークやグループワークを通して考える(櫻谷,2020)。例えば,実際の研修では,「Aさんは,仕事に対してモヤモヤしているけれども,もう少し仕事の数値目標を定めることで,目標を具体的にすればよいのではないか(業務クラフティング)」という意見や,「自分から上司や同僚に相談をして,サポートを得ると良いのではないか(関係性クラフティング)」という意見,他にも,「まずは仕事の意義や効果を見直し,自分のモチベーションを高めることも重要だ(認知的クラフティング)」等の意見が参加者から挙がる。このワークの過程で,参加者は「JCとはどういうものか」について具体的なイメージを持つことができる。続いて,参加者自身の業務や働き方の見直しを行う。具体的には,現在行っている業務を3つ程度挙げてもらい,それぞれの業務に対して,どの程度JCができているかについて,振り返りを行う。このワークを行うことで,普段の業務を見直し,「どの業務に対してJCができそうか」について具体的に考えることができる。次に,参加者が挙げた業務に対して,どのようなJC(業務,関係性,認知的クラフティング)ができるかについて,個人ワークで考え,最後に,グループワークで意見を共有する。このグループワークにおいて,参加者同士で思いついたJCを共有することで,様々なJCのアイディアを増やすことができる。グループワークの後,参加者は,約2週間〜1か月の間に取り組むJC計画を立案する。計画立案の際は,具体的に「いつ,どこで,何をするか」まで決めてもらうことで,実現可能性が高い計画にするように講師から説明をする。1回目の研修後,参加者は,約1か月間JC計画を実践し,2回目の研

修では，JC計画の振り返りと改善版のJC計画立案を行う。JC計画の振り返りでは，計画内容や実行した回数に加え，実行して感じた気持ちの変化や実行しやすさ，および次に活かす場合のポイント等についてワークシートに記入する。参加者は個人ワークで振り返りを行った後に，グループワークで振り返りを共有し，「どのようなJCが実践しやすかったか」，また，「JCがうまくできなかった場合は，何が原因になるか」等について，情報や意見を交換する。次に，この振り返りを踏まえ，「より実行しやすく，かつ自分のポジティブな気持ち（仕事のやりがいや楽しさなど）につながるようなJCは何か」について個人ワークおよびグループワークを通して考える。最終的に改善版JC計画として，新たな計画を記入する。

筆者らは，本JC介入プログラムのプロトタイプを作成し，いくつかの日本の企業で単群の前後比較試験を予備調査として実施した（Sakuraya et al., 2016）。そこで得られた参加者からの意見を踏まえ，更に，産業保健専門家

表7-1　JC研修の概要

1回目JC研修	
形態	概要
講義	JCに関する概念や，具体的な事例の紹介
事例検討ワーク	仕事で行き詰った事例を用いて，JC（業務，関係性，認知的クラフティング）を考える
計画作り	日常業務を振り返り，自分が出来るJC（業務，関係性，認知的クラフティング）を書き出す
計画カード作り	各自のJC計画をカードに記入
2回目JC研修	
JC計画の振り返り	JC計画実行を振り返り，気づきや次に活かすポイントを記入
改善版JC計画作り	JC振り返りを踏まえ，より実行しやすい改善版JC計画を立てる
計画カード作り	各自のJC計画をカードに記入

出所　ジョブ・クラフティング研修プログラム実施マニュアル（厚生労働科学研究費補助金 労働安全衛生総合研究事業「労働生産性の向上に寄与する健康増進手法の開発に関する研究」研究代表者：島津明人，H28-労働-一般-004）をもとに筆者作成

からの助言を取り入れながら，大きく２点の改善を加えた（Sakuraya et al., 2020）。１点目は，JC 研修の参加者から，「具体的な JC 事例をもう少し知りたかった」という意見が多く得られたことから，労働者の JC の実践事例を集めた事例集を配布するようにした。２点目に，「仕事が忙しくて，JC 計画を忘れてしまった」という声が多かったことから，JC 計画の実行をサポートするために，研修後にメール等でのフォローを実施することにした。

3.2　ジョブ・クラフティング研修講師の立場として気をつけているポイントおよび参加者の反応

JC 研修を実施する際に，筆者自身が気をつけていることを４点挙げる。１点目は，JC を説明する際に，「JC は，自分の仕事の中身を元から変えるというよりは，自分の働き方に少し工夫を加えることが大切」と伝えるようにしている。JC という言葉を初めて聞いた参加者の方から，「会社から与えられた仕事を勝手に変えることはできない」という意見や，「今でも十分忙しいので，これ以上，仕事を増やしたくない」という意見を頂いたことがある。確かに，「JC＝仕事をクラフティングする」という言葉のイメージから，「JC とは，仕事の中身を新たに変えること」という印象のみを強く与える可能性がある。しかし，JC は「従業員が自らのタスクや，人間関係の境界においてなす物理的，および認知的変化」（Wrzesniewski & Dutton, 2001; 高尾, 2021）であり，仕事の中身そのものを変えるだけではなく，仕事の取り組み方や捉え方，および人間関係に対して（ほんの少しでも）工夫を加えることで，より仕事に前向きになることや，働きやすくなることを目指すものであると考えられる。JC 研修の際には，そのメッセージを伝えることを特に重視している。

２点目に，参加者が JC 計画を立案する前に，業務の見直しを行い，「どの業務に対してであれば，簡単にクラフティングできそうか」という視点で振り返りをしてもらうようにしている。この過程で，JC に対するハードルを低くし，「これくらいの JC であれば実行できそう」と思えることが JC の第一歩になる。この点は，Berg et al.（2013）で挙げられている「ジョブ・クラフティング・マインドセット（以下 JC マインドセット）」と関連すると考えられる（Berg et al., 2013）。JCマインドセットとは，「自分はJCをすることができる」という見方や考え方を指す（Berg et al., 2013; 高尾，2021）。Bergらによると，JCをするには，自分の仕事が，ただ固定的なものではなく，自分自身が主体的に形成できるものだという信念を持つことが大切とされる（Berg et al., 2013）。このようなマインドセットを持っているかどうかで，JC行動をするかが変わってくる。JC研修では，参加者がこのようなJCマインドセットを持てるような説明を丁寧にすることが大切となる。

3点目に，JC計画の振り返りをする際は，JCを実行した結果生じた，ポジティブな気持ちの変化（仕事のやりがいや楽しさなど）に注目してもらうように参加者に伝えている。これまでのJC研修の参加者の例として，「後輩や同僚に仕事を依頼する（関係性クラフティング）」というJC計画を実践した方がいた。この方に，JC計画を実行した感想を伺うと，「はじめは，人に仕事をお願いすることをためらっていた。しかし，相手の様子をみて，仕事を依頼すると，快く引き受けてもらえた。『仕事を引き受けてもらえるんだ』という驚きとともに，安心感や嬉しさがあった」とお話をしてくださった。他にも，「この仕事が完成するとき，社会的にものすごく大きな意味がある，と考えるようにする（認知的クラフティング）」という計画を実践した方がいた。その方は，「単調な仕事に対しても，意義を感じながら向かうことで，少し気持ちが前向きになった」という気持ちの変化を教えてくださった。これらの例のように，JCを実行した後に，ポジティブな気持ちの変化に注目することで，JCをすることの自分にとってのメリットを感じることができる。まずは，JCをすることで，自分の気持ちにどのような変化があったか（または，無かったか）について振り返ることが大切であると考える。その振り返りが，「更に自分にとって心地の良いJCは何か」についての気づきにつながる。

4点目に，「実行できなかった」という振り返りも大切な気づきであることを伝えている。1回目のJC研修の後に，「仕事が忙しくて，一度もJCを実行できなかった」という方や，「JC計画自体を忘れてしまっていた」という方も多くいらっしゃるが，そのような気づきは，その後JCを実践する上で，とても重要である。この振り返りを通して，「忙しい中でも，気軽に実践できるJCは何か」，または「どのようなJCであれば，忘れずに実行できそうか」等について考え，より，実現的なJC計画立案につなげるように伝えている。

JC研修の後，参加者からは，「他の人の仕事のやり方や考え方の工夫を知ることができて良かった」という意見を頂くことが多い。グループワークをすることで，個人では思いつかないような，新たなJCのアイディアを得ることができるという点は，JC研修の強みであると考える。また，「JCという新しい見方で仕事に取り組むことで，充実感を上げることができると感じた」という感想や，「忙しくて大変な時こそ，改めて仕事の意義や，やりがいを認識することが自分にとって重要だと感じた」という声もいただく。このようにJC研修を通して，自分の働き方を見直したり，新たなJC計画を立てることは，自分の仕事のやりがいを再認識することや，自分にとってよりよい働き方につながることが期待される。

4. ジョブ・クラフティング介入プログラムの効果検討

第4節では，第3節で紹介したJC介入プログラムの効果検討について，Sakuraya et al.（2020; 2022）をもとに論じる。4.1では，本プログラムの効果検討の結果について論じ，4.2では，結果の考察について論じる。

4.1　ジョブ・クラフティング介入プログラムの効果検討（無作為化比較試験）の結果

3.1で紹介したJC介入プログラムの効果を，日本の6つの職場（5つの企業と1つの小学校）で働く労働者281名を対象とした無作為化比較試験により検討した（Sakuraya et al., 2020; 2022）。研究参加者281名が，ベースライン調査に回答したのち，介入群（138名）と対照群（143名）に無作為に割りつけられ，介入群には6週間のJC介入プログラムを実施した。介入期間には，JC集合研修を2回実施し，1回目と2回目の研修の間は約1か月のJC計画実施期間を設けた。加えて，各研修の後はメールや手紙でのフォローを実施した。ベースライン調査から3か月後および6か月後に，フォローアップ調査を実施し，介入群と対照群のアウトカム得点差を検討した。各調査はすべて，自記式の質問紙調査で行った。用いたアウトカムの指標は，JCは，Job crafting scale 12項目[4]（Sekiguchi et al., 2014），ワーク・エンゲイジメントはUtrecht Work Engagement Scale（UWES）9項目（Schaufeli & Bakker, 2003; Shimazu et al., 2008），および仕事のパフォーマンスは，WHO Health and Work Performance Questionnaire（HPQ）1項目（Kessler et al., 2003）であった。結果として，大きく以下の3つの点がわかった。1点目に，研究参加者全体では，JCやワーク・エンゲイジメント，および仕事のパフォーマンスに対して，本JC介入プログラムの統計的有意な効果は得られず，介入効果の大きさを示す効果量（Cohens'd）[5]も，小程度であった。2点目に，ベースライン時点でJCの得点が5点以下のサブグループ（JCをあまり実施していない集団）[6]においては，3か月後時点において，介入群のワーク・エンゲイジメントが，対照群と比較して，統計的有意に向上した（$p=0.04$）。3点目に，ベースライン時点で36歳以下の集団では，3か月後のJC（$p=0.048$），および6か月後の仕事のパフォーマンスが統計的有意に向上した（$p=0.03$）。

以上の結果から，本JC介入プログラムは，研究参加者全体においては，統計的有意な効果は得られなかったが，JCをあまり実施していない集団では，ワーク・エンゲイジメント向上に有効である可能性があることや，若い集団（36歳以下）においては，JCやパフォーマンスの向上に効果がある可能性が示された。

4.2　結果の考察

続いて，4.1の結果の考察を述べる。まずはじめに，研究参加者全体で，統計的有意な効果が得られなかった考察を3点述べる。1点目は，本プログ

4　業務，関係性，認知クラフティングの3つの下位尺度から構成される（Sekiguchi et al., 2014）。

5　Cohens'dは，効果量（効果の程度を表す量）の指標の1つであり，0.2＝効果量小，0.5＝効果量中，0.8＝効果量大と解釈される（Cohen, 1992）。

6　JC得点が高いほど，JCを実施していることを表す。従って，JCの得点が5点以下のサブグループは，参加者の中でJCをあまり実施していないグループと解釈できる。

ラムの研修回数（2回）が少なかった可能性が挙げられる。例えば，Gordonらや，WingerdenらのJC介入では，3～4回の研修を行っていた（Gordon et al., 2018; van Wingerden et al., 2017）。本研修では，研修後にメール等でのフォローアップを行ったが，対面の研修に比べると効果は弱かった可能性がある。2点目に，参加者が過去のJCに関する経験を振り返るようなワークを取り入れていなかった点が挙げられる。DubbeltらのJC介入では，experiential learning theory（Kolb et al., 2001）に基づき，JC計画立案の前に，参加者が過去のJCに関する行動を振り返る機会が設けられている（Dubbelt et al., 2016）。Dubbeltらによると，過去の振り返りをすることが，JCを学習し実践することを，効果的にサポートすると説明されている（Dubbelt et al., 2016; Kolb et al., 2001）。DubbeltらのJC介入のように，JCの経験を振り返るようなワークは，JC行動を促し，介入効果を高めるために必要な要素である可能性が考えられる。3点目に，本介入の2回目研修の参加率（74.6%）が低かった点が挙げられる。本介入の予備調査である，単群の前後比較試験では，2回目研修の参加率は84.0%であった（Sakuraya et al., 2016）。研修に参加できなかった参加者には，研修資料を提供し，自身で研修内容を読むように薦めたが，学習効果としては限定的であったかもしれない。この研修の参加率が低いことは，介入効果を弱めた一因となった可能性が考えられる。このような理由から，本JC介入プログラムは，参加者全体においては，効果的にJCを促進することができず，結果としてワーク・エンゲイジメントや仕事のパフォーマンスの向上にもつながらなかった可能性が考えられる。

一方，ベースライン時点でJCをあまり実施していない集団（JC得点が5点以下のサブグループ）においては，3か月後のワーク・エンゲイジメント向上に統計的有意な効果がみられた。この考察として，JCをあまり実施しない労働者において，本研修のグループワーク自体が，ワーク・エンゲイジメントの向上に寄与した可能性が考えられる。例えば，グループワークの中で，参加者は，自分たちの働き方や仕事の価値を整理したり，より良い働き方について話し合う場面がある。このことは，参加者が現状や将来をより前向きに捉えることにつながり，結果として，自己効力感や楽観性が上がり，ワーク・エンゲイジメントの向上に役立った可能性が考えられる（Bakker, 2011; Bakker & Demerouti, 2017; Halbesleben, 2010; Luthans et al., 2008; Schneider, 2001; van Wingerden et al., 2016）。このように，JCをあまり実施していない労働者にとっては，働き方を振り返ることや，仕事をよりポジティブに捉えるようなワークは新鮮であり，本JC介入のグループワークが効果的に働いた可能性がある。一方で，JCの得点が高い群（JCを多く実施している集団）においては，統計的有意な結果は得られなかった。従って，日常でJCを実践している労働者に対しては，本JC介入プログラムは少し物足りない内容であった可能性も考えられる。今後のJC介入プログラムの課題として，例えば，彼らがこれまでに実施したことのないようなJC事例を紹介し，JC行動を促すなど，介入の内容を調整する必要があるかもしれない。

次に，ベースライン時点で若い集団（36歳以下）では，JCおよび，仕事のパフォーマンスの向上に対して統計的有意な効果があった。Kooijらによると，若い労働者は，自分の仕事に対する成長意欲が強い傾向や，新たなことを学習することに興味を持つ傾向が強く（Kooij et al., 2011），このことがJC行動の促進につながった可能性が挙げられる。また，Wilsonらによると，若い人の方が，認知的な柔軟性を持つ傾向があると報告されている（Wilson et al., 2018）。この点を踏まえると，若い労働者の方が，JC（特に認知的クラフティング）を実践しやすかった可能性もある。以上の結果をまとめると，本JC介入プログラムは，研究参加者全体では有意な効果が得られなかったが，JCをあまりしていない労働者における，ワーク・エンゲイジメント向上，および，若い労働者における，JCと仕事のパフォーマンスの向上に寄与する可能性が考えられる。

Sakuraya et al., 2020; 2022の限界として，3点挙げる。はじめに，参加者は日本の6つの職場からのみ募集され，任意参加であった。参加者の基本属性をみると，多くの参加者の教育歴が高い傾向（8割以上が大学卒業以上）であり，JC研修の内容をより理解しやすい集団であった可能性がある。従って，結果の一般化可能性には，限界がある。2点目に，フォローアップ調査における脱落率は，6か月後調査で介入群が28.3%，対照群13.3%であった。この脱落率は先行研究と同程度ではあるが（Imamura et al., 2015），もし，介入群から脱落した労働者に，ワーク・エンゲイジメントが低い傾向がある場合は，選択バイアスを招いた可能性も考えられる。結果を解釈する際は，この点にも留意する必要がある。最後に，参加者は281名であり，研究計画上のサンプルサイズ計算（352名）よりも少なかった。このため，本章における分析では介入効果の検定力が弱かった可能性がある。このような限界を踏まえ，より幅広い職種や人数を対象とした効果検証や，調査のドロップアウトを防ぐ工夫をすることが，今後の介入研究の課題となる。

5. 今後のジョブ・クラフティング介入の展開

第5節では，筆者らがこれまでに実施したJC介入研究を踏まえて，今後のJC介入プログラム内容や実施方法に関する展望を述べる。はじめに，5.1では，研究参加者の特徴に合わせたJC介入プログラムの内容について論じ，5.2では，今後開発が期待されるオンラインツールを用いたJC介入について論じる。5.3では，従業員がJCを実践しやすい職場の環境について，論じる。

5.1 研究参加者の特徴に合わせたジョブ・クラフティング介入プログラム内容

第4節で述べたように，筆者らが開発したJC介入プログラムは，若い労働者のJC行動やパフォーマンスの向上に繋がる可能性が示された（Sakuraya et al., 2022）。一方，この結果とは対照的に，Kooijらの実施したJC介入は，高齢の労働者におけるJC行動（JC towards strengths[7]）を効果的に促進したが，反対に，若い労働者においては，JC行動を有意に下げる結果となったことが報告されている（Kooij et al., 2017）。Kooijらの JC介入では，自身の

7　Kooijらは，JCをJC towards strengthsとJC towards interestsの2つの下位尺度から成る尺度で測定している。JC towards strengthsは，労働者が自主的に，自身の強みを活用できるように，タスクの境界を変化させることと定義されている（Kooij et al. 2017）。

強みや関心に基づいて，仕事をクラフティングするようなJC（JC towards strengths）を促すためのワークによって構成されている。Kooijらによると，年齢を重ねると，自身の強みや関心をよりよく理解したり，自分のアイデンティティに合った職場環境を作ることが上手くなる傾向があることや，高齢の労働者は，社会的に優位であったり（dominant），自分に自信を持つ傾向（self-confident）や自制心が強い傾向（self-controlling）がある等の理由から，このようなJC行動の促進につながった可能性を考察している（Kooij et al., 2017; Roberts et al., 2006）。Kooijらの JC介入と比較して，筆者らのJC介入プログラムでは，自身の強みや関心に基づいたJCにフォーカスはせずに，参加者が，業務，関係性，および認知の観点から，約1か月間に容易に実施できそうなJC行動を実践することを推奨した。このような内容は，若い労働者には適していた可能性が考えられる。また，筆者らのJC介入プログラムには，認知的クラフティングの要素が含まれているが，Kooijらのプログラムには含まれていなかった。若い労働者は，高齢の労働者よりも，認知的柔軟性が高い可能性を踏まえると（Wilson et al., 2018），認知的クラフティングを実施しやすかった可能性も考えられる（Sakuraya et al., 2022）。これらの知見を踏まえると，年齢によって，実施しやすいJCの内容が異なる可能性が挙げられる。今後は，年齢に合わせたJC介入の開発も，1つのテーマになるかもしれない。

5.2　オンラインツールを用いたジョブ・クラフティング介入

これまでのJC介入は，対面の集合研修形式での提供が多かったが，提供できる労働者の人数に限りがあること，また，マンパワーの問題で，研修後のフォローアップが十分にできないこと等が課題に挙げられる。また，コロナ禍で，対面での研修が実施しづらくなった背景もあり，オンラインツールを用いたJC介入の開発が少しずつ進んでいる。オンライン上で提供されるメンタルヘルスに関するプログラムは，時間や場所を問わずにアクセスできる点や，費用負担が少ない点で優れている（Ryan et al., 2017）。今後，オンラインツールを用いた，JC介入の開発が更に求められるだろう。例えば，Uglanovaらは，JCのうちの業務クラフティングの要素のみを取り入れた

Web ベースの JC 介入を開発し，その効果を無作為化比較試験により検証している（Uglanova & Dettmers, 2022）。Uglanova らの介入は，自身の仕事への価値や興味および強み等に関する整理や，それに基づいたゴール設定，およびその振り返り等の要素で構成され，全４週間で学習する内容となる。結果として，いら立ち（irritation）が統計的有意に改善した結果が得られたものの，業務クラフティングや，仕事の満足感に対しては，有意な効果は得られなかった。他にも，Verelst らは，働く母親（18 歳未満の子どもを１名以上持ち，働いている女性）を対象とした Web ベースの JC 介入を開発している（Verelst et al., 2021）。この介入はウェブサイトを介して提供され，JC に関する学習をしたり，仕事や自分自身に対する分析の実施や，JC 計画立案およびその振り返り等の要素で構成され，全３週間で学習する内容となる。以上のように，オンラインツールを活用した JC 介入の開発は少しずつ進んでいるが，Wrzniewski らの提案した JC 定義の３分類（業務，関係性，認知的クラフティング）を含めたプログラムの開発や，労働者全般に対するワーク・エンゲイジメントの向上効果などは未だ検討されていないため，今後の課題となると考える。

5.3　従業員がジョブ・クラフティングを実践しやすい環境づくり

JC は，労働者個人が取り組むものであるが，労働者の JC を促進するには，労働者が JC を実践しやすい環境を，企業や組織がつくるという視点も重要となる。従業員が JC を実施する際に，従業員に JC を行うだけの裁量権や自律性を与えられていることや，従業員が「JC をやりたい」と思うことが重要であり，そのための職場のサポートが必要となる（高尾，2021; 川上，2019）。前述でも触れたように，従業員が JC をするためには，「自分は JC を通して仕事をよりよいものにすることができる」と思えること，つまり JC マインドセットが重要であり，そのための職場のサポートがあると，より効果的である（高尾，2021; 川上，2019）。筆者自身の経験においても，JC 研修を企業で実施する中で，管理監督者が「チームみんなで JC に取り組もう」というメッセージを発し，チーム全体で JC に取り組む風土がある企業では，従業員個人も意欲的に JC に取り組む傾向が強いと感じたことがある。

そのような職場は，従業員に自律性が与えられていたり，従業員自身が「JCをしてもよいのだ」と思える環境にあるためと考えられる。従って，従業員のJC促進のためには，JCを実践しやすい環境づくりが大切であり，これからの介入研究においても，JCを個人が取り組むアプローチとしてのみではなく，従業員がJCを実施しやすい風土づくりを職場単位で取り組むことも，視野に入れることが重要になるだろう。

〈参考文献〉

Aikens, K. A., Astin, J., Pelletier, K. R., Levanovich, K., Baase, C. M., Park, Y. Y., & Bodnar, C. M. (2014). Mindfulness goes to work: impact of an online workplace intervention. *Journal of Occupational and Environmental Medicine, 56*(7), 721-731.

Bakker, A. B. (2011). An evidence-based model of work engagement. *Current directions in psychological science, 20*(4), 265-269.

Bakker, A. B., & Demerouti, E. (2007). The job demands-resources model: State of the art. *Journal of Managerial Psychology, 22*(3), 309-328.

Bakker, A. B., & Demerouti, E. (2017). Job demands-resources theory: Taking stock and looking forward. *Journal of occupational health psychology, 22*(3), 273-285.

Berg, J. M., Dutton, J. E., & Wrzesniewski, A. (2013). Job crafting and meaningful work. In B. J. Dik, Z. S. Byrne, & M. F. Steger (Eds.), Purpose and meaning in the workplace (pp. 81-104). American Psychological Association.

Christian, M. S., Garza, A. S., & Slaughter, J. E. (2011). Work engagement: A quantitative review and test of its relations with task and contextual performance. *Personnel Psychology, 64*(1), 89-136.

Coffeng, J. K., Hendriksen, I. J., Duijts, S. F., Twisk, J. W., van Mechelen, W., & Boot, C. R. (2014). Effectiveness of a combined social and physical environmental intervention on presenteeism, absenteeism, work performance, and work engagement in office employees. *Journal of Occupational and Environmental Medicine, 56*(3), 258-265.

Cohen, J. (1992). A power primer. *Psychological bulletin*, 112(1), 155-159.

Demerouti, E. (2014). Design your own job through job crafting. *European Psychologist, 19*(4), 237-247.

Dubbelt, L., Demerouti, E., & Rispens, S. (2016). The value of job crafting for minorities' work engagement, task performance, and career satisfaction. In

D. L (Ed.), *Women to the top: Discovering facilitating factors for women's functioning in minority positions* (pp. 97-138). Technische Universiteit Eindhoven.

Frederick, D. E., & VanderWeele, T. J. (2020). Longitudinal meta-analysis of job crafting shows positive association with work engagement. *Cogent Psychology, 7*(1), 1746733.

Gordon, H. J., Demerouti, E., Le Blanc, P. M., Bakker, A. B., Bipp, T., & Verhagen, M. A. M. T. (2018). Individual job redesign: Job crafting interventions in healthcare. *Journal of Vocational Behavior, 104*, 98-114.

Hakanen, J. J., & Schaufeli, W. B. (2012). Do burnout and work engagement predict depressive symptoms and life satisfaction? A three-wave seven-year prospective study. *Journal of Affective Disorders, 141*(2-3), 415-424.

Halbesleben, J. R. (2010). A meta-analysis of work engagement: Relationships with burnout, demands, resources, and consequences. In B. AB & L. WB (Eds.), *Work engagement: A handbook of essential theory and research* (Vol. 8, pp. 102-117). Psychology press.

Hobfoll, S. E., Johnson, R. J., Ennis, N., & Jackson, A. P. (2003). Resource loss, resource gain, and emotional outcomes among inner city women. *Journal of Personality and Social Psychology, 84*(3), 632-643.

Imamura, K., Kawakami, N., Furukawa, T. A., Matsuyama, Y., Shimazu, A., Umanodan, R., Kawakami, S., & Kasai, K. (2015). Effects of an internet-based cognitive behavioral therapy intervention on improving work engagement and other work-related outcomes: An analysis of secondary outcomes of a randomized controlled trial. *Journal of Occupational and Environmental Medicine, 57*(5), 578-584.

Imamura, K., Kawakami, N., Inoue, A., Shimazu, A., Tsutsumi, A., Takahashi, M., & Totsuzaki, T. (2016). Work engagement as a predictor of onset of Major Depressive Episode (MDE) among workers, independent of psychological distress: A 3-year prospective cohort study. *PloS one, 11*(2), e0148157.

Katz, M. H. (2010, 木原雅子・木原正博訳 2013). 『医学的介入の研究デザインと統計』. メディカル・サイエンス・インターナショナル.

川上憲人 (2017). 『基礎からはじめる職場のメンタルヘルス―事例で学ぶ考え方と実践ポイント』大修館書店.

川上憲人 (2019). 『ここから始める 働く人のポジティブメンタルヘルス―実践で学ぶ考え方と実践ポイント』大修館書店.

Kawakami, N., & Shimazu, A. (2021). Mental health and wellbeing in Japan. In N. C. E. Brunner, & H. Iso (Ed.), *Health in Japan: Social epidemiology of Japan since the 1964 Tokyo Olympics* (pp. 233-248). Oxford University

Press.

Kessler, R. C., Barber, C., Beck, A., Berglund, P., Cleary, P. D., McKenas, D., Pronk, N., Simon, G., Stang, P., & Ustun, T. B. (2003). The world health organization health and work performance questionnaire (HPQ). *Journal of Occupational and Environmental Medicine, 45*(2), 156-174.

Knight, C., Patterson, M., & Dawson, J. (2016). Building work engagement: A systematic review and meta-analysis investigating the effectiveness of work engagement interventions. *Journal of Organizational Behavior, 38*(6), 792-812.

Kolb, D. A., Boyatzis, R. E., & Mainemelis, C. (2001). Experiential Learning Theory: Previous Research and New Directions. In Z. L. Sternberg RJ (Ed.), *Perspectives on Thinking, Learning, and Cognitive Styles* (pp. 227-248). Lawrence Erlbaum.

Kooij, D. T., De Lange, A. H., Jansen, P. G., Kanfer, R., & Dikkers, J. S. (2011). Age and work-related motives: Results of a meta-analysis. *Journal of Organizational Behavior, 32*(2), 197-225.

Kooij, D. T. A. M., van Woerkom, M., Wilkenloh, J., Dorenbosch, L., & Denissen, J. J. A. (2017). Job crafting towards strengths and interests: The effects of a job crafting intervention on person-job fit and the role of age. *Journal of Applied Psychology, 102*(6), 971-981.

厚生労働省『「統合医療」に係る情報発信等推進事業』(2015)　https://www.ejim.ncgg.go.jp/public/hint2/c02.html

Luthans, F., Avey, J. B., & Patera, J. L. (2008). Experimental analysis of a web-based training intervention to develop positive psychological capital. *Academy of Management Learning & Education, 7*(2), 209-221.

Markus, H. R., & Kitayama, S. (1991). Culture and the self: Implications for cognition, emotion, and motivation. *Psychological review, 98*(2), 224-253.

Mazzetti, G., Robledo, E., Vignoli, M., Topa, G., Guglielmi, D., & Schaufeli, W. B. (2021). Work engagement: A meta-analysis using the job demands-resources model. *Psychological Reports*, 00332941211051988.

Nakane, C. (1970). Japanese society. Weidenfeld & Nicolson.

日本疫学会監修 (2018).『はじめて学ぶやさしい疫学（改定第3版）』. 南江堂.

日本生産性本部メンタル・ヘルス研究所 (2021).『第10回「メンタルヘルスの取り組み」に関する企業アンケート調査』報告書.

Oprea, B. T., Barzin, L., Vîrgă, D., Iliescu, D., & Rusu, A. (2019). Effectiveness of job crafting interventions: A meta-analysis and utility analysis. *European Journal of Work and Organizational Psychology, 28*(6), 723-741.

Roberts, B. W., Walton, K. E., & Viechtbauer, W. (2006). Patterns of mean-level change in personality traits across the life course: A meta-analysis of longitudinal studies. *Psychological Bulletin, 132*(1), 1-25.

Roelen, C., van Hoffen, M., Groothoff, J., De Bruin, J., Schaufeli, W., & van Rhenen, W. (2015). Can the Maslach Burnout Inventory and Utrecht Work Engagement Scale be used to screen for risk of long-term sickness absence? *International Archives of Occupational and Environmental Health, 88*(4), 467-475.

Rongen, A., Robroek, S. J., Schaufeli, W., & Burdorf, A. (2014). The contribution of work engagement to self-perceived health, work ability, and sickness absence beyond health behaviors and work-related factors. *Journal of Occupational and Environmental Medicine, 56*(8), 892-897.

Rudolph, C. W., Katz, I. M., Lavigne, K. N., & Zacher, H. (2017). Job crafting: A meta-analysis of relationships with individual differences, job characteristics, and work outcomes. *Journal of Vocational Behavior, 102*, 112-138.

Ryan, C., Bergin, M., Chalder, T., & Wells, J. S. (2017). Web-based interventions for the management of stress in the workplace: Focus, form, and efficacy. *Journal of Occupational Health, 59*(3), 215-236.

櫻谷あすか (2020).「メンタルヘルスの向上手法の開発 (3)：ジョブ・クラフティング介入プログラム」『産業精神保健』*28*, 39-44.

Sakuraya, A., Shimazu, A., Imamura, K., & Kawakami, N. (2020). Effects of a job crafting intervention program on work engagement among Japanese employees: A randomized controlled trial. *Frontiers in Psychology, 11*, 235.

Sakuraya, A., Shimazu, A., Imamura, K., Namba, K., & Kawakami, N. (2016). Effects of a job crafting intervention program on work engagement among Japanese employees: A pretest-posttest study. *BMC Psychology, 4*(1), 49-58.

Schaufeli, W. B., & Bakker, A. B. (2003). Utrecht work engagement scale: Preliminary manual. *Occupational Health Psychology Unit, Utrecht University, Utrecht, 26*, 64-100.

Schaufeli, W. B., & Bakker, A. B. (2004). Job demands, job resources, and their relationship with burnout and engagement: A multi-sample study. *Journal of Organizational Behavior, 25*(3), 293-315.

Schaufeli, W. B., Salanova, M., González-Romá, V., & Bakker, A. B. (2002). The measurement of engagement and burnout: A two sample confirmatory factor analytic approach. *Journal of Happiness Studies, 3*(1), 71-92.

Schneider, S. L. (2001). In search of realistic optimism: Meaning, knowledge, and warm fuzziness. *American Psychologist, 56*(3), 250-263.

Sekiguchi, T., Jie, L., & Hosomi, M. (2014). Determinants of job crafting among part-time and full-time employees in Japan: A relational perspective [Discussion papers in economics and business]. 14-26.

Seligman, M. E. P., & Csikszentmihalyi, M. (2000). Positive psychology: An introduction. *American Psychologist, 55*(1), 5-14.

島津明人 (2019). PDP-RIETI Policy Discussion Paper Series 19-P-001 産業保健心理学からみた持続可能な働き方. *Research Institute of Economy Trade and Industry.*

島津明人 (2022).『新版ワーク・エンゲイジメント　ポジティブ・メンタルヘルスで活力ある毎日を』労働調査会.

島津明人（研究代表者），櫻谷あすか（研究協力者）.（2019）. *ジョブ・クラフティング研修プログラム実施マニュアル*（労働生産性の向上に寄与する健康増進手法の開発に関する研究（H29-労働-一般-004））. 平成30年厚生労働科学研究費補助金（労働安全衛生総合研究事業）.

Shimazu, A., Schaufeli, W. B., Kamiyama, K., & Kawakami, N. (2015). Workaholism vs. work engagement: The two different predictors of future well-being and performance. *International Journal of Behavioral Medicine, 22*(1), 18-23.

Shimazu, A., Schaufeli, W., Kosugi, S., Suzuki, A., Nashiwa, H., Kato, A., Sakamoto, M., Irimajiri, H., Amano, S., & Hirohata, K. (2008). Work engagement in Japan: Validation of the Japanese version of the Utrecht Work Engagement Scale. *Applied Psychology, 57*(3), 510-523.

Shimazu, A., Schaufeli, W. B., Kubota, K., & Kawakami, N. (2012). Do workaholism and work engagement predict employee well-being and performance in opposite directions? *Industrial Health, 50*(4), 316-321.

Strijk, J. E., Proper, K. I., van Mechelen, W., & van der Beek, A. J. (2013). Effectiveness of a worksite lifestyle intervention on vitality, work engagement, productivity, and sick leave: results of a randomized controlled trial. *Scandinavian Journal of Work, Environment & Health, 39*(1), 66-75.

Sustainable development knowledge platform. (2015). United Nations. https://sdgs.un.org/goals

高田勗.（1999).「ILO/WHOの労働衛生（Occupational Health）の新しい定義（1995年4月）の解説」『産業医学ジャーナル』*22*(2), 10-15.

高尾義明 (2021).『「ジョブ・クラフティング」で始めよう　働きがい改革・自分発！』日本生産性本部生産性労働情報センター.

Tims, M., Bakker, A. B., & Derks, D. (2012). Development and validation of the job crafting scale. *Journal of Vocational Behavior, 80*(1), 173-186.

Uglanova, E., & Dettmers, J. (2022). Improving employee mental health through an internet-based job crafting intervention: A randomized controlled study. *Journal of Personnel Psychology.*

van Berkel, J., Boot, C. R., Proper, K. I., Bongers, P. M., & van der Beek, A. J. (2014). Effectiveness of a worksite mindfulness-related multi-component health promotion intervention on work engagement and mental health: Results of a randomized controlled trial. *PloS one, 9*(1), e84118.

van Wingerden, J., Bakker, A. B., & Derks, D. (2016). A test of a job demands-resources intervention. *Journal of Managerial Psychology, 31*(3), 686-701.

van Wingerden, J., Bakker, A. B., & Derks, D. (2017). Fostering employee well-being via a job crafting intervention. *Journal of Vocational Behavior, 100,* 164-174.

Verelst, L., De Cooman, R., Verbruggen, M., van Laar, C., & Meeussen, L. (2021). The development and validation of an electronic job crafting intervention: Testing the links with job crafting and person-job fit. *Journal of Occupational and Organizational Psychology, 94*(2), 338-373.

Wilson, C. G., Nusbaum, A. T., Whitney, P., & Hinson, J. M. (2018). Age-differences in cognitive flexibility when overcoming a preexisting bias through feedback. *Journal of Clinical and Experimental Neuropsychology, 40*(6), 586-594.

Wrzesniewski, A., & Dutton, J. E. (2001). Crafting a job: Revisioning employees as active crafters of their work. *Academy of Management Review, 26*(2), 179-201.

（櫻谷　あすか）

ジョブ・クラフティングの先行要因とその効果

日本のデータを用いた再現性の検証

第8章

1. 研究の背景

ジョブ・クラフティング（以下，「JC」）の概念が登場してから20年以上経過した。JCへの注目度は，その学術的かつ実務的な有益性から，海外および日本における研究者および実務家の間で年々高まっている（e.g., Niessen, Weseler, & Kostova., 2016; 高尾，2019, 2021）。JC概念の提唱や関連研究が海外で先行し，日本国内での研究がそれに追従する形になっていることもあって，JCに関する研究成果の蓄積は海外の方が圧倒的に多い。それを踏まえ本章では，海外において行われたJCの代表的な研究を2つ取り上げた上で，それらの研究に共通する理論枠組みおよびモデルが日本の文脈においても適用可能かどうかを日本で収集したデータに基づいて実証的に検証することを目的とする。とりわけ，2つの先行研究によって示されたJCの先行要因とその効果に関する理論枠組みの追試を日本で収集したデータを用いて行うことが本章の主眼である。

追試研究とは，「既存研究の結果を裏づけたり反証したりするために，意図的に先行研究を繰り返し実施すること」である（Wright & Sweeney, 2016, p. 481）。社会科学を含む学術研究の目的の1つに，有用な理論を構築するというものがある。理論は，特定の現象を記述・説明・予測し，究極的には統制することを可能にするものであり，完成された理論には「what」「how」「why」「who, where, when」の4要素が含まれている（Gligor, Esmark, & Gölgeci, 2016; Whetten, 1989）。優れた理論は，私たちにとって重要な現象あるいは概念や変数間の関係（what）がどうなっているのか（how），なぜそうなるのか（why）を説明する。さらに，いつ，どこで，誰にとって（who, where, when）その理論が成り立つのか，理論成立の境界範囲を明確にする。そのため，優れた理論を完成させるためには，特定の理論がどこまで汎用性があるのか，研究が行われた地域や状況とは異なる文脈においても再現性があるのかないのかについて検証することが求められる。再現性の検証が繰り返され，理論の適用範囲が明確になるほど，その理論は実務的にも有益なものになっていく。その意味においても，追試研究によって理論の再現性を確認することは科学において本質的な営みといえる。

しかし，社会科学の分野では追試研究が少ないといわれている。例えば，心理学系の海外のトップジャーナルでは，全掲載論文のうち1%程度しか再現性の検証がなされていないという報告がある（Bonett, 2012; Makel, Plucker, & Hegarty, 2012）。追試研究が少ない理由の1つとして，トップジャーナルに論文が掲載されることが研究者のキャリアにおいて非常に重要であるという現実がある一方で，最高峰の研究論文の掲載を使命とするトップジャーナルでは追試研究よりも新規性の高い研究が好まれるという点が挙げられる（Wright & Sweeney, 2016）。そのこともあって，JC研究においても再現性を検証することを主目的とした研究はほとんどない。とはいえ，上記で示したとおり，日本のデータを用いてJCに関する追試研究を行い，その再現性および理論枠組みの適用範囲を明確化することは，JC研究を発展させるために重要であることには違いない。

本章で追試研究の対象とするのは，Bakker, Tims, and Derks（2012）およびDemerouti, Bakker, and Gevers（2015）によるJC研究である[1]。この2つの研究に共通しているのは，職務要求―資源モデル（Job Demands-Resources［JD-R］model）という理論枠組みに基づいて構築された理論モデルを検証した点である。Bakker et al.（2012）の研究は，JCの先行要因として個人のプロアクティブ・パーソナリティ特性（以下，「PP特性」）を取り上げ，PP特性に導かれたJCが職務遂行における資源（resources）および挑戦的要求度（challenging demands）を増加させ，それが従業員のワーク・エンゲイジメント（以下「WE」）の増加を介して職務上求められる行動（職務内役割行動）を高めることを示した。一方，Demerouti et al.（2015）の研究では，Bakker et al.（2012）のモデルのうちJCの効果に関わる部分を理論的に拡張し，JCによる資源増加および挑戦的要求度の向上が従業員のWEと持続的幸福感（flourishing）の両方を高め，それがクリエイティビティと役割外行動の1つである文脈パフォーマンスを高めることを実証的に示した。両研究を統合した理論枠組みを図8-1に示す。この理論枠組みは，個人の性格特性によってもたらされたJCが従業員にとっての資源を増加させることにつながり，増加した資源が従業員のウェルビーイングの向上を介して職務における様々な行動の増加を可能にすることを示している。本章では，この理論枠組みが日本でも適用可能かどうかを2つの研究の追試によって検証する。

図8-1　Bakker et al.（2012）とDemerouti et al.（2015）における理論枠組み

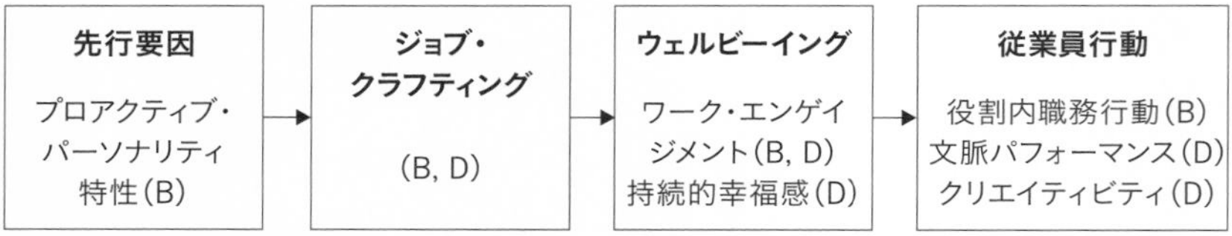

出所　B: Bakker et al.（2012）; D: Demerouti et al.（2015）

1　両論文の引用回数をWeb of Science（2022/9/21確認）で確認したところ，Bakker et al.（2012）は463件，Demerout et al.（2015）は，208であった。また，google scholarで確認したところ，Bakker et al.（2012）は1,345件，Demerouti et al.（2015）は489件であった。JC尺度として頻繁に頻用されているTims et al.（2012）がWeb of Science（2022/9/21確認）では693件，Google Scholarでは，1,872件であることを考えると，2つの論文は比較的多く引用されているといえるだろう。

2. Bakker et al.（2012）および Demerouti et al.（2015）によるジョブ・クラフティング概念

Bakker et al.（2012）および Demerouti et al.（2015）が用いたJC概念は，JD-Rモデルに基づいてJC概念を発展させ，測定尺度にまで昇華させたTims et al.（2012）らの考え方に準拠している。Tims et al.（2012）のJC概念では，職務の性質を多忙度や困難度などの要求度（demands）と，フィードバックや裁量度合いなどの資源（resources）とに分け，JCの内容を，資源を操作する度合いと要求度を操作する度合いの2軸を用いた4次元で分類している。

1つ目の次元は，構造的資源向上（increasing structural job resources）で，職務構造を変化させることで資源を増やそうとする行動である。職務構造に焦点を当てる点においてはWrzesniewski and Dutton（2001）におけるタスク・クラフティングに含まれる行動だと考えられる。2つ目の次元は，社会的資源向上（increasing social job resources）で，職務遂行に伴う人間関係を変化させたり積極的にフィードバックを求めたりすることで資源を増やそうとする行動である。人間関係に焦点を当てる点においてはWrzesniewski and Dutton（2001）における関係性クラフティングに含まれる行動だと考えられる。3つ目の次元は挑戦的要求度向上（increasing challenging job demands）で，挑戦的だがやりがいのある仕事を増やすことでモチベーションや活力を得ようとする行動である。4つ目の次元は，妨害的要求度の低減（decreasing hindering job demands）であり，これは，資源を消費する職務の要求度を下げることで資源の減少を防ごうとする行動である。挑戦的要求度向上および妨害的要求度低減の2つの次元については，職務構造や人間関係を調整することで実現させようとする点においてはWrzesniewski and Dutton（2001）のタスク・クラフティング，関係性クラフティングのどちらにも含まれる行動だと考えられる。

Bakker et al.（2012）は，これら4つの下位次元のうち，構造的資源向上，社会的資源向上，および挑戦的要求度向上の3つの次元をJCの構成要素として含めている。一方，Demerouti et al.（2015）の理論モデルでは，構造的資源向上，挑戦的要求度向上，妨害的要求度低減の3つの次元を含めている。

3. Bakker et al.（2012）の再現性の検討

第3節では，まず，Bakker et al.（2012）の理論モデルおよび実証結果について説明し，次に，Bakker et al.（2012）の研究の追試に用いたサンプルや変数および追試の結果について報告する。それを踏まえ，追試結果に関する考察を行う。

3.1　Bakker et al.（2012）の実証研究

①　Bakker et al.（2012）の理論モデル

Bakker et al.（2012）は，JC の先行要因として PP 特性に着目し，PP 特性の高い従業員は JC を積極的に行うという仮説を立てた。PP 特性は，「環境の変化をもたらす比較的安定した性格特性」（Bateman & Crant, 1993, p. 103）で，PP 特性の高い従業員は，積極的な行動を行い，周囲の人や環境に対して影響を与えるとされる（Buss, 1987; Crant, 1995）。PP 特性の高い人は，JC を通して自分に向いた環境を作り出すが，その過程で，職務遂行が円滑に進むようになって構造的資源が向上する。また，上司や同僚からの支援が得られるようになって社会的資源も向上する。さらに，より挑戦しがいのある職務に改変することで資源としての挑戦的要求度も高める。

Bakker et al.（2012）は，PP 特性の高い従業員が JC を実践することによって本人の構造的資源，社会的資源，挑戦的要求度が増加すると，それは従業員の WE を高めることを予測した。WE は「仕事に関連する肯定的で充実した心理的状態」（Schaufeli, Bakker, & Salanova, 2006, p. 702）であり，「活力」，「熱意」および「没頭」の下位次元から構成される。活力は，「自分の仕事に精力を注ごうとする高い意欲と，困難な状況でもやり続けようとする精神的な回復力」，熱意は「自分の仕事に強く関与し，意義深さ，意欲，直感，誇り，挑戦を感覚的に体験すること」，没頭は「仕事に夢中になり集中することで，時が早く過ぎ，仕事から離れがたい状態」を指す（Schaufeli et al., 2006, p. 702）。つまり，JC を行う従業員は，自身のスキルや必要性を満たすような環境を作り出し，挑戦的な環境に身を置こうとするから，WE の特徴である活力，熱意，没頭を持って働けるような環境が成立するようになると考えられるのである。

さらにBakker et al.（2012）は，JCの実践によってもたらされるWEの向上が従業員の役割内職務行動を高めることを予測した。役割内職務行動とは，割り当てられた業務を遂行し，責任や役割を果たす行動を指す（Williams & Anderson, 1991）。WEが高まると，前向きで積極的となり，幅広く思考し行動するようになる（Fredrickson, 2001）。このため，与えられた役割を遂行するために多様な資源を収集し活用するようになると予想した。以上を踏まえ，Bakker et al.（2012）は，PP特性がJCを高め，JCがWEを高め，さらにWEが役割内行動を高めるといったような媒介関係をモデル化した。

②　Bakker et al.（2012）による実証結果

Bakker et al.（2012）は，仮説を検証するために，オランダにおける複数の組織を対象とし，本人および同僚従業員とのマッチングデータをサンプルとして用いた。PP特性および役割内職務行動は同僚からの評価によって測定し，WEおよびJCは自己評価の値を用いた。分析にあたっては構造方程式モデリングを用いたが，その際，JCの構造的資源向上，社会的資源向上および挑戦的要求度向上の各次元およびWEの活力，熱意および没頭の各次元を観測変数と扱い，PP特性および役割内職務行動の2変数はアイテム・パーセリング[2]を用いた。

Bakker et al.（2012）による構造方程式モデリングの分析結果が図8-2である。間接効果（PP特性→JC→WE→役割内職務行動）と直接効果（PP特性→役割内職務行動）の両方を含むモデルのデータとの適合性が高かった。また，追加分析として，上記のモデルと，1）PP特性→WE→JC，役割内職務行動のモデル，2）PP特性→JC→WE→役割内職務行動のみのモデル，3）PP特性→WE，JC，役割内職務行動のモデルとの適合性比較を行った。その結果，これらの3つのモデルよりも，図8-2で示された間接効果（PP

2　アイテム・パーセリングとは，構造方程式モデリングにおいて観測変数を減らす手法である。日本語文献では，豊田（2009）第4章を参照。

図 8-2　Bakker et al.（2012）の結果

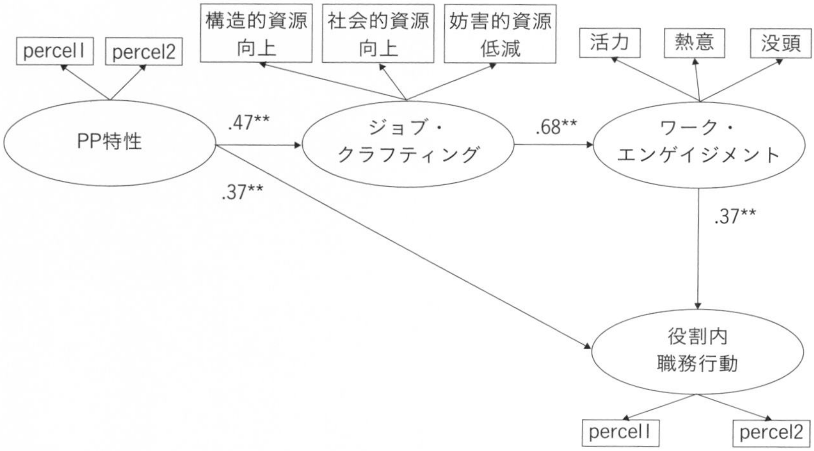

注）$^{**}p < .01$

出所　Bakker et al.（2012）図 2 をもとに筆者作成

特性→ JC → WE →役割内職務行動）と直接効果（PP 特性→役割内職務行動）の両方を含むモデルが適合性が高く，最も適切なモデルだと結論づけた。

3. 2　Bakker et al.（2012）の追試

①　追試に用いたデータ

今回，Bakker et al.（2012）の研究を追試するにあたって，日本のオンライン調査会社によって収集されたデータを用いた。調査会社にあらかじめ登録されている約 100 万人の会員の中から，従業員規模 300 人以上の企業に勤める日本の正社員を抽出し，そこからのサンプリングによって調査票をオンラインで配布した．配付にあたっては，男女比および年代が，総務省統計局の「労働力調査年報」（2010 年）と同じ比率になるようにサンプルの割りつけを行った。本調査は 2011 年 12 月およびその 2 か月後の 2012 年 1 月の 2 回行われたが，今回用いたデータはいずれも 2 回目の調査に用いたデータである。後述するように約 4 年半後にも追跡調査を行っている。しかし，本追試で使用する変数のデータを収集していたのは 2012 年 1 月のみであったため，今回は 2012 年のみのデータを用いて検証した。

2011年12月に実施した第１回調査では832人が回答し（回収率64%），その832人に第２回の調査を依頼した結果，594人からの回答を得た（回収率46%）。このうち２か月間で異動した従業員30人は，職場が変わったばかりであったためにサンプルから除外した。その結果，最終サンプルは564人となった。サンプルのうち，男性395名（70.0%），女性169名（30.0%）であった。回答者の年代は20代以下104名（18.4%），30代170名（30.1%），40代152名（27.0%），50代以上138名（24.5%）であった。業種は，製造業194名（34.0%），運輸・通信業等85名（15.1%），金融業56名（9.9%），卸・小売業47名（8.3%）などであった。

②　質問項目

PP特性は使用データに含まれていなかったため，データに含まれていた性格変数の１つであるリスク志向（Morrison & Phelps, 1999）のうち，２項目（「なんでも一度はトライしてみたい」「規則をうまくくぐり抜けるすべを心得ている」）をPP特性に近い代替項目として用いることにした。この判断が適切かどうか検証するため，大学生を対象としてPP特性およびリスク志向の両方を測定した別の調査データ（$n = 180$）を用いて，リスク志向のうち今回用いた２項目と，PP特性10項目の合計12項目の質問項目で主因子法による探索的因子分析を行ったところ，固有値1.0以上の基準において１因子（82.1%）にまとまった。さらに，今回用いた２項目も含めた８項目のリスク志向と，PP特性10項目の合計18項目の質問項目を用いて主因子法による探索的因子分析を行ったところ，固有値1.0以上の基準で２因子に分かれた（96.8%）。プロマックス法による因子回転の結果，第１因子を示す項目として今回用いた２項目を除いた６項目のリスク志向がまとまり，第２因子はPP特性と今回用いたリスク特性２項目がまとまった。この２項目は信頼性係数が高くはなかったが（$\alpha = .51$），データに含まれているものではPP特性に一番近いものであるとの判断のもと，本追試で利用することにした。

JCについては，2011年の調査データにはTims et al.（2012）の尺度の代わりにWrzesniewski and Dutton（2001）に基づいて作成したJC尺度が含まれていたため，そちらを分析に用いた。その際，Bakker et al.（2012）が用いたJC概念に近づけるため，Wrzesniewski and Dutton（2001）の尺度項目のうち，職務構造や人間関係の変更を伴わない認知的クラフティング除いたタスク・クラフティングおよび関係性クラフティングに関する8項目を用いた（α =.89）。WEについては，活力，熱意および没頭の3次元から成り立つUtrecht Work Engagement Scale（Schaufeli & Bakker, 2003）の17項目（α =.93）を用いた。役割内職務行動については，役割内職務行動尺度（Williams & Anderson, 1991）に基づく5項目（α =.89）で測定した。これらの項目はすべて7件法によるリッカート尺度で測定した。

3.3　追試結果

今回の追試で用いた変数の基本統計量および相関係数を表8-1に示す。また，構造方程式モデリング[3]を用いて分析した結果を図8-3に示す。Bakker et al.（2012）と同じく，JCおよびWEの下位次元は，質問項目の回答の平均値を観測変数として用いた。役割内職務行動は，Bakker et al.（2012）と同様にアイテム・パーセリングを行い，2項目を観測変数として用いた。リスク志向は2項目であったので，アイテム・パーセリングを用いていない。

まず，Bakker et al.（2012）が最適と判断した間接効果（PP特性的リスク志向→JC→WE→役割内職務行動）と直接効果（PP特性的リスク志向→役割内職務行動）の両方を含むモデルを検証したが，モデルの解が1つに収束せず，パラメーターの推定値が得られなかった。そこで，Bakker et al.（2012）が追加分析で用いた3つのモデルの検討を行った。まず，PP特性的リスク志向→WE→JC，役割内職務行動というモデルについても，モデルの解が1つに収束しなかった。次に，間接効果（PP特性的リスク志向→JC→WE→役割内職務行動）のモデルを検証した結果，モデルの適合性指標は良好とはいえないものの，パラメーターの推定値を得ることができた（χ^2=461.24, RMSEA=.18，TLI=.79，CLI=.89，AIC=15218.12)。その結果，PP特性的リスク志向からJCへの有意な正の影響が認められ（β =.57，p<.01)，JCからWEに対する有意な正の影響が認められ（β =.65，p<.01)，WEから役割内

3　今回の追試研究では，STATA version 15を用いた。

表 8-1　Bakker et al.（2012）の追試に用いたデータの基礎統計量および相関

変数	平均	標準偏差	1	2	3
1　PP 特性的リスク志向	3.90	1.02			
2　JC	4.39	.83	.43**		
3　WE	3.94	.87	.24**	.54**	
4　役割内職務行動	3.36	.71	.30**	.71**	.35**

注）N＝564，$p<.01$ 変数の値は，質問の回答値を平均化して算出している。
変数の作成にあたっては，変数を構成する質問に対する回答値の平均をとった。
出所　筆者作成

図 8-3　Bakker et al.（2012）の追試結果

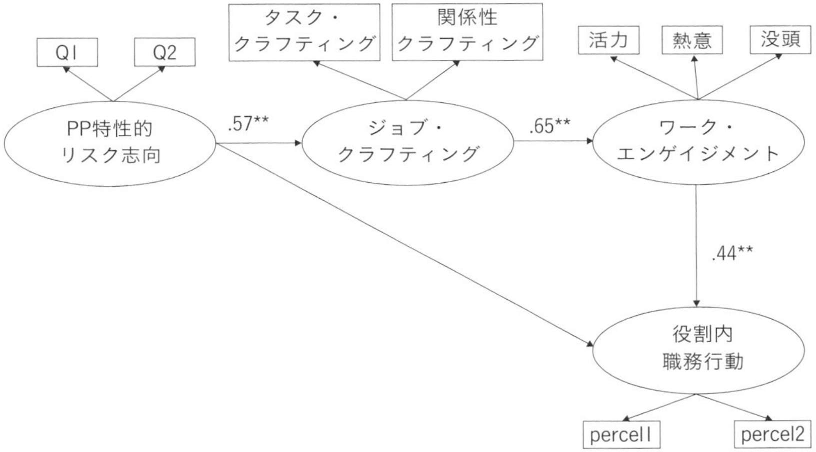

注）$^{**}p<.01$
出所　筆者作成

職務行動への有意な正の影響が認められた（$\beta=.44$，$p<.01$）。さらに，直接効果（PP 特性的リスク志向→ WE，JC，役割内職務行動）のモデルを検証したが，こちらについてもモデルの解が1つに収束しなかった。

以上より，間接効果（PP 特性的リスク志向→ JC → WE →役割内職務行動）のモデルが最も妥当であると判断した。

3.4　考察

Bakker et al.（2012）の研究結果の再現性を検証する目的で行なった追試研究では，PP特性的リスク志向がJCおよびWEを通じて役割内行動を高めるモデルを検証した。Bakker et al.（2012）では，間接効果（PP特性的リスク志向→JC→WE→役割内職務行動）と直接効果（PP特性的リスク志向→役割内職務行動）の両方を含むモデルが最も妥当などいう結論となった一方，今回の追試では，モデル全体の適合性が必ずしも良好だとはいえないものの，間接効果のみ含むモデル（PP特性的リスク志向→役割内職務行動）が最も妥当なモデルだと判断された。

Bakker et al.（2012）の最終モデルと今回の追試での最終モデルとの主な違いは，PP特性もしくはPP特性的リスク志向が役割内職務行動に与える直接効果の有無であるが，もともとBakker et al.（2012）が構築した理論枠組みの主眼は，PP特性がJCおよびWEを介して役割内職務行動に間接的な影響を与えるというものであり，直接効果は理論枠組みから導かれるメインの仮説として設定されていなかった。そのような意味において，今回の追試は，Bakker et al.（2012）による理論枠組みと概ね整合性のある結果が得られたということができる。とはいえ，今回の追試で用いた変数がBakker et al.（2012）で用いられていたものと一部異なっていることや，今回の追試においては，同じ変数を同じタイミング（クロスセクショナル）で，かつ自己報告によって測定していることが，モデル全体の適合性や有意な直接効果の有無に影響を与えている可能性があることも否定できない。

例えば，今回PP特性的リスク志向の変数として用いたものが，もともとはリスク志向を測定していた項目の一部を代用したにすぎないため，PP特性そのものよりも役割内行動との直接的な関係性が弱いと考えられる。例えば，Crant（1995）は，PP特性の高い人のほうが客観的に測定された役割内行動が高いことを示し，PP特性の高い人は効率的に成果に結びつくように環境を変化させるという説明を展開した。一方，リスク志向が高いということが定められた職務の成果を上げるような行動を起こすことを示す論理およびエビデンスは管見の限り見当たらない。そのことが，Bakker et al.（2012）のみでPP特性から役割内職務行動への直接効果が特定された要因かもしれない。

以上の考察をまとめると，今回の追試結果から，PP特性からJC，WEを介して役割内職務行動を高めるプロセスについては，日本のデータを用いた再現性が示されたといえよう。

4. Demerouti et al.（2015）の再現性の検証

第4節では，まず，Demerouti et al.（2015）の理論モデルおよび実証結果について説明し，次に，Demerouti et al.（2015）の研究の追試に用いたサンプルや変数および追試の結果について報告する。それを踏まえ，追試結果に関する考察を行う。

4.1　Demerouti et al.（2015）の実証研究

①　Demerouti et al.（2015）の理論モデル

Demerouti et al.（2015）は，Bakker et al.（2012）の研究のうち，JCによる効果の部分を拡張する形の理論モデルを検証した。Bakker et al.（2012）では，JCを集約された変数として扱ったが，Demerouti et al.（2015）では，JCを下位次元ごとに分割して，それぞれの次元ごとの効果を検証している。また，Demerouti et al.（2015）が検討した従業員行動は，クリエイティビティおよび文脈パフォーマンスである。クリエイティビティとは，新しく有用な考えを生み出すことや，問題の解決策を思いつくことと定義され（Amabile et al. 2005），Demerouti et al.（2015）では，従業員の行動的側面としてクリエイティビティを捉えている。文脈パフォーマンスは「組織の技術的中核を直接的に支援する行動ではないが，技術的中核が効果的に機能するのを促進する組織的，社会的，心理的な環境の生成に貢献するもの」（Borman & Motowidlo, 1993, p. 71）と定義され，他のメンバーへの支援や，共に働きやすい雰囲気づくりといった役割外行動が含まれる（関口，2003）。これら2つの従業員行動に共通しているのは，組織から公式な職務として求められることを超えた行動，すなわち役割外行動を行うという点であり，従業員の有する資源が増加することでそれらの行動が促進されるという前提に立っている。

Demerouti et al.（2015）の理論モデルでは，構造的資源向上，挑戦的要求度向上，妨害的要求度低減の3つの次元が用いられている。Demerouti et al.（2015）は，JCの構造的資源向上次元と挑戦的要求度向上次元が，従業員のスキルや能力といった資源を高めることを通じて，WEを高めると予想した。次に，Demerouti et al.（2015）は，JCが持続的幸福感（flourishing）にも影響を与えると予想した。持続的幸福感とは，良好な人間関係，有能感，人生の意義や目的など，短期的幸福（満足度）と目的・理性的幸福（意義など）の両方を含む概念である（Diner et al., 2010）。具体的には，JCの構造的資源向上次元および挑戦的要求度向上次元が，やりがいの高い業務に取り組むことを促進し，この結果，仕事をすることの喜びや仕事の意義が深まり，持続的幸福感が高まると予想した。逆に，JCの妨害的要求度低減次元は，困難で挑戦的な業務に取り組まなくなることを示唆しているため，WEや持続的幸福感を低下させると予想した。

次に，Demerouti et al.（2015）は，WEが高まっている状態は，従業員が様々な資源を有していることを意味するため，その資源を活用するための積極的な行動につながる。このことから，WEがクリエイティビティや文脈パフォーマンスを高めると予測した。さらにDemerouti et al.（2015）は，Fredrickson（2001）による拡張―形成理論を用いて，持続的幸福感が高まるとポジティブ感情が喚起され，それが認知と行動の幅を拡げるため，クリエイティビティおよび文脈パフォーマンスを高めると予想した。

②　Demerouti et al.（2015）による実証結果

上記の理論モデルの検証にあたって，Demerouti et al.（2015）は上司と部下のマッチングデータを使った。クリエイティビティおよび文脈パフォーマンスは，上司評価によって測定し，JCは，既述のとおりPetrou et al.（2012）の尺度のうち，構造的資源向上，挑戦的要求度向上，妨害的要求度低減の3つの次元を測定した。持続的幸福感は，Diener et al.（2010）によって用いられた8項目からなるflourishing scaleを用いた[4]。これらの項目には，良好な人間関係，有能感，人生の意義や目的が含まれていた。統制

図 8-4　Demerouti et al.（2015）の結果

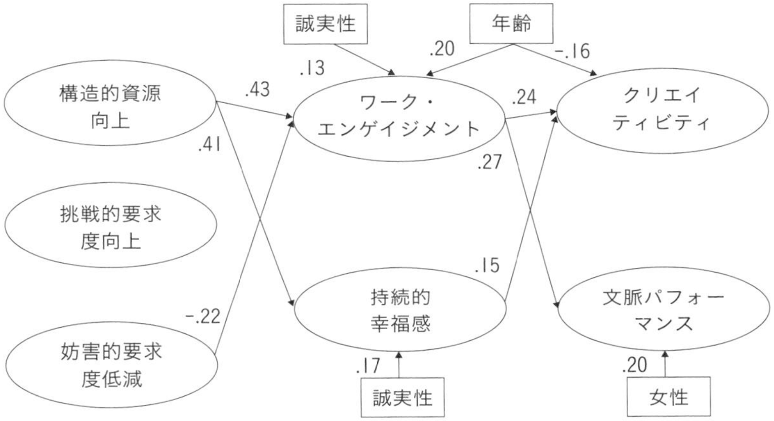

注）Demerouti et al.（2015）では有意確率が記載されていないため，図 8-3 においても記載していない。

出所　Demerouti et al.（2015）図 1 をもとに筆者作成

変数としては，性別，年齢および誠実性を用いた。

構造方程式モデリングを用いた分析結果を図 8-4 に示す。検証の結果，JC の構造的資源向上次元と WE および持続的幸福感とに正の有意な関係性が認められた。一方，挑戦的要求度向上については，WE および持続的幸福感のいずれとも有意な関係性が認められなかった。追加分析として，直接効果（JC →文脈パフォーマンス，クリエイティビティ）のパスも加えて検証を行ったが，図 8-4 のモデルの適合性のほうが高いという結論になった。

4. 2　Demerouti et al.（2015）の追試

①　追試に用いたデータ

Demerouti et al.（2015）のモデルの再現性を検証するにあたって，

4　Diener et al.（2010）の持続的幸福感の 8 つの尺度は，次のとおりである。「目的意識の高い，有意義な人生を送っている」「私の社会的な関係は，協力的でやりがいがある。」「日々の活動に積極的に取り組んでいる」「他人の幸せや幸福に積極的に貢献する」「私は，自分にとって重要な活動において，有能で能力がある」「私は，良い人間であり，良い人生を送っている」「私は，自分の将来について楽観的である」「人々は私を尊敬している」

Bakker et al.（2012）の再現性検証の際に用いたオンライン調査会社が収集したデータを用いた。先述のとおり，このデータは，2010年に第1回目の調査を行い，2011年に第2回目の調査を行い，その4年半後にさらに追跡調査を行った際に収集したものである。第2回目に回答した594人に質問票を配布し，第3回目の調査時点で250名のサンプルを得た（回収率19％）。その中から，3回目調査の時点で正社員で働いている人にサンプルを絞った結果，214名のサンプルを得た。今回用いた変数は，すべて3回目の調査で測定したものである。サンプルの特性としては，男性159名（74.3％），女性55名（25.7％）で，年代については，20代8名（3.7％），30代50名（23.4％），40代66名（30.8％），50代80名（37.4％），60代10名（4.7％）であった。

JCの測定にあたっては，Demerouti et al.（2015）で測定された3つのJC次元に対応するものとして，Tims et al.（2012）の尺度のうち，構造的資源向上次元（5項目，α =.81），挑戦的要求度向上次元（5項目，α =.69），妨害的要求度低減次元（6項目，α =.78）の3つの次元を用いた。持続的幸福感そのものはデータには含まれていなかったため，今回の追試では，山田・峰松・冷川（1996）による「いきいき度」（肯定的な幸福感情）の尺度のうち，生活充実感の度合い示している5項目（α =.87）を用いた。これらの項目は，「精神的に豊かでゆとりのある生活をしている」「これまでの生き方は納得できる」「他人に対して誇りを持てる」「今，幸福であると思う」「社会の役に立っていると思う」というものであり，持続的幸福感のうち目的・理性的（意義など）な側面と有能感を捉えていると考えられるため，持続的幸福感を代替する変数として用いることにした。WEは，活力，熱意および没頭の3次元から成り立つUtrecht Work Engagement Scale（Schaufeli & Bakker, 2003）の17項目（α =.95）を用いた。WEの下位次元である活力（5項目），熱意（6項目）および没頭（6項目）は，質問項目の回答の平均値を観測変数として用いた。

クリエイティビティは，Demerouti et al.（2015）では，Miron et al.（2004）による3項目を用いたが，追試では，Zhang and Bartol（2010）に基づいた13項目（α =.96）を用いた。文脈パフォーマンスは，Demerouti et al.（2015）と同一の尺度であるWilliams and Anderson（1991）による5項

目（α =.86）を用いた。クリエイティビティおよび文脈パフォーマンスは自己評価によって測定した。統制変数については，性別および年齢を用いた。一方，誠実性は今回用いたデータには含まれていなかったため統制変数に含めなかった。

②　追試結果

今回の追試に用いたデータの基礎統計量および相関係数を表8-2に示す。また，構造方程式モデリングを用いて理論モデルを検証した結果を図8-5に示す。モデル全体の適合性は良好とはいえなかった（χ^2 = 2544.92，RMSEA = .09，CFI = .76，TLI = .76，AIC = 23902.40）。JCの挑戦的要求度向上次元からWEおよび生活充実感には有意な正の効果が（β = .84，p<.01; β = .78，p<.01），JCの妨害的要求度低減次元から生活充実感に有意な正の効果が認められた（β = .26，p<.05）。一方，JCの構造的資源向上次元からはWEおよび生活充実感には有意な効果が認められなかった。次に，WEはクリエイティビティに対して有意な正の効果が認められたが（β = .87，p<.01），WEから文脈パフォーマンスには有意な効果は認められなかった。さらに，生活充実感から文脈パフォーマンスには有意な正の効果が認められたが（β = .44，p<.01），生活充実感からクリエイティビティへは有意な効果は認められなかった。

表8-2　Demerouti et al.（2015）の追試に用いたデータの基礎統計量および相関

	平均	標準偏差	1	2	3	4	5	6	7	8
1　性別	.26	.44								
2　年齢	45.81	9.27	-.15*							
3　構造的資源向上	3.65	.90	.05	-.07						
4　挑戦的要求度向上	3.88	.86	.08	.12	.64**					
5　妨害的要求度低減	3.78	.64	.07	-.02	.61**	.49**				
6　ワーク・エンゲイジメント	3.88	.82	-.02	.10	.59**	.71**	.48**			
7　生活充実感	3.96	.98	-.01	.16*	.51**	.58**	.46**	.72**		
8　クリエイティビティ	3.82	.94	-.08	.12	.53**	.72**	.37**	.81**	.59**	
9　文脈パフォーマンス	4.11	.83	.10	.15*	.44**	.59**	.39**	.54**	.55**	.40**

注）N = 214　$^{**}p<.01$，$^{*}p<.05$
　変数の作成にあたっては，変数を構成する質問に対する回答値の平均をとった。
出所　筆者作成

図 8-5　Demerouti et al.（2015）の追試結果

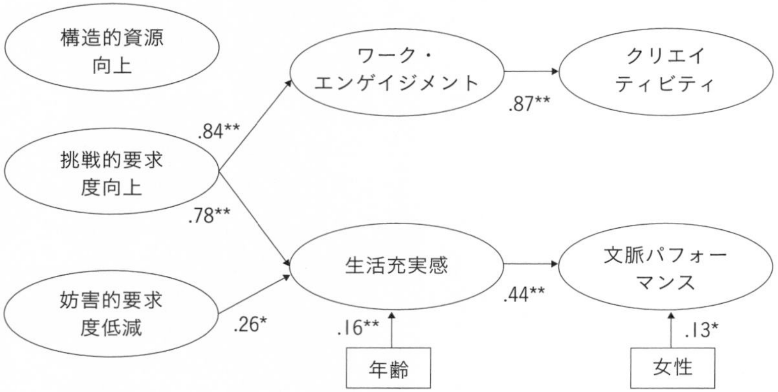

注）**$p<.01$，*$p<.05$
出所　筆者作成

次に，Demerouti et al.（2015）と同様，元のモデルに加えて，直接効果（JC→文脈パフォーマンス，クリエイティビティ）のパスを加えたモデルを検証した。追加分析では，図 8-5 で有意であったパスに加えて，挑戦的要求度向上が直接クリエイティビティに有意な正の関連性が認められた（$\beta=.54$，$p<.01$）。ただ，このモデルでは図 8-5 のモデルよりも，AIC は低い値であったため（$\chi^2=2516.23$，RMSEA = .09，CFI = .76，TLI = .74，AIC = 23885.71），図 8-5 のモデルを最終モデルとした。

4.3　考察

Demerouti et al.（2015）による研究結果（図 8-4）と，本追試の最終結果（図 8-5）とを比較すると，JC と媒介変数の関係について，1）Demerouti et al.（2015）では，JC の構造的資源向上次元が WE および持続的幸福感のいずれとも有意な関係がみられたのに対し，今回の追試では，構造的資源向上次元は WE および生活充実感のどちらとも有意な関係が認められなかった。2）Demerouti et al.（2015）では，JC の挑戦的要求度向上次元は WE および持続的幸福感のいずれとも有意な関係はみられなかったが，今回の追試では挑戦的要求度向上次元が WE，生活充実感のいずれとも有意な正の関連性があった。3）Demerouti et al.（2015）では，JC の妨害的要求度低減次元がWE を低下させるモデルが支持されたが，今回の追試では妨害的要求度低減次元と生活充実感との間に有意な正の関係がみられた。次に，媒介変数と結果変数の関係については，4）Demerouti et al.（2015）では WE がクリエイティビティおよび文脈パフォーマンスのいずれとも有意かつ正の関連性が認められたが，今回の追試では WE はクリエイティビティのみに対して有意な正の関連が認められた。5）Demerouti et al.（2015）では持続的幸福感おクリエイティビティとの間に有意な正の関係がみられたが，追試では生活充実感と文脈パフォーマンスとの間に正の関連性が見出された。

上記をまとめると，Demerouti et al.（2015）の実証結果と本追試結果との大きな相違点は，検証対象となった理論枠組みおよびそこから導かれた仮説のうち，Demerouti et al.（2015）では JC の挑戦的資源向上次元について予想が支持されなかったのに対して，本追試結果では，JC の構造的資源向上次元について予測が支持されなかったこと，JC の妨害的要求度低減次元においては Demerouti et al.（2015）と本追試結果とでは逆の効果が示唆されること，そして2つの媒介変数が結果変数に与える影響を示すパスの有意性に違いがあったことである。

Demerouti et al.（2015）は，挑戦的要求度向上から WE および持続的幸福との関係性が認められなかったことについて，資源が十分にないまま挑戦的要求度だけが高まっても効果をもたらさないためではないかと解釈している。しかし，Demerouti et al.（2015）の本来の理論枠組みおよび仮説は，挑戦的要求度次元は仕事のやりがいを高めるため，それが WE および持続的幸福感に影響を与えて，成果をもたらすというものであった。本追試結果は，この仮説を支持するものだといえる。したがって，Demerouti et al.（2015）の実証結果と本追試結果の両方を勘案すると，JC の構造的資源向上次元と挑戦的資源向上次元の従業員のウェルビーイングへの効果に関する本来の仮説は両方とも支持されたといってもよいだろう。

一方，JC の妨害的要求度低減次元と WE の関係についての相違については，Demerouti et al.（2015）では，仕事での妨害的要求度を減らすと，困難ではあるが挑戦的な業務までも減ってしまい仕事が単調になり，WE を低下させると説明していた。しかし，JD-R理論に基づくと，妨害的要求度を低減することでストレスが低減するならば，その裏返しとしてWEが高まるという考え方もある（Demerouti et al., 2015）。よって，本追試結果は，後者の働きによってJCの妨害的要求度低減次元とWEとの間に正の有意な関係が認められたと考えることもできる。

2つの媒介変数とクリエイティビティおよび文脈パフォーマンスとの関係については，有意になった関係のパターンに違いがあるものの，Demerouti et al.（2015）ではJCの構造的資源向上次元が，今回の追試ではJCの挑戦的要求度向上次元が，従業員のウェルビーイングを示すいずれかの媒介変数を介して間接的にクリエイティビティおよび文脈パフォーマンスに影響を与えているというプロセスを支持する結果となっていると解釈できる。つまり，Demerouti et al.（2015）の実証結果と本追試結果の両方を勘案すると，JCの構造的資源向上次元と挑戦的資源向上次元の両方が従業員行動に間接的に効果を及ぼすという予測は支持されたことになる。

それに対して，JCの妨害的要求度低減次元がウェルビーイングを通して従業員行動にもたらす間接効果については，Demerouti et al.（2015）の実証結果と本追試結果とでは効果の方向性が逆になっているが，この違いについては，先述のとおり，妨害的要求度を減らすことが活力の源泉となる仕事のやりがいまで奪ってしまうのか，あるいは逆にストレスを低減させることで活力を高めることになるのかという論点に集約することが可能であろう。こちらについてはさらなる将来研究によって解明されることが期待される。

以上をまとめると，今回の追試結果は，モデル全体の適合性が良好とはいえないという問題はあるものの，最終的に特定されたモデルは，Demerouti et al.（2015）が構築した理論枠組みを概ね支持する結果となっているといえよう。

5. 日本における他のジョブ・クラフティング研究結果による補完

これまで日本において行われたJC研究の中には，今回のようにBakker

et al.（2012）および Demerouti et al.（2015）の追試を目的としたものでないが，今回追試の対象となった理論枠組みおよびモデルの一部を検証しているものがある。これらの成果を用いることで，今回実施した追試の結果を補完するかたちで結論の妥当性を強化することが可能である。

まず，Bakker et al.（2012）の追試においては，PP特性の代わりにPP特性的なリスク志向を用いたが，井奈波（2020）は，日本のデータを用いて，PP特性がJCの構造的資源向上次元，社会的資源向上次元，挑戦的要求度向上次元，および妨害的要求度次元を高めることを示した。Matsuo（2018）は，日本のデータを用いてPP特性と同様にポジティブな個人特性である目標志向（learning goal orientation）がJCの挑戦的要求度向上次元を向上させることを示した。今回の追試に加えたこれらのエビデンスから，先行要因としてのPP特性がJCに与える効果は，日本でも再現性があるといえよう。

次に，JCがWEに与える影響については，Sakuraya et al.（2017）が日本の製造業の従業員を対象にした質問票調査によってJCの構造的次元がWEを高めることを示し，さらに，日本の企業および病院に勤める管理職を対象とするJC介入プログラムの効果について研究したSakuraya et al.（2016）は，JCの介入プログラムがWEを有意に高めることを確認した。同様に日本におけるJC介入プログラムの効果について検証したSakuraya et al.（2020）では，もともとのJCが低かった人に対する介入プログラムが有意にWEを高めることを示した。Matsuo（2018）は，日本のデータを用いてJCの挑戦的要求度向上次元が有意にWEを高めることを示した。今回の追試に加えたこれらのエビデンスからも，JCがWEを高める効果は，日本でも再現性があるといえよう。一方，持続的幸福感は比較的新しい概念であることから，日本においての研究がほとんどないため，今回の追試では生活充実感を代替変数として用いたが，今後さらに日本での再現性を検証していく余地があるといえる。

6. 結論

本章では，従業員のPP特性がJCを高め，JCが資源や職務の挑戦的要求を増やす結果，ウェルビーイングの向上を通じて様々な職務行動が活性化するという理論枠組みが日本でも成り立つか検証した。Bakker et al.（2012）を検証した結果，PP特性的なリスク志向がJCを高め，JCの実践による資源の増加がWEの向上と役割内行動の向上をもたらすことが示されたといえる。また，JCの下位次元の違いに注目したDemerouti et al.（2015）の研究を追試した結果，JCの挑戦的要求度向上次元が間接的にクリエイティビティおよび文脈パフォーマンスに影響し，JCの妨害的資源低減次元が間接的に文脈パフォーマンスに影響することを示す結果となった。一方で，JCの構造的資源向上次元については他の変数への有意な影響が観察されなかった。，今回の追試の結果では，自己評価と他者評価の違いや尺度を代用することにより結果の違いが生じた可能性もあるが，特にJCの下位次元のうち挑戦的要求度向上次元の効果が支持される結果となった。今後は，とりわけ今回の追試では他の変数との関連性が見出せなかったJCの構造的資源向上次元について，さらなる追試も含めた多くの研究を行うことで，有益な知見を蓄積していく必要があるだろう。JCや従業員行動と持続的幸福感との関連性についても，今後より多くの研究を行うことでエビデンスを蓄積していくことが望ましいだろう。

今回行った追試研究には限界点も存在する。今回追試を行ったBakker et al.（2012）およびDemerouti et al.（2015）は他己評価によって測定している尺度があったが，今回の追試研究では，データそのものは複数回にわたった取得したものであったものの，測定された変数のタイミングの関係から，クロスセクショナルでかつ自己評価による測定変数のみのデータを用いざるを得なかった。また，元の論文とは異なる尺度を用いざるを得ないものがあった。このため，追試で検証したモデル全体の適合性が十分に良好とはいえなかったことに加え，追試の結果の一部が元の論文と異なった理由が，測定方法や尺度の違いによるものなのか，もしくは欧米と日本の文脈の違いの影響によるものなのか判別しづらい部分がある。今後はより厳密な測定方法によって得られたデータを用いた追試研究が求められる。ただし，日本で行われた他の研究成果を加味することで，今回の追試の限界点をある程度克服しつつ，PP特性がJCの向上を通じてWEを高めるというモデルの妥当性が補強されたといえる。

これまで，JC研究において追試研究による再現性の検証はあまり行われてこなかった。ただ，海外の研究結果が日本でどの程度妥当性を持つかの検証を行うことは，理論上も実務上も大きな意義がある。今後も，組織や個人の成果をもたらす要因について，追試研究も含めて海外との違いを含めたプロセスやモデルの適用範囲についての研究を増やしていくことが求められる。

〈参考文献〉

Amabile, T.M., Barsade, S.G., Mueller, J.S., & Staw, B.M. (2005). Affect and creativity at work. *Administrative Science Quarterly, 50*, 367-403.

Bakker, A. B., Tims, M., & Derks, D. (2012). Proactive personality and job performance: The role of job crafting and work engagement. *Human Relations, 65*(10), 1359-1378.

Bateman, T. S. and Crant, M. J. (1993). The proactive component of organizational behavior: A measure and correlates summary. *Journal of Organizational Behavior, 14*, 103-119.

Bonett, D. G. (2012). Replication-extension studies. *Current Directions in Psychological Science, 21*, 409-412.

Borman, W. C., & Motowidlo, S. J. (1993). Expanding the criterion domain to include elements of contextual performance. In N. Schmitt, W. C. Borman, & Associates, (Eds.), *Personnel selection in organizations* (pp. 71-98). Jossey-Bass.

Buss, D. M. (1987). Selection, evocation, and manipulation. *Journal of Personality and Social Psychology, 53*(6), 1214-1221.

Crant, J. M. (1995). The proactive personality scale and objective job performance among real estate agents. *Journal of Applied Psychology, 80*(4), 532-537.

Demerouti, E., Bakker, A. B., & Gevers, J. M. (2015). Job crafting and extra-role behavior: The role of work engagement and flourishing. *Journal of Vocational Behavior, 91*, 87-96.

Diener, E., Wirtz, D., Biswas-Diener, R., Tov, W., Kim-Prieto, C., Choi, D. W., &

Oishi, S. (2009). *New measures of well-being. In Assessing well-being* (pp. 247-266). Springer.

Diener, E., Wirtz, D., Tov, W., Kim-Prieto, C., Choi, D. W., Oishi, S., & Biswas-Diener, R. (2010). New well-being measures: Short scales to assess flourishing and positive and negative feelings. *Social Indicators Research, 97* (2), 143-156.

Fredrickson, B. L. (2001). The role of positive emotions in positive psychology: The broaden-and-build theory of positive emotions. *American Psychologist, 56*(3), 218-226.

Gligor, D. M., Esmark, C. L., & Gölgeci, I. (2016). Building international business theory: A grounded theory approach. *Journal of International Business Studies, 47*(1), 93-111.

池田めぐみ，池尻良平，鈴木智之，城戸楓，土屋裕介，今井良，＆山内祐平 (2020).「若年労働者のジョブ・クラフティングと職場における能力向上」『日本教育工学会論文誌』，*44*(2)，203-212.

井奈波良一 (2020).「女性病院看護師のプロアクティブパーソナリティ特性とジョブ・クラフティングおよびワーク・エンゲイジメントの関係」『日本健康医学会雑誌』*29*(1)，39-45.

Makel, M. C., Plucker, J. A., & Hegarty, B. (2012). Replications in psychology research: How often do they really occur? *Perspectives on Psychological Science, 7*, 537-542

Matsuo, M. (2018). Effect of learning goal orientation on work engagement through job crafting: A moderated mediation approach. *Personnel Review, 48*(1), 220-233.

Miron, E., Erez, M., & Naveh, E. (2004). Do personal characteristics and cultural values that promote innovation, quality, and efficiency compete or complement each other?. *Journal of Organizational Behavior, 25*(2), 175-199.

Morrison, E. W., & Phelps, C. C. (1999). Taking charge at work: Extrarole efforts to initiate workplace change. *Academy of Management Journal, 42*(4), 403-419.

Niessen, C., Weseler, D., & Kostova, P. (2016). When and why do individuals craft their jobs? The role of individual motivation and work characteristics for job crafting. *Human Relations, 69*(6), 1287-1313.

Petrou, P., Demerouti, E., Peeters, M. C., Schaufeli, W. B., & Hetland, J. (2012). Crafting a job on a daily basis: Contextual correlates and the link to work engagement. *Journal of Organizational Behavior, 33*(8), 1120-1141.

Sakuraya, A., Shimazu, A., Eguchi, H., Kamiyama, K., Hara, Y., Namba, K., & Kawakami, N. (2017). Job crafting, work engagement, and psychological distress among Japanese employees: A cross-sectional study. *BioPsychoSocial Medicine, 11*(1), 1-7.

Sakuraya, A., Shimazu, A., Imamura, K., & Kawakami, N. (2020). Effects of a job crafting intervention program on work engagement among Japanese employees: A randomized controlled trial. *Frontiers in Psychology, 11*, 235.

Sakuraya, A., Shimazu, A., Imamura, K., Namba, K., & Kawakami, N. (2016). Effects of a job crafting intervention program on work engagement among Japanese employees: A pretest-posttest study. *BMC Psychology, 4*(1), 1-9.

Schaufeli, W. B., & Bakker, A. B. (2003). *Utrecht Work Engagement Scale (UWES) Preliminary Manual (Version 1, November 2003)*. Occupational Health Psychology Unit, Utrecht University.

Schaufeli, W. B., Bakker, A. B., & Salanova, M. (2006). The measurement of work engagement with a short questionnaire: A cross-national study. *Educational and Psychological Measurement, 66*(4), 701-716.

関口倫紀（2003).「職務パフォーマンス理論の展開―わが国への適用可能性」『日本労働研究雑誌』*515*，55-66.

高尾義明（2019).「ジョブ・クラフティング研究の展開に向けて：概念の独自性の明確化と先行研究レビュー」『経済経営研究』，*1*，81-105.

高尾義明（2021).『「ジョブ・クラフティング」で始めよう　働きがい改革・自分発！』日本生産性労働情報センター.

Tims, M., Bakker, A. B., & Derks, D. (2012). Development and validation of the job crafting scale. *Journal of Vocational Behavior, 80*(1), 173-186.

豊田 秀樹（2009).『共分散構造分析 実践編 構造方程式モデリング』朝倉書店.

山田裕章，峰松修，＆冷川昭子（1996).「正常者と精神障害者の「いきいき度」の比較「いきいき調査表」ver. 1の改訂」『健康心理学研究』，*9*(1)，21-33.

Whetten, D. A. (1989). What constitutes a theoretical contribution? *Academy of Management Review, 14*(4), 490-495.

Williams, L. J., & Anderson, S. E. (1991). Job satisfaction and organizational commitment as predictors of organizational citizenship and in-role behaviors. *Journal of Management, 17*(3), 601-617.

Wright, T. A., & Sweeney, D. A. (2016). The call for an increased role of replication, extension, and mixed-methods study designs in organizational research. *Journal of Organizational Behavior, 37*(3), 480-486.

Wrzesniewski, A., & Dutton, J. E. (2001). Crafting a job: Revisioning employees as active crafters of their work. *Academy of Management Review, 26*(2), 179-201.

Zhang, X., & Bartol, K. M. (2010). Linking empowering leadership and employee creativity: The influence of psychological empowerment, intrinsic motivation, and creative process engagement. *Academy of Management Journal, 53*(1), 107-128.

（細見　正樹・関口　倫紀）

第 3 部

現代的課題とジョブ・クラフティング

第 3 部には，現代の仕事環境の変化によって生じているさまざまな課題とジョブ・クラフティングを関連づけた 4 つの章が含まれている。

第 9 章は，新型コロナウィルスの感染拡大防止対策として急激に拡大したテレワークの下で，テレワークの程度がどのようなジョブ・クラフティングに影響をもたらしているかを質問紙調査の分析によって明らかにしている。第 10 章は，越境経験から生じたジョブ・クラフティングの発見を足がかりに，協同志向という新たなジョブ・クラフティングの類型を提示している。第 11 章は，シニア労働者に特徴的なジョブ・クラフティングのありようや先行要因などについて詳しく紹介している。第 12 章では，ダイバーシティ拡大の中でも特にインパクトの大きい外国人材に焦点を当て，そのジョブ・クラフティングの促進要因について，日本人社員と比較しながら検討している。

テレワーク下のジョブ・クラフティング

在宅勤務の利用頻度はどのジョブ・クラフティングを高めるか

第9章

1. 問題意識

新型コロナウイルスの蔓延にともない，危機管理の観点から在宅勤務者が増加した。国土交通省（2023）によれば，就業者のうちテレワークを経験した人の割合は，コロナ禍以前の令和元年は全国で14.8％であったのにすぎなかったが，令和3年では27.3％まで上昇し，首都圏（42.1％）では特に高い。在宅勤務の利用者は，以前よりは利用規模は縮小しているものの，今後も在宅勤務は1つの働き方の選択肢となっていくだろう。東京都の中小企業を調査した東京商工会議所（2022）では，緊急事態宣言下（2020年5～6月）と比較すると2022年5～6月の調査ではテレワークの利用率が下がっている（67.3％→29.7％）。ただ，同調査でも同じ規模でテレワークを継続するという企業（58.2％）と，規模を縮小しても継続する企業（28.2％）を合計すると約85％にのぼる。

在宅勤務の特徴として挙げられるのが，働く人の自律性の高さである。自律性が高い職務が与えられると，従業員の責任感が向上し，モチベーションが高まるとされている（Hackman & Oldham, 1976）。また，従業員が自ら決定できるようになると，内面から意欲が高まっていく（Deci, 1975）。特に，在宅の環境では，上司が直接部下の仕事ぶりを監視できず，評価をしづらい

(Felstead, Jewson, & Walters, 2003)。このため，上司から細かく指示を受けて仕事を遂行するよりは，自ら仕事を進めていく方法のほうが向いているだろう。実際，リクルートマネジメントソリューションズ（2020）によれば，8割近くの従業員が，会社から自律的に働くことを期待されていると回答している。このように，従業員は主体的に仕事に取り組むことが期待されているものの，必ずしもうまくいっていないようである。HRビジョン（2022）によれば，「リモートワーク導入により自律的に仕事を進める力が強くなった」という回答は約4割（強くなった6.5%，どちらかといえば強くなった34.7%）だが，5割は「変わらない」と，結果が分かれている。この調査のように，在宅勤務を利用することによる仕事の取り組み方の変化を明らかにすることは，在宅勤務の効果の理解を深めることに加えて，在宅勤務普及の後押しにもなるだろう。

そこで本章では，ジョブ・クラフティング（以下，「JC」）に着目する。JCは，従業員自らが，仕事を自身のスキルや能力を活かせるように改変したり，職場環境を自身に合うように変化させていくものである。JCに注目したのは，対面と比べて他の従業員との関係性が低く，自律性の高い在宅勤務ではJCが重要な概念となるためである（高尾，2021）。本章では，在宅勤務を利用することによって，Tims, Bakker and Derks（2012）が4つの形態に分類したJCのうち，いずれが高まるかを検証していく。

また，新型コロナ禍以前における制度利用頻度と，コロナ禍の制度利用頻度の両方に焦点を当てる。コロナ禍以前は，生産性の向上に加えて，仕事と家庭生活の両立などのワーク・ライフ・バランスの側面など，従業員のニーズに基づいて在宅勤務制度を利用することが多かった。一方，コロナ禍では，多くの場合は危機管理の観点から，在宅勤務を利用するようになった。つまり，コロナ禍では在宅勤務を望まない人も含めて在宅勤務を行っているといえよう。そこで，コロナ禍の前後で在宅勤務の効果が違うことが考えられるため，両方の期間の在宅勤務利用頻度がもたらす効果を検証する。また，在宅勤務制度の利用については，1週間すべて在宅勤務だけで働いている従業員から，週1日程度のみ在宅勤務を利用している従業員まで，利用頻度には幅がある。制度を利用する頻度によって，JCに与える効果が異なると考え，在宅勤務頻度を先行要因とした。

2. 先行研究

2.1　ジョブ・クラフティング

JCについて，Wrzesniewski and Duttonは，「個人が自らの仕事のタスク境界もしくは関係的境界においてなす物理的および認知的変化（Wrzesniewski & Dutton, 2001, p. 179）」と定義した上で，JCを3つの次元から捉えている。1つ目はタスク・クラフティングであり，業務の内容や処理方法を改善するというものである。2つ目は，関係性クラフティングであり，仕事において人との関わり方や関わる濃さを変えていくというものである。3つ目は認知的クラフティングであるり，仕事に関するものの見方を変えるというものである。

その後に提唱されたTimsらは，職務要求—資源モデル（Job Demands-Resources［JD-R］model）（Bakker & Demerouti, 2007）に基づいて，JCを捉え直した。JD-Rは，職場環境を仕事の要求度と資源に分けている。仕事の要求度とは，「従業員に身体的努力や心理的努力をし続けることを求めるために，身体的・心理的代償を伴う可能性のある仕事上の物理的，社会的，組織的特徴」（Demerouti et al., 2001, p. 501）と定義される。一方，資源とは，「仕事の物理的，心理的，社会的，組織的側面で1）仕事の要求度とそれに関連する生理的代償と心理的代償を低減し，2）仕事の目標を達成する上で有効に機能し，3）個人の成長，学習，発達を刺激する側面」（Demerouti et al., 2001, p. 501）と定義される。

Tims et al.（2012）は，JCには資源および要求度に関連する4つの下位次元があるとした。以下，4つのJCを，日本語版JC尺度（Eguchi et al., 2017）の設問例も併せて説明する。まず，資源に関わるJCである。1つ目は構造的資源向上（increasing structural job resources）（項目例：私は，自分の能力を伸ばすようにしている）である。2つ目は，社会的資源向上（increasing social job resources）（項目例：私は，上司に自分を指導してくれるように求める）である。これら2つは，それぞれWrzesniewski and Dutton（2001）のタスク・クラフティングと関係性クラフティングに対応するものである。次に，要求度に関するJCについて述べる。3つ目は，精神的な健康を損ねる要求度に関するもので，妨害的要求度低減（decreasing hindering job demands）（項目例：私は，仕事で思考力が消耗しすぎないようにしている）である。4つ目は，成長につながる要求度に関するもので，挑戦的要求度向上（increasing challenging job demands）（面白そうな企画があるときには，私は，積極的にプロジェクトメンバーとして立候補する）である。

本章では，Tims et al.（2012）の尺度をもとに，在宅勤務においてどのようなJCに取り組むかに焦点を当てる。Tims et al.（2012）とWrzesniewski & Dutton（2001）の大きな違いは，Tims et al.（2012）のJCには認知的クラフティングの概念が含まれないことである。Tims et al.（2012）によれば，認知的クラフティングは何度も生じるものではなく，かなりの長期間に起こるものであると指摘している。今回の研究については，長期間の変化を捉えるものではない。その理由は，在宅勤務者はコロナ禍で急増したので，それほど多くの従業員は認知的な変化に至っていないだろう。また，コロナ禍前の制度利用経験についても，コロナ禍の1年前までと期間を限定して調査をしており，長期間の変化を捉えきれないと考えられる。そこで，今回の研究では認知的クラフティングの概念を含めないほうが適当と判断し，Tims et al.（2012）の尺度を用いて研究を行う。

2.2　COR理論

今回，在宅勤務とJCの関係に関する仮説の構築にあたり，COR理論（Conservation of resources theory）（Hobfoll, 1989）を用いる。先に紹介したJD-Rモデルは，COR理論を理論的な基盤の1つとしている。以下，本章では混同を防ぐため，「リソース」という用語は，COR理論における資源を意味することとする。また，「資源」という用語は，JD-R理論およびTims et al.（2012）の分類によるJCにおいて用いる。

COR理論では，リソースをもとにストレスのメカニズムを説明している。ここでいうリソースとは，「個人が価値を置いている，または，それを実現するための手段として機能する個人的特性，条件，またはエネルギー（Hobfoll, 1989, p. 516）」を意味する。COR理論によれば，大切なリソースが脅かされたり，実際に失うことによってストレスが生じる（Hobfoll, 1989, 1998)。また，COR理論はストレスに関する理論を出発点としているが，リソースが人の原動力となると説いている。それは，人は大切にしているリソースを獲得し，保持しようとする（Hobfoll, 1989, 1998）からである。また資源を失うことによってストレスが高まっても，別の資源を用いることでストレスを低減させることもできる。例えば，職場で上司との折り合いが悪くサポートを得られなくても，同僚従業員からサポートを得るようなケースが想定される。このようにCOR理論は，リソースの獲得や喪失の観点から，従業員の行動を説明できる。

2.3　在宅勤務とリソース

COR理論の枠組みに基づくと，リソースによっては，在宅勤務のほうが職場で働くよりも獲得しやすい。まず，在宅勤務では，上司が目の前にいないため，自分の思ったとおりに仕事を進めやすいというメリットがある。Gajendran and Harrison（2007）のメタ分析によれば，在宅勤務で働くと，自律性が高まり，結果としてパフォーマンスなどの成果が高まることが示されている。また，在宅勤務中は，職場において対面で働くと避けられないリソースの消耗から，距離を置くこともできる。例えば，在宅で働くことで，同僚によって仕事が中断させられたり，社内政治に関わらなくて済むといった利点がある（Fonner & Roloff, 2010)。このため，在宅勤務はリソースを得やすく，自身が望むとおりに仕事を進めやすい環境といえる。

一方で，在宅勤務を利用することによって，リソースが消耗する場合もある。在宅勤務では，対面と比べて非言語な情報が伝わりづらいため，コミュニケーションを取ることが困難になる（Robbins et al., 2013)。このため，上司との意思疎通やソーシャルサポートといったリソースを得づらくなるだろう。実際，日本ではOJT中心にスキル形成しているため，在宅勤務下では技能形成が難しい（スピンクス，1998)。また，海外と異なり職務記述書によって明確に業務が分かれていない。このため，評価基準が曖昧であり，職場にいないと人事評価が下がるという懸念がある（スピンクス，1998)。実際，在宅勤務の利用者が少なかったコロナ禍以前に行ったインタビュー調査では，在宅勤務利用者は，評価やキャリアへの不安，制度を利用することに対する罪悪感を持つようになる（Hosomi & Kano, 2022）。これらは，リソース不足が引き起こしていると考えられる。

2.4 JCの先行要因

在宅勤務では，主体的に仕事の改変や創意工夫を行うJCが重要である。高尾（2021）は，在宅勤務を行う従業員は，自律性が高いため，業務クラフティングを高めやすい環境にあると述べている。また，対面と比べて在宅勤務ではコミュニケーション不足になりやすい。このため，関係性クラフティングを向上させて，やりがいを持つことが求められるとしている。

JCの先行要因については，職務特性に関わるリソースがJCを向上させることが示されてきた。例えば，職務自由度，職務の拡大，スキル多様性といったリソースはJCを高めることが示されている（Berdicchia, Nicolli, Masino, 2016; Kim, Im, & Qu, 2018; Sekiguchi, Li, Hosomi, 2017）。ただ，これまでの研究は職場で働く従業員を対象としており，私的な空間で行われる在宅勤務とは，得ることのできるリソースと種類も異なることが予想される。

在宅勤務におけるJCの研究が求められているものの，在宅勤務とJCの関係に着目した研究はあまりみられなかった（Stempel & Siestrup, 2022）。ただ，コロナ禍以後に少しずつ研究が出始めている。まず，Stempel & Siestrup（2022）は，職場環境要因が，JCを媒介して，ワーク・エンゲイジメント（以下「WE」）・情緒的疲弊感（emotional exhaustion）に影響すると考えた。ドイツ人のテレワーク労働者の量的調査を分析し，構造的資源向上については，職場環境（自律性・残業時間・仕事の妨害・コミュニケーション不足・職場のテレワークへの対応）→結果変数（WE・情緒的疲弊感）の関係を媒介することを示した。また社会的資源向上については，職場環境（残業時間・仕事の妨害・コミュニケーション不足・職場のテレワーク対応）→結果変数（WE・情緒的疲弊感）の関係を媒介した。次に，Ingusci et al.（2021）は，ストレスに着目し，過重負荷（work overload）は行動ストレス（behavioral stress）に影響するが，JCがその関係を媒介すると考えた。イタリアのリモートワーカーや在宅勤務者を対象にした量的データを，構造方程式モデリングを用いて検証した。その結果，過重負荷はJC（構造的資源向上・挑戦的要求度向上の2次元）を高め，その結果行動ストレスを低下させるという媒介関係を示した。ただ，この2つの研究は，在宅勤務者を調査対象としたJC研究ではあるが，在宅勤務中にどのようなJCに取り組んだかについて注目したものではない。

在宅勤務中のJCに焦点を当てた数少ない例外的な研究がCostantini and Weintraub（2022）である。この研究では，前向きな特性がリモートワーカーに良好な影響をもたらすと考えて，自己目的の設定に注目した。自己目的を設定することによりJC（構造的資源向上・社会的資源向上）が高まり，成果（WEおよびタスク重要性（仕事が重要な影響を与えると受け止める度合い））に注目した。イタリア人の調査対象者の量的調査データを用いてマルチレベル分析した結果，グループレベルでは，自己目的設定が社会的資源向上を高め，タスク重要性を高めた。さらに，個人レベルでは，自己目的設定は，社会的資源向上を高め，WEを高める結果を示した。一方，構造的資源向上は，自己目的設定と成果の関係を媒介しなかった。

本章では，在宅勤務制度の頻度と在宅勤務中のJCとの関係性に焦点を当てる。在宅勤務中のJCについては研究が不足しているが，上司や同僚からの監視度合いの少ない在宅の環境で自律的に働くための条件を明らかにすることは意義が大きい。本章では利用頻度が4つのJCのいずれに影響を与えるかに焦点を当て，以下仮説を構築する。

3. 仮説

3.1　構造的資源向上

以下，在宅勤務制度の利用頻度と，4つのJCとの関係に関する仮説を述べていく。まず，本章では，在宅勤務の利用頻度が高い方が，構造的資源向上が高まると予想する。コロナ禍では，多くの人は感染症に対する不安感が高まり，リソースが消耗するとともにストレスが高まっている。また，やむを得ず在宅勤務を行うことによって，他の従業員と物理的な距離が離れる。

上司や同僚との関わりや，ソーシャルサポートはCOR理論のリソースに含まれるが（Hobfoll, 1998），在宅の環境下では人との関わりについてのリソースを得づらくなる。一方で，在宅の環境では，自律性や時間といった仕事に関わるリソースを得やすい環境にある。構造的資源向上とは，自身の専門性や能力を向上させようとする行動が含まれる。従業員は，在宅の環境で失った人との関わりのリソースを帳消しにするため，自身の専門性やスキルといったリソースを活用しようとして，仕事のやり方を自ら工夫したり，自分が成長するようにしていくことが可能になる。

また，Fredrickson（2001）の拡張―形成理論に基づくと，裁量度合いが高いためポジティブになると，思考のパターンが豊かになる。このため，在宅勤務者は，自身の能力やスキルを活かせるような方法を思いつきやすいとも考えられる。以上より，在宅勤務の頻度が高い従業員ほど，構造的資源の向上に取り組むだろう。

仮説1a：コロナ禍における在宅勤務の利用頻度が高いと，在宅勤務での構造的資源向上が高い

また，コロナ禍以前に利用頻度が高かった人は，構造的資源向上が高いと予想する。COR理論には，リソースを獲得した人はよりリソースを獲得しやすくなるという資源獲得スパイラルという考え方がある（Hobfoll, 1998）。在宅勤務の場合は，コロナ禍で突然在宅勤務を利用し始めた従業員よりも，コロナ禍以前から在宅勤務を利用していた従業員のほうが，リソースを活用しやすくなり，在宅での仕事を自分のスキルや能力に合った業務になるよう改善しやすいと予想する。特に，在宅勤務の頻度が高かった人ほど，リソースをうまく活用できるため，構造的資源向上が高いだろう。

仮説1b：コロナ禍以前の在宅勤務の利用頻度が高いと，在宅勤務における構造的資源の向上が高い

3.2　社会的資源向上

次に，社会的資源向上の仮説について述べる。COR 理論では，リソースを失った人は，積極的に資源を得ようとする（Hobfoll, 1989, 1998）。在宅勤務の環境では，対面で得られるはずであった他の従業員からのフィードバックやソーシャルサポートといったリソースが，比較的得づらい。そのため，従業員は，上司や同僚からどのように評価されているか不安になりうる。このため，在宅勤務の頻度が高い人ほど，より上司や同僚からリソースを得ようとして，在宅勤務中に他の従業員からのフィードバックを求めるようになる。よって，社会的資源向上が高まると予想する。

仮説 2a：コロナ禍において在宅勤務の利用頻度が高いと，在宅勤務での社会的資源向上が高い

また，コロナ以前における在宅勤務頻度が高かった人ほど，社会的資源向上が高いと予想する。コロナ禍以前には，コロナ禍と比べると，在宅勤務はそれほど浸透していなかった。このため，評価への不安などリソースが失われて，在宅の環境で積極的にリソースを得るためフィードバックを求めていたと考えられる。そのため，コロナ禍において在宅勤務を行う際にも，積極的に社会的資源向上が高いと予想する。

仮説 2b：コロナ禍以前の在宅勤務の利用頻度が高いと，在宅勤務における社会的資源の向上が高い

3.3　挑戦的要求度向上

在宅勤務頻度が高いほど，挑戦的要求度向上も高いと予想する。JD-R モデルは仕事の内容により資源と要求度に分けているため，挑戦的要求度の高さは JD-R モデルでは「資源」には当てはまらない。しかし，COR 理論ではリソースを幅広く捉え，意義ややりがいも含まれる（Hobfoll, 1998）ことから，COR 理論では，挑戦的な仕事もリソースに該当すると考えられる。このため，在宅の環境で失った資源を補うために，従業員は挑戦的要求度向

上に取り組もうとするだろう。また，在宅の環境では，周囲の従業員から突然話しかけられるといった仕事の妨害もなく，上司からの監視も少ない。このような環境下では，従業員自身が決定できることが増えて，内発的動機づけが高まる（Deci, 1975）。よって，困難な仕事であっても，内面から動機づけられて，積極的に取り組もうとするだろう。

さらに，また，Fredrickson（2001）の拡張—形成理論に基づくと，在宅の環境では，従業員はポジティブになるようになり，困難な業務であっても思考を巡らせて積極的に取り組もうとすると考えられる。以上より，在宅勤務の頻度が高いほど，挑戦的要求度が高まるだろう。

仮説3a：コロナ禍において在宅勤務の利用頻度が高いと，在宅勤務での挑戦的要求度向上が高い

また，コロナ禍以前の在宅勤務頻度が高い従業員は，挑戦的要求度向上が高いと予想する。既に述べたとおり，やりがいはCOR理論のリソースに位置づけられる。コロナ禍前において在宅勤務の頻度の高い従業員は，リソースを得るため困難な仕事に取り組んでいる。また，自律的な環境で働くことで，内発的動機づけが高まる（Deci, 1975）。このため，従業員は，在宅の環境下において仕事に対する意義など十分なリソースを保有している。そこで，そうしたリソースを活用して，コロナ禍においても在宅勤務において挑戦的要求度向上に取り組むだろう。

仮説3b：コロナ禍以前の在宅勤務の利用頻度が高いと，在宅勤務における挑戦的要求度の向上が高い

3.4　妨害的要求度低減

さらに，在宅勤務の利用頻度が高いと，妨害的要求度の低減が高まると予想する。妨害的要求度とは，例えば，感情を乱すとともに，非現実的な要求をする人と関わること，といったものが含まれる。こうした妨害的要求度が高いと，精神的健康を損ねるものであり，COR理論ではリソースを消耗し

ている状況と考えられる。一方，リソースが消耗されると，別のリソースを活用して資源を確保しようとする（Hobfoll, 1989, 1998）。在宅の環境では，裁量度合いといったリソースが活用しやすい状況にあり，こうしたリソースを活用して，リソースを消耗する妨害的要求度を低減させようとするだろう。

仮説 4a：コロナ禍において在宅勤務の利用頻度が高いと，在宅勤務での妨害的要求度低減が高い

さらに，コロナ禍以前において在宅勤務の利用頻度が高いと，妨害的要求度低減も高まると考える。コロナ禍以前に在宅勤務の頻度が高かった従業員は，在宅勤務における自律性の高さを活かし，業務の妨げとなったり，感情に悪影響を及ぼすことをうまく避けるようになる。これは，活用できるリソースを多く保有している状態と考えられる。このため，コロナ禍以前に在宅勤務の利用頻度が高かった従業員は，コロナ禍に在宅勤務を行う際も，妨害的要求度低減に取り組む度合いが高いだろう。

仮説 4b：コロナ禍以前の在宅勤務の利用頻度が高いと，在宅勤務中における妨害的要求度低減が高い

4. 研究方法

4.1　調査

仮説の検証にあたり，本章の分析ではインターネット調査会社が収集したデータを用いた。まず，2020 年 10 月に調査会社のモニターから関東 1 都 3 県・関西 2 府 1 県の正社員を対象にプレ調査を行った。その中から 10 月時点で週 1 回以上在宅勤務を行っていたサンプルに絞り，11 月および 12 月の 2 時点で追跡調査を行った。プレ調査では 10,039 人，第 1 回調査は 651 人であり，第 2 回調査では 513 人が回答した。本章では，第 2 回調査にも回答したサンプルを分析に用いた。サンプルについては，男性 335 名（51.5%），女

性316名（48.5％）であった。年代については，20代40名（6.1％），30代128名（19.7％），40代199名（30.6％），50代237名（36.4％），60代47名（7.2％）であった。

4.2　変数

従属変数であるJCは，2回目の調査時（12月）に測定した。今回の研究は在宅勤務中にどのようなJCに取り組みを行うかに焦点を当てているため，質問項目の作成にあたり，在宅環境下におけるJCの要因であることを明示する必要があると考えた。そこで，質問するにあたって「あなたの「在宅勤務中」における行動についてうかがいます」と明記した上で，Tims et al.（2012）をもとにした日本語版JC尺度であるEguchi et al.（2017）の質問項目を用いた。質問項目はそれぞれ，構造的資源向上は5項目（α =.92），社会的資源向上は5項目（α =.92），挑戦的要求度向上は5項目（α =.92），妨害的要求度低減は6項目（α =.91）をそれぞれ用いた。それぞれ，1＝まったくない，2＝時々ある，3＝しばしばある，4＝よくある，5＝とてもよくある，の5点尺度で計測した上で，回答の平均値を尺度化した。

説明変数については，在宅勤務の利用頻度を用いた。調査時の制度利用頻度については，2回目の調査時（12月）に，「ここ1週間で自宅で働いた頻度について，どの程度かご回答ください」と質問した。コロナ禍前の制度利用頻度としては，第1回目調査において「以下の期間において，自宅で働いた頻度について月で平均してどの程度かご回答ください」と前置きした上で，昨年1年間（2019年1～12月）の期間の利用頻度を尋ねた。いずれの質問項目も，1＝ほぼ毎日，2＝週に3～4日程度，3＝週に1～2日程度，4＝月に1～3日程度，5＝なかった，という選択肢から選んでもらった。いずれも，回答した数値を，反転して変数として用いた。

統制変数としては，女性ダミー，配偶者有りダミー，共稼ぎダミー，勤続年数，12歳以下の子供有りダミー，役職ダミー（係長・主任以上），中小企業ダミー（従業員数300人未満），業種（製造業ダミー，卸売業ダミー），職種（情報処理（システム）ダミー，人事・総務・経理ダミー）を投入した。

表 9-1　記述統計および相関係数

	平均	標準偏差	1	2	3	4	5	6	7	8
1 構造的資源向上	2.79	0.96								
2 社会的資源向上	2.20	0.93	.52**							
3 挑戦的要求度向上	2.39	0.94	.73**	.72**						
4 妨害的要求度低減	2.65	0.91	.61**	.58**	.62**					
5 性別（1＝女性）	0.49	0.50	-.03	.02	-.09*	.02				
6 配偶者有ダミー	0.60	0.49	.07†	.03	.09*	-.01	-.27**			
7 共稼ぎダミー	0.42	0.49	.01	.03	.03	-.02	.03	.70**		
8 勤続年数	16.39	11.18	-.07†	-.09*	-.07†	-.15**	-.34**	.25**	.04	
9 12歳以下子供有ダミー	0.14	0.35	.07†	.16**	.15**	.10*	.02	.33**	.26**	-.14**
10 企業規模（1＝300名未満）	0.38	0.49	-.04	-.09*	-.07†	-.04	.08†	-.18**	-.10**	-.23**
11 役職ダミー（1＝係長・主任以上）	0.47	0.50	.12**	.01	.14**	.05	-.37**	.29**	.08*	.31**
12 地域（1＝関東地方）	0.83	0.38	-.10*	-.05	-.09*	-.03	.06	-.12**	-.13**	-.06†
13 業種（1＝製造業）	0.31	0.46	.04	.05	.01	.03	-.07†	.08†	.07†	.22**
14 業種（1＝卸売業）	0.09	0.29	-.02	-.06	-.02	-.02	.04	-.01	.01	-.04
15 職種（1＝情報システム）	0.15	0.36	-.04	-.01	.01	-.02	-.19**	.01	.01	.02
16 職種（1＝人事・総務・経理）	0.22	0.41	-.01	.01	.01	.01	.19**	-.05	-.03	.04
17 調査時の在宅勤務頻度	3.83	1.15	.05	.07†	.07†	.07†	.05	-.01	.01	-.07†
18 コロナ前の在宅勤務頻度	1.75	1.32	.08*	.11**	.11**	.06	-.04	-.01	.03	-.10*

	9	10	11	12	13	14	15	16	17
10 企業規模（1＝300名未満）	-.07†								
11 役職ダミー（1＝係長・主任以上）	.05	-.20**							
12 地域（1＝関東地方）	-.10**	.00	-.02						
13 業種（1＝製造業）	.00	-.28**	.09*	-.07†					
14 業種（1＝卸売業）	.01	.11**	-.04	.00	-.21**				
15 職種（1＝情報システム）	.01	.03	.02	-.08*	-.18**	-.10**			
16 職種（1＝人事・総務・経理）	-.08*	.08*	.02	.03	-.09*	.05	-.22**		
17 調査時の在宅勤務頻度	.06	-.01	-.06	.04	.00	-.04	.11**	-.09*	
18 コロナ前の在宅勤務頻度	.08*	.10**	-.05	-.11**	-.03	.04	-.06	-.04	.01

注）$^{**}p < .01$,　$^{*}p < .05$,　$^{\dagger}p < .10$

出所　筆者作成

5. 結果

5.1 記述統計および相関係数

本章で用いた変数の記述統計および相関係数を表9-1に示す。

JCの4つの下位次元間に差があるかどうか確認するため，一元配置分散分析（反復測定）を用いたところ（表9-2），1%水準で有意差が確認できた（$F(2.70,\ 1{,}756)=140.77$, $MSe=0.36$, $p<.01$; グリーンハウス・ガイサー（Greenhouse-Geisser）による調整）[1]。ボンフェローニ（Bonferroni）法による多重比較の結果，1%水準で構造的資源向上＞妨害的要求度向上，妨害的要求度向上＞挑戦的要求度向上，挑戦的要求度向上＞社会的資源向上であった。

また，コロナ禍の在宅勤務頻度とコロナ禍以前の在宅頻度の在宅勤務頻度については，ほとんど相関が認められなかった（$r=0.01$）。

表9-2　分散分析表（一元配置反復測定，グリーンハウス・ガイサーによる調整）

変動因	タイプIII 平方和	自由度	平均平方	F値	有意確率	偏η^2
JCの種類	136.36	2.70	50.47	140.77	.00	.18
被験者	410.12	650.00	0.63			
誤差	629.67	1756.06	0.36			

出所　筆者作成

5.2 回帰分析

仮説の検証にあたって，調査時の利用頻度とコロナ前の利用頻度をそれぞれ説明変数とし，構造的資源向上，社会的資源向上，挑戦的要求度向上および妨害的要求度低減の4つを目的変数として，重回帰分析を行った（表9-3）。

まず，構造的資源向上に対しては，コロナ禍の在宅勤務頻度は有意な影響

1　球面性の検定（差の分散が等しいかどうかの検定）を行ったところ，1%水準で有意差が確認できた。このため，不等分散であったため，グリーンハウス・ガイサー（Greenhouse-Geisser）による調整した値を用いた。

表 9-3　重回帰分析の結果

	モデル 1	モデル 2	モデル 3	モデル 4	モデル 5	モデル 6	モデル 7	モデル 8
	構造的資源向上		社会的資源向上		挑戦的要求度向上		妨害的要求度低減	
性別（1＝女性）	.00	.01	-.02	-.01	-.08†	-.07	-.01	.00
配偶者有ダミー	.09	.10	-.03	-.02	.05	.06	.01	.02
共稼ぎダミー	-.08	-.08	.00	-.01	-.05	-.06	-.06	-.07
勤続年数	-.14**	-.14**	-.11*	-.10*	-.16**	-.15**	-.19**	-.19**
12歳以下子供有ダミー	.02	.02	.15**	.14**	.11*	.10*	.07†	.07†
企業規模（1＝300名未満）	-.02	-.03	-.09*	-.10*	-.06	-.07†	-.05	-.06
役職ダミー（1＝係長・主任以上）	.14**	.14**	.02	.02	.14**	.14**	.09*	.09*
地域（1＝関東地方）	-.11**	-.09*	-.04	-.03	-.08*	-.07†	-.04	-.03
業種（1＝製造業）	.03	.03	.04	.05	.00	.01	.04	.05
業種（1＝卸売業）	-.01	-.02	-.04	-.04	-.01	-.01	-.01	-.02
職種（1＝情報システム）	-.05	-.03	.00	.01	-.01	.01	-.02	-.01
職種（1＝人事・総務・経理）	.00	.00	.05	.05	.06	.05	.03	.03
調査時の在宅勤務頻度	.06		.06		.08*		.06	
コロナ前の在宅勤務頻度		.07†		.10**		.10*		.05
R^2	.05	.05	.05	.06	.08	.08	.05	.05
F	2.68**	2.71**	2.7**	3.06**	4.03**	4.22**	2.63**	2.57**

注）$^{**}p<.01$, $^{*}p<.05$, $^{\dagger}p<.10$

出所　筆者作成

を及ぼさず（β =.06, *n.s.*, モデル1），コロナ禍以前の在宅勤務頻度に対しても，5%水準では有意な効果を与えなかった（β =.07, p<.10, モデル2）。そこで，仮説1aおよび1bはいずれも満たさなかった。

社会的資源向上に対しては，コロナ禍の在宅勤務頻度は有意な効果をもたらさなかったが（β =.06, *n. s.*, モデル3），コロナ禍以前の在宅勤務頻度は有意な正の効果を与えた（β =.08, p<.05, モデル4）。そこで，仮説2bは満たされたが，仮説2aは満たされなかった。

挑戦的要求度向上に対しては，コロナ以前の在宅勤務頻度およびコロナ禍の在宅勤務頻度のいずれも有意な正の効果を与えた（β =.08, p<.05, モデル5; β =.10, p<.05, モデル6）。よって，仮説3aおよび仮説3bは満たされた。

最後に，妨害的資源向上に対しては，コロナ以前およびコロナ禍のいずれの在宅勤務頻度も有意な影響を与えなかったため（β =.06, *n. s.*, モデル7; β =.05, *n. s.*, モデル8），仮説4aおよび仮説4bは満たされなかった[2]。

6. 考察

在宅勤務はコロナ禍を機に世間の注目を集めているが，在宅勤務中に行われるJCとその先行要因についての研究は不足している。本章は，コロナ禍(2020年12月）およびコロナ禍以前（2019年1年間）の時期における在宅勤務利用頻度の高さと，Tims et al.（2012）が分類した4つのJCの関係について検証した。実証分析の結果，コロナ禍における在宅勤務頻度が高いと，在宅勤務中に挑戦的要求度向上に取り組む度合いが高いことが示された。また，コロナ禍以前の在宅勤務頻度が高いと，在宅勤務中の社会的資源向上および挑戦的要求度向上に取り組む度合いが高いことが示された。

まず，コロナ禍およびコロナ禍以前の在宅勤務利用頻度が高いと，挑戦的要求度向上が高かった。この理由は，在宅勤務の利用頻度が高さは，内発的動機づけと関連性がある可能性がある。在宅の環境では，上司から監視されている度合いは少なく，自律性が高い。このため，仕事を自由に決定しやすい環境にあり，内発的動機が高まる（Deci, 1975）。このため，コロナ禍において在宅勤務利用頻度が高いと，挑戦的要求度向上に取り組むと考えられる。また，コロナ禍以前に在宅環境において内発的動機が高まる経験をした従業員は，仕事の意義などのリソースを保有している。このため，在宅環境下で獲得できるリソースを活用して，困難でやりがいのある業務に取り組み，挑戦的要求度向上が高いと思われる。

次に，社会的資源向上に対しては，コロナ禍以前の制度利用頻度については有意な影響を与えたが，コロナ禍の利用頻度は影響を与えなかった。この理由としては，コロナ禍以前のほうが，コロナ後よりも在宅勤務制度を利用する人が相対的に少なかったため，リソースを獲得しようとする度合いが強

2　追加分析として，コロナ禍以前の在宅勤務利頻度が，コロナ禍における利用頻度→JCの関係を強める調整効果を持つか検証した。その理由は，コロナ禍前からリソースを有している従業員は，よりリソースを活用しやすいと考えたためである。検証の結果，交互作用（コロナ禍以前の利用頻度×コロナ禍の利用頻度）はいずれのJCに対しても有意な影響を与えず，調整効果は認められなかった。

かった可能性がある。コロナ禍では，在宅勤務は危機管理という点から半ば強制的に在宅勤務を行うことが多かった。一方，コロナ禍以前のほうが，主にワーク・ライフ・バランスなどの観点から，必要な従業員の希望に応じて制度を利用するという割合が多いと考えられる。このため，在宅勤務で働くことの理解度や，在宅の環境で職場の従業員と働く体制の整備の面で，コロナ禍よりも不十分な点があり，在宅勤務者が消耗するリソースが相対的に高かっただろう。コロナ禍前において在宅勤務の利用頻度が高かった人は，在宅環境下でも積極的にフィードバックやサポートといったリソースを積極的に獲得しようとして社会的資源向上を高めていたものと考えられる。そのため，コロナ禍の在宅勤務においてもそのようなリソースを活用しようとする度合いが高く，社会的資源向上に取り組んでいると解釈できる。

また，構造的資源向上および妨害的要求度低減に対しては，在宅勤務の頻度と有意な関連性は認められなかった。構造的資源向上と関連しなかったことは，在宅勤務で働くことによって得られるリソースだけでは，自身の業務を改変することが難しいという可能性がある。構造的資源向上には，自身のスキルや能力を活かせるように改変するといった内容を含む。そのような変化をもたらすには，仕事の委任の仕方や決裁手続きの変更なども必要という可能性がある。同様に妨害的要求度の低減についても，在宅勤務中において業務上関わらざるを得ない人との関わりは，従業員本人だけでは断ち切ることができない，という可能性もある。

一方で，4つのJCについては，従業員が在宅勤務で取り組む度合いが異なり，それが今回の結果に影響した可能性もある。今回，制度利用頻度と関連性が確認できた挑戦的要求度向上および社会的資源向上は，分散分析および多重比較の結果が示すとおり，在宅の環境では比較的取り組んでいなかったといえる。そして，従業員があまり取り組んでいないJCだからこそ，在宅環境でリソースを得た従業員にとって，JCが高くなる余地があったと思われる。逆に，構造的資源向上や妨害的要求度低減は，従業員全体が比較的取り組まれていたJCであった。このため，在宅勤務の頻度が高い従業員であっても，JCをさらに高める余地が少なかったということも考えられる。また，今回の研究では，在宅勤務中に取り組むJCに絞って研究した。しかし，今回のサンプルでは，すべて在宅勤務で働くという従業員は少なく，むしろ職場と在宅勤務の両方で働くハイブリッドワーカーが多かった。そうした従業員は，在宅勤務と職場の両方でリソースを得ることができるため，在宅環境ではJCを行わず，職場でJCを行うといった具合に，職場と在宅環境でJCを使い分けしている可能性もある。このため，今回有意とならなかった構造的資源向上および妨害的要求度低減のJCについては，職場において積極的に取り組んでいる可能性もあるだろう。

本章における分析の意義は，在宅勤務中に取り組むJCの先行要因を明らかにした点である。特に，在宅勤務の頻度が高いと，挑戦的資源向上が高いことを示した点である。また，過去の在宅勤務利用頻度が，コロナ禍においてもJCを向上させ，従業員の成果向上に結びつく可能性も示唆した点も意義がある。さらに本章はWLBの研究においても研究上の意義がある。これまで，わが国の研究では，短時間勤務制度の利用経験が効果をもたらすとの研究（e.g., 細見，2017；細見・関口，2013）や，在宅勤務の制度利用経験が従業員のストレス低減をもたらすことを示す研究（細見，2019）があった。本章は既存研究を進展させて，在宅勤務の頻度が高いと，JCにも積極的に取り組むことを示したと実証的に示した。

本章における分析には実践的な意義もある。本章では，コロナ禍以前の在宅勤務制度利用経験が高い従業員は，挑戦的要求度向上および社会的資源向上が高いことを示した。コロナ禍では緊急避難的に在宅勤務を行っていたが，今後は従業員のニーズに基づき，在宅勤務を利用する従業員が増える可能性がある。このため，緊急避難的な在宅ではない環境下における在宅勤務利用頻度とJCの関連を示したことは，在宅勤務の効果の1つを明らかにした点で実務上の価値がある。一方，在宅勤務の頻度は，構造的資源向上や妨害的要求度の低減には有意な影響を与えなかった。こういった要因を変化させるには，在宅勤務者本人だけでは難しく，上司や職場の協力が必要ということを示唆している。

また，仮説には設定していないが，いくつかの統制変数がJCに有意な影響を与えており，この点も研究上および実践的意義を有する。まず，役職の高い従業員は，JC（構造的資源向上，妨害的要求度低減）が高かった。これは，権限の高い人のほうが，仕事の権限をより有していることが理由と考えられる。これまで，地位の高さが，JC の効果に影響することを示されてきたが(e.g., Sekiguchi et al. 2017)，本章の分析では在宅勤務においても役職の高い人ほど裁量度が高く，JC に取り組みやすいことを示唆している。

次に，勤続年数が高い従業員は，在宅における JC がいずれも低かった。Nissen et al.（2016）は，職務経験の長さは仕事の境界変化（構造的資源向上に対応）を高めることを示したが，本章における分析では逆の結果が示された。Nissen et al.（2016）は，本章と同様に地位も統制変数に加えていることも考慮すると，本章における分析と Nissen et al.（2016）の分析結果に違いが生じたのは，Nissen et al.（2016）は職場における JC に焦点を当てたのに対し，本章では在宅勤務の JC に焦点を当てたことによると考えられる。つまり，勤続年数が長い従業員ほど，経験年数が長く，職場で JC に取り組むことに慣れている可能性がある。このため，職場と在宅の両方で働くハイブリッドワーカーは，職場では積極的に JC に取り組んでいるが，その代わりに在宅の環境では JC に取り組まないとも考えられる。

さらに，12 歳以下の子供を持っている従業員は JC（社会的資源向上・挑戦的要求度向上）が高かった。これは Blau（1964）の社会的交換関係理論のメカニズムから説明ができる。すなわち，12 歳以下の子供を持っている従業員は，在宅で働くことにより通勤時間が削減されて仕事と家庭生活が両立しやすくなっている。このため，恩恵を受けたことの恩返しとして，積極的に JC に高めようとしていると考えられる。

本章における分析には限界点もある。まず，本章で用いた，Tims et al.（2012）の尺度は，タスクに関する JC であり，認知的次元には用いていない。その理由は，比較的短期間での変化を考慮した今回の検証にあたっては，認知的次元を用いることはそぐわないと考えたためである。しかし，長期にわたる期間のデータを用いるなど，調査方法を工夫することで認知的次元との関係性を検証できる可能性もあるだろう。

また，本章では在宅勤務制度の利用経験の効果に焦点を当てて研究を行い，従業員の職場環境要因を考慮していない。しかし，上司や職務特性などは JC に影響を与えるとの研究が蓄積されており（e.g., Rudolph et al., 2017），今後はこうした点を踏まえて研究を行うことが求められる。また，本章ではコロナ前の制度利用経験に注目して研究を行ったが，その時点でのJCは計測していないため，時系列データを用いた検証も必要だろう。さらに，今回は在宅勤務中におけるJCに絞って検討を行った。しかしハイブリッドワーカーについては，職場と在宅とではJCに取り組む度合いが異なる可能性があるため，職場におけるJCと在宅勤務中のJCとの関係も考慮に入れた研究も必要であろう。

謝辞

本章はJSPS科研費（17K03931「在宅勤務の促進要因に関する研究」，20K01928「リモートワークが生産性およびキャリア満足度向上に結びつくプロセス」）の助成を受けた。本章の作成にあたり，藤本哲史教授（同志社大学），高尾義明教授（東京都立大学），森永雄太教授（武蔵大学）および加納郁也教授（兵庫県立大学）から有益なコメントをいただいたことに感謝したい。

〈参考文献〉

Bakker, A. B., & Demerouti, E. (2007). The job demands-resources model: State of the art. *Journal of Managerial Psychology, 22*(3), 274-284.

Berdicchia, D., Nicolli, F., & Masino, G. (2016). Job enlargement, job crafting and the moderating role of self-competence. *Journal of Managerial Psychology, 31*(2), 318-330.

Blau, P. M. (1964). *Exchange and power in social life*. Wiley.

Costantini, A., & Weintraub, J. (2022). The benefits of being proactive while working remotely: Leveraging self-leadership and job crafting to achieve higher work engagement and task significance. *Frontiers in Psychology, 13*, 833776.

Deci, E.L. (1975) *Intrinsic motivation*. Plenum Press.（安藤延男・石田梅男訳，1980. 内発的動機づけ・実験社会心理学的アプローチ，誠信書房.）

Demerouti, E., Bakker, A. B., Nachreiner, F., & Schaufeli, W. B. (2001). The job demands-resources model of burnout. *Journal of Applied Psychology, 86*(3), 499-512.

Eguchi, H., Shimazu, A., Bakker, A. B., Tims, M., Kamiyama, K., Hara, Y., ... & Kawakami, N. (2016). Validation of the Japanese version of the job crafting scale. *Journal of Occupational Health, 58*(3), 231-240.

Felstead, A., Jewson, N., & Walters, S. (2003). Managerial control of employees working at home. *British Journal of Industrial Relations, 41*(2), 241-264.

Fonner, K. L., & Roloff, M. E. (2010). Why teleworkers are more satisfied with their jobs than are office-based workers: When less contact is beneficial. *Journal of Applied Communication Research, 38*(4), 336-361.

Fredrickson, B. L. (2001). The role of positive emotions in positive psychology: The broaden-and-build theory of positive emotions. *American Psychologist, 56*(3), 218-226.

Gajendran, R. S., & Harrison, D. A. (2007). The good, the bad, and the unknown about telecommuting: Meta-analysis of psychological mediators and individual consequences. *Journal of Applied Psychology, 92*(6), 1524-1541.

Hackman, J. R., & Oldham, G. R. (1976). Motivation through the design of work: Test of a theory. *Organizational Behavior and Human Performance, 16*(2), 250-279.

Hobfoll, S. E. (1989). Conservation of resources: A new attempt at conceptualizing stress. *American Psychologist, 44*(3), 513-524.

細見正樹（2017).『ワーク・ライフ・バランスを実現する現場―見過ごされてきた上司・同僚の視点』大阪大学出版会.

細見正樹（2019).「ワーク・ライフ・バランス支援制度が組織市民行動および職務ストレスに与える効果」『日本情報経営学会誌』, *39*(1), 45-56.

Hosomi, M., & Kano, I. (2022). Telecommuters' productivity and psychological effects: From the perspective of Japanese work culture. *Kansai University Review of Business and Commerce, 21*, 1-15.

細見正樹・関口倫紀（2013).「職場の同僚に着目したワーク・ライフ・バランス支援制度の利用促進に関連する要因の検討」『日本労働研究雑誌』, *55*(6), 92-105.

HR ビジョン（2022).『「日本の人事部」人事白書 2022』

Ingusci, E., Signore, F., Giancaspro, M. L., Manuti, A., Molino, M., Russo, V., ... & Cortese, C. G. (2021). Workload, techno overload, and behavioral stress during COVID-19 emergency: the role of job crafting in remote workers. *Frontiers in Psychology, 12*, 655148.

Kim, H., Im, J., & Qu, H. (2018). Exploring antecedents and consequences of job crafting. *International Journal of Hospitality Management, 75*, 18-26.

国土交通省（2023).『令和3年度テレワーク人口実態調査―調査結果（概要）令和4年3月』

リクルートマネジメントソリューションズ（2020).「自律的に働くことに関する実態調査」

retrieved from https://www.recruit-ms.co.jp/press/pressrelease/detail/0000000322/（2022年9月9日確認）

Robbins, S. P., DeCenzo, D., Coutler, M., & Woods, M. (2013). *Management: The Essentials (8th eds.)*. Prentice Hall.（高木春夫監訳（2014）マネジメント入門：グローバル経営のための理論と実践，ダイヤモンド社）.

Rudolph, C. W., Katz, I. M., Lavigne, K. N., & Zacher, H. (2017). Job crafting: A meta-analysis of relationships with individual differences, job characteristics, and work outcomes. *Journal of Vocational Behavior, 102*, 112-138.

Sekiguchi, T., Li, J., & Hosomi, M. (2017). Predicting job crafting from the socially embedded perspective: The interactive effect of job autonomy, social skill, and employee status. *The Journal of Applied Behavioral Science, 53*(4), 470-497.

Stempel, C. R., & Siestrup, K. (2021). Suddenly telework: Job crafting as a way to promote employee well-being?. *Frontiers in Psychology*, 12:790862.

高尾義明（2021）．『「ジョブ・クラフティング」で始めよう 働きがい改革・自分発！』日本生産性労働情報センター．

Tims, M., & Bakker, A. B. (2010). Job crafting: Towards a new model of individual job redesign. *SA Journal of Industrial Psychology, 36*(2), 1-9.

Tims, M., Bakker, A. B., & Derks, D. (2012). Development and validation of the job crafting scale. *Journal of Vocational Behavior, 80*(1), 173-186.

東京商工会議所（2022）．『中小企業のテレワーク実施状況に関する調査』retrieved from https://www.tokyo-cci.or.jp/file.jsp?id=1029704（2022年9月9日確認）

ウェンディ・A・スピンクス（1998）．『テレワーク世紀』日本労働研究機構．

Wrzesniewski, A., & Dutton, J. E. (2001). Crafting a job: Revisioning employees as active crafters of their work. *Academy of Management Review, 26*(2), 179-201.

（細見　正樹）

協同志向ジョブ・クラフティングの可能性

越境によるジョブ・クラフティング研究の拡張

第10章

1. はじめに

本章の目的は，仕事における意味経験の変化プロセスとしてのジョブ・クラフティング（以降JC）への理解を深め，その拡張を検討することである。JCの概念を確立したWrzesniewski & Dutton（2001）（以降W&D（2001））は，当初，従業員が主体的に働きかけて自らが埋め込まれた仕事環境を変化させ，変化した環境の中で従業員自身の主観的意味経験もまた変化していく，環境と個人の相互作用的なプロセスを捉えようとしていた。しかし近年のJC研究の発展は，環境への能動的働きかけのみに焦点を当て，主観的な意味経験の変化を必ずしも捉えていない（高尾，2020）。

その原因の一端はJCの性質である日常性と再帰性，そして自らが埋め込まれた環境を変えるJCの本質的な困難さにあると考えられる。仕事領域の日常の中で，主観的意味経験の変化とJCの相互作用を捉えることは難しさを伴う。

そこで本章では，第2節および第3節において，仕事外領域の経験，中でも社会貢献ボランティア活動における異文化経験に着目し，仕事の意味や個人の在り方が揺さぶられ変化するプロセスで生じるJCの具体像を質的研究に基づいて記述する。その中で新たに発見された「協同志向JC」の具体例を示す。そして第 4 節では，協同志向 JC の一般化を試みる。概念的・理論的な位置づけを整理した上で，量的な検証を行う。

2. 異文化の境界で可視化されるジョブ・クラフティング

本節では，JC 研究を原点回帰させ仕事における意味経験の変化に関わるメカニズムを探究するために，研究対象を仕事外の経験に拡げる意義を論じる。

2.1 「越境」への着目：JC の日常性と再帰性の克服

JC の日常性は，W&D（2001）において「仕事の変更は必ずしも劇的な変化として目にみえるものとは限らず，漸進的でみえにくいことも多い」（p. 180）と指摘されている。人は常に無意識にも環境を解釈し意味付与しているもので，意味経験の変化と JC の関係はその日常性に埋もれ，当人自身であっても認識することが難しい場合も多いと考えられる。

JC の再帰性もまた，W&D（2001）において描かれた JC のサイクリックなモデルに示されている。JC の結果として仕事の意味やワーク・アイデンティティが変化する時，その変化はさらなる JC の動機を生みだす。その相互作用的な変化はステップバイステップでなく，ダイナミックに進む。JC の再帰性は，その日常性と相まって，JC プロセスの因果関係的な実証を困難にする。

日常性と再帰性の制約を克服し，仕事における意味経験の変化プロセスとしての JC を探究するために，本章では仕事外領域の経験との接点への着目というアプローチをとる。W&D（2001）でも，JC のモデルが仕事文脈に限定されていることが「本来は仕事と仕事外の文脈の両方にまたがるはずの，人間行動の全体性を理解する妨げになっている」と自己批判し，仕事外の経験と JC との関わりを検討する必要が説かれている（p. 196）。

本章のアプローチの JC 研究における位置づけは，極端事例の探索といえる。JC と意味経験の変化の関係が日常的なプロセスとは別に浮かび上がり，その意図や因果が認識される出来事に着目することで，JCプロセスの詳細な理解や，JC自体の拡張が期待できる。よって着目する事例は，仕事の意味やワーク・アイデンティティが揺さぶられ変化しやすい状況が望ましい。

まさにそのような特徴をもって描かれる経験に，「越境（boundary crossing)」がある。越境とは，自分がそれまで準拠してきたのとは異質な文化や状況にあるコミュニティや活動に参加する一種の異文化経験である（Akkerman & Bakker, 2011; 香川，2015など)。人は異質な状況同士の間に境界を認知し，境界をまたいで往還することを通して，自文化や自身の在り方を相対化する内省を経験し，葛藤を越えて新しいやり方や自分を見出していく。こうした学びが近年実務界からも注目され，越境学習と呼ばれる（石山・伊達，2022; 長岡・橋本，2021など)。

次項では，具体的にどのような種類の異文化への越境経験に着目すべきかを，JCのもう1つの性質と関連させて述べる。

2.2　社会貢献ボランティアへの着目 ：感情を表出するJCへの示唆を求めて

仕事の意味経験の変化とJCの関係への理解を深めようとするとき，考慮すべきJCのもう1つの性質とは，自分自身が埋め込まれた環境を自ら変化させることの難しさである。特に，仕事の意味経験を変えるJCは，仕事に自分の強み，関心，熱意といった個人的要素を取り入れる実践として描かれる（Berg et al., 2013; Wrzesniewski et al., 2013)。しかし仕事組織には，属人性や個人的感情を排除する力学が働いている。

近代以降の組織は，階層構造や役割分業といった官僚制の要素が浸透し，仕事の属人化や私物化を避けるよう設計されてきた。そのマネジメントにおいては，判断基準や期待行動への共通理解を従業員に形成する「強い状況（strong situation)[1]」が有効とされる（Bowen & Ostroff, 2004; Peters & Waterman, 1982など)。多くの企業では，業績目標を定め，規則や規範を提示し，役割を定義し，人事評価が報酬を左右するといった人材マネジメントを通して強い状況を作り出す。強い状況では，個人の価値観や感性による個人差が抑制され，個々人の認知や行動が組織の意図する方向に標準化される。

加えて営利企業間の競争激化に伴い，職場で公的な感情管理（例えば，接客業従業者が顧客に対し本心とは別に笑顔で接する感情の商品化など）が支配的になり，個々人の私的な感情が抑圧される（Hochschild, 1983）。現代社会において個人の思いや感情は，統制や商品化のしにくいものとして排除される傾向がある（Hardt & Negri, 2017）。

よって本章の目的に照らせば，こうした個人的な感情や行動を抑制する文化やそれらに慣れた自己が，揺さぶられ問い直されるような異文化への越境経験が研究対象に望ましい。そこで本章では，そのような異文化経験の 1 つといえる社会貢献ボランティアに着目する。

ボランティアには仕事とは異なる組織や活動のデザインがみられる。例えば Farmer & Fedor（1999）は，仕事組織と対照的なボランティア組織の特徴として，階層的な指示命令関係や専門分化され訓練されたスキル・知識に基づく協働があまりみられず，比較的対等な立場で人材不足を補い合いながら非専門家同士の協同的な協働[2]が行われたり，財務的成果や金銭的報酬といった活動を目的づけ意味づけるものが明確な仕事とは対照的に，多義的な非財務的成果を模索しながら活動したりする点を指摘する。

文化人類学で用いられる「交換」の概念によってボランティア活動を特徴づける議論もある（例えば，香川，2019; 田所，2018）。仕事では労働力に対して金銭的な返礼が行われる商品交換的関わりが主流であり，金銭的な見返りと直結しない贈与的関わりはあくまで副次的である。対して，ボランティア活動では金銭的な報酬がほとんどなく贈与的な互酬交換が主流となり，返礼や報酬の内容は，感謝の言葉，自身の成長，経験，価値観の充足など多分に

1　人の行動に一貫性を生み出す「状況の力」概念は Mischel（1973）による。状況の力には「強さ⇔弱さ」があり，強さとは，すべての人に特定の出来事に対する共通の解釈や最も適切な反応パターンへの期待を生み出す程度である。反対に状況の弱さとは，出来事への解釈が方向づけられず一様な反応や対処行動が学習されたり動機づけられたりしない曖昧さである。組織に強い状況を作る要因として，強い組織文化（Peters & Waterman, 1982），強い人的資源管理（Bowen & Ostroff, 2004）などが検討されてきた。

2　本章では「協働」と「協同」の表記を次のように使い分けている。複数の人によって担われる組織内の活動一般を協働と表記し（英語における cooperation），協働の仕方には分業など様々ある中で，特に相互の能力や感情を合わせる仕方を協同（英語における collaboration）と表記している。

図 10-1　仕事における協働とボランティア活動における協働の特徴

仕事において主流な協働	ボランティアで主流な協働
・金銭的報酬が伴う	・金銭的無報酬，情緒的返礼
・成果や役割が比較的明確	・成果や役割が比較的あいまい
・階層的な指示命令系統	・水平的で指示命令関係にない
・客観的・合理的な判断	・個人の感情や思いを重視
・統率重視，分業と調整	・分散的だが協同的

出所　筆者作成

主観的である。贈与と返礼が釣り合うとも限らず，受援者に負債の感情を残したり，支援者が搾取される恐れを感じたりといった不均衡も生じる。

まとめると図 10-1 のようになる。ボランティア活動は仕事組織における強い状況とは対照的に，規範や役割の提示が緩やかな「弱い状況（weak situation）」といえる。弱い状況では，方向づけの曖昧さゆえに，解釈や行動に個人差が現れたり，従業員同士が対話的に相談しあったりといったことが起こる（Bowen & Ostroff, 2004）。本章では企業などの組織で働く人がボランティア活動に参加する場合のこのような異文化活動の往還を，「ビジネス－ソーシャル越境」と呼ぶこととする。その具体的なプロセスと JC との関連について次節で述べる。

3.「プロボノ」におけるビジネス－ソーシャル越境

本節では，ボランティア活動の中でもより越境が生じやすい状況にある「プロボノ」に焦点を当てた質的研究をもとに，ビジネス－ソーシャル越境の具体像を記述する。プロボノとは仕事のスキルを用いる社会貢献活動である。

人は，異質さと共通点を兼ね備えた複数のコミュニティや活動に参加するとき，それらの間に境界を認知する（Akkerman & Bakker, 2011）。また越境学習は，仕事ではない，いわゆるサードプレイスの活動で起こりやすいとされる（長岡・橋本，2021）。本章で扱う研究が調査対象とした異業種や異企業から集まった人々がチームで非営利組織の組織基盤強化を支援するプロボノ

表10-1　聴取対象者の概要

	年齢	性別	業種／企業規模	職種	参加形態	プロボノ役割
a	30代後半	男性	運輸／300名未満	営業	個人参加	AD，PM
b	30代前半	男性	エンターテイメント／300名未満	広報	個人参加	PM，市場調査
c	30代後半	女性	医薬品製造／1000～3000名	マーケティング	個人参加	市場調査
d	50代前半	男性	情報・通信／1万名以上	研究・開発	個人参加	AD，PM
e	40代後半	男性	機器製造／1万名以上	監査	個人参加	コピーライター
f	20代後半	女性	エンターテイメント／1000～3000名	ITエンジニア	個人参加	Webエンジニア
g	40代前半	女性	医薬品製造／5000～1万名	人事	個人参加	業務改善
h	30代後半	女性	食品製造／300名未満	販促支援	個人参加	市場調査
i	30代前半	男性	コンサルティング／1万名以上	コンサルタント	個人参加	AD，PM
j	40代前半	男性	医薬品製造／5000～1万名	マーケティング	個人参加	AD，PM
k	30代後半	男性	機器製造／1万名以上	プログラマー	企業参加	戦略アナリスト
l	40代後半	男性	機器製造／1万名以上	社内システム	企業参加	戦略アナリスト
m	40代後半	女性	機器製造／1万名以上	物流	企業参加	PM

※PM：プロジェクトマネージャーの略　AD：アカウントディレクターの略
出所　筆者作成

活動[3]は，まさにそれらの条件を満たしており，越境が生じやすいと考えられる。

本節では，日頃は企業などの組織で働いている人々がプロボノ活動に参加する経験について質的研究を行った，藤澤・香川（2020）および藤澤（2021）の内容を紹介する。面接調査の対象は，プロボノ活動への参加経験のある企業人13名である（表10-1）[4]。以下，調査対象者の発話を交えて，ビジネス－ソーシャル越境のプロセスを記述する。

3　中間支援団体が仲介役となり，一般的な企業人も参加できるような，組織課題整理，業務プロセス改善，営業資料作成，Webサイトやパンフレット作成など多様なプロジェクトが組成される。参加者はプロボノ・ワーカーと呼ばれ，アカウント・ディレクター（AD）がチーム編成と立ち上げを支援し，立ち上げ後は，プロジェクト・マネジャー（PM）がチームと支援先団体との間のやり取りと進捗管理を行う。

4　対象者の選定に際して，中間支援団体である認定NPO法人サービスグラントの協力を得た。調査の際には，年齢，プロボノ活動における役割，活用スキルが多様になるよう理論的サンプリングを行った。

3.1　2つの越境プロセス

ビジネス－ソーシャルの境界を越えてプロボノ活動に参加していく初期段階においては，「職業上のスキルが生きる，あなたならではのボランティア」といった言説が力を持つ。自分の得意なことを活かした社会貢献や，そのことを通じた「腕試し」の欲求が語られる。その背景として，仕事組織において匿名化され規格化される自己の仕事能力発揮への不全感や労働市場での商品価値への不安が語られる。

"c：（会社では）結局その人（※上司）が決めたようになるんじゃん…べつにもう私じゃなくてもよくない？みたいな…その自分ならではの…感覚とか，今まで培ってきたそういうスキルとかが，ちょっと活かせない感じ"

"j：結構大きい会社なので，…名刺に守られてる部分がやっぱりあると思うので…自分でちょっと確かめてみたかった"

プロボノ活動は金銭的に無報酬である。金銭的利害関係や，上司－部下，顧客－社員間の主従関係や，組織規範から解放され，日頃それらに束縛されていたことを実感する。

"f：（仕事では）相手がお客さんだと結構無茶なことをおっしゃることもある…（が）今回どっちかっていうと対等な立場"

"c：（プロボノは）仕事みたいに…今年のcさんの評価は低いですとか，そういうことはあまりない…だいぶ自由に考えて，自由な発想で行動できる"

職場で上司側の立場に立つ人物も次のような気づきを語る。

"j：評価とかインセンティブとか…役職とかで引っ張れない環境っていうのはやっぱり，その，プロボノですよね。会社は…それさえあれば何とかできるんですよ"

"a：悩んでたんですよね…（部下は）僕には正直なことは言わないとかね…

ポジションのパワーは…あることは理解はしつつも，それに頼りすぎてたんじゃないかなって”

そして２つの異文化への越境プロセスが見出される。第１に，プロジェクトチーム内において，別の企業や職種の異文化を背景に持つワーカー同士が，仕事組織とは異なる水平的な関係性の中で，それゆえの難しさに直面しながら協同関係を模索するプロセスである。

“e：メンバーでこう温度差があったり，意思疎通のギャップがあったりして…そういう先のみえなさが…やきもきしたりとか”

“i：仕事だったら，ある程度のことが…共通認識で進められることも進められないっていう…想定はしていたものの，あ，ちょっと面倒だなって思うときも正直あって”

“b：やりにくさっていうのはあります。…結局最初いたメンバー，3人がこうやって（個人的な事情で）抜けて…仕事じゃないので，そういうことができちゃうんですよね”

そして第２に，支援相手である非営利活動の異文化に驚いたり葛藤を感じたりしながら，支援活動を成功させようとするプロセスである。収益見通しや個人的な損得を度外視した社会貢献への強い思いに感化される一方で感じる反発や，プロジェクトの着地点への戸惑いが語られる。

“m：強い思いを持ってある目標に対して取り組んでらっしゃるんで…パッションよりも理詰めで話す人のほうが周りに多いんで，それが一番大きな刺激でしたね”

“m：(会社だったら）中長期的なプランで数字も含めて作ると思うんですけど（NPO，NGOでは）思いだけで全然ステップを描けてない”

“e：(仕事を）十何年もやってるとね…着地点はこのぐらいでしょみたいなね…変な皮算用とか働いちゃったりとかね。ボランティアはそれないですよね。全く わからない”

3.2　自己への執着からの解放と，協同的関係性の創造

プロボノ活動では，無償で有志の少人数プロジェクト体制であることから個々の希少性が高まる。なおかつ，必要とされるスキルが過不足なく揃うとは限らず，自身の専門外のタスクに対応することもある。そうした構造が，志への共感や，人と集まり力を合わせたりアイデアを気軽に行動に移したりする楽しさなど，仕事では排除されがちな個人的感情をむしろ前景化する。それらこそが葛藤を増幅する要因となりながら，同時に，チームや個人の変化を駆動していく。

典型的な例として，活動のモチベーションが意識される場面が多く語られる。

“d：（プロボノでは）本気でやる気があるみたいな，そういうことを問われますよね。今の会社では，本気かどうかは問われないんですよ。そんなことは誰も聞かない。何で？だって一生懸命やるの当たり前だよ，給料もらってるんだから。”

“h：本業だとお金もらってやってるので，やって当たり前で，なかなかほめられることがないと思うんですけど，（プロボノだと）素直に感謝していただけたことが，すごい自分のモチベーションにもつながった。お金が発生しないからこそ…尊重されたりとか，自分の意見もバシバシ出せるので，…仕事ではできない，その自己表現ができる場だなって”

プロジェクト活動が佳境に入ると，意見が食い違ったり時間の捻出が難しくなったりと，個々人が自由に表現するゆえの難しさにも直面する。ここで，自己の感情を前に出すだけではないバリエーションが生じる。自分の「こうあるべき」とは違うやり方への違和感を保留し，チーム全体のポジティブ感情を盛り上げ互いの特異性を活かそうと関わり合うことで，葛藤状態から抜け出していく。

価値判断の保留は，付き合いの浅いメンバー同士の遠慮でもありプロボノ活動を進める上でのストレスともなるが，同時に，仕事とは異なる互いの発想や思いといった特異性を活かし合う関係形成が発達するスペース（余地・

余白）を生み出してもいる。

“c：普通の仕事だったら，もう営業さんに対して，（不満を）すごい言えるんですけど。（笑）やっぱりそこはね，仕事とは違うので（要望するのを控えた）”

“a：金銭的な報酬とかないからこそ，やりたいが強くなっちゃうとまとまらなくなるときって絶対ある（ので），…ある程度，許容しつつも，楽しむ，楽しんでやれるよう（調整する）”

その結果，仕事において主要な要件となる費用対効果の制約を超えるような手応えさえ得るような成果が生み出されていく。

“b：お金がないからこそ純粋に…理想を追い求められるとこあるんでしょうかね”

“e：成果出したら，10 万円あげますよーなんていうと，何かそういうふうにみてると…「あ，じゃ 10 万円分の仕事すればいいんだな」なんてことを考えちゃうかもしれないし…（NPO の活動に）人がいっぱい来てみんなが楽しんでる（ような状態をつくりだしたい）なんて妄想にね，ほんとにいくのかななんて思っちゃうんだよね。逆に（報酬が）何にもないからたぶんここまでできてるんだと思いますね”

こうした経験が，プロボノ・ワーカーの心境に変化をもたらす。特筆すべきは，当初の主要な参加動機であった自分の市場価値を確認したいという欲求，すなわち「腕試し」への執着から解放されていったことである。

“c：（仮にマーケティングのステップが 5 あるとして）ステップ 1 でもいい…（相手が）何か困ってたら，そこまで戻れば役に立ちそうな気がするというか。…逆に，その，何かこう，どこででもやっていける気がしたというか”

また，新しいジャンルに関心をもって学び始めたり，役割分担にとらわれずに同僚に関わったりするようになり，役割や自分の限界へのとらわれからも解放されていく。

“e：ウェブ関係，マーケ担当みたいなのに機能として分かれてるんですけども，あまりそこにこだわらない方がチームとしてはうまくいく”

“e：問題そのものをね，ちゃんと理解しようだとかやってるとね，いろんなことが知りたくなってくる…（仕事での担当）業務的には監査やってるんですけど，NPOの監査みたいな講座に参加したりとかね…やるからにはって，何かどんどん広げて”

3.3　ビジネス－ソーシャル越境が促進した協同志向JC

ビジネス－ソーシャル越境では，専門性や役割分担への思い込みやあるべき像から距離を置き，自他の感情を含む特異性を活かそうと工夫するうちに，自他の線引きをあえてあいまいにしてチームの成果を喜ぶ協同的な関わりが多くみられるようになっていった。

その影響で仕事においても，これまでより自分や他者の個人的感情を優先し，協同的な活動や関係性を強調する変化が語られた。これらを藤澤（2021）では，「協同志向ジョブ・クラフティング」として整理した[5]。

典型的な語りとして，「個人」中心から，「チーム」中心への志向の変化がある。これらは，仕事における関係性境界をより協同的なものへと変更する「協同志向の関係性クラフティング」といえるだろう。例えば，aさんは，他者を頼りに思うようになり，他者の発言を引き出すよう周囲に働きかけるようになった。

【協同志向の関係性クラフティング（関係性境界の認知的変更）】

“a：変わったところ？プロボノやって，ですか。えっとね，人に優しくなれ

5　その後の検討を踏まえ発表時から若干の変更を加えている。

ました（笑）。…自分1人じゃできないことっていうのはたくさんあるし，だから，なんか，人に強く当たっちゃいかんのだな，みたいな。それは，すごく感じましたね”

【協同志向の関係性クラフティング（関係性境界の物理的変更）】

“a：みんな腹割ると，いろんなことをいうんですよね。リスクないから。プロボノって。…だから，もっと話しましょうよっていう。もっといっていいことって，いっぱいありますよねと。そういうのを，結構，引き出すように，会社でやるようになりましたね”

別のkさんは，仕事の遅れを「個人」の責任と考える視点から，「チーム」でカバーするという視点に変化し，締め切り前から他者の進捗を気に掛ける習慣ができたという。

【協同志向の関係性クラフティング（関係性境界の認知的・物理的変更）】

“k：（仕事で他者をカバーするときの）やらされ感というか，なんでできてへんねん，しゃあないなみたいなのが変わってきてるかもしれないです。…そういうふうになるまで放っておかない。そういうのは気をつけるようになったと思います。（プロボノで）ちゃんとみてくれてる人がいる，カバーしようと考えてくれてるんだなというのは安心感もあるし，そういうのがすごくいいなって”

aさん，kさんは共に，楽しさなどのポジティブな感情を他者と共有する機会を，仕事においてつくり出すようになったことを強調している。

【協同志向の関係性クラフティング（関係性境界の認知的・物理的変更）】

“a：やっぱり，楽しくないと，つまらないっていうか（笑）。…（なので，職場を楽しくするために）すごく意識的に笑うようになりました。…現場の人と，最近どうですかって，こう，立ち話をするようにしたり…うちね，そういうのなかったんですよ，全然。”

“k：みんながやっぱり楽しく仕事したいじゃないですか。当然しんどいことはたくさんありますけど，充実感味わいたいと思うでしょうし，そういう組織に自分の職場もしていきたいなっていうのは思いますね。今まではどっちかというと，自分がそれなりに楽しかったらいいやっていうところはあったと思うんですけど…視野が広がったというか”

また，eさんやjさんは，「自分の手柄」から「チームで成果を生み出す」ことへと動機づけが変化したことを語り，eさんは同僚に対する捉え方や関わり方を変え，jさんはチーム全体のスキルを高める機会を作るというタスクを新たに自分の仕事とした。

【協同志向の関係性クラフティング（関係性境界の認知的・物理的変更）】

“e：（以前は）自分が何かやってやるぜみたいなね，そんなことばっかり考えてたかもしんないですね。…（今は）専門性のある，あいつに聞いたらできるんじゃない？とかね。じゃおれも入るよ，とかね…もっと巻き込んで…広げていけばいいんだみたいなね”

事例数は少なかったが，自分の役割や，仕事や企業組織の意味や影響力を捉え直し，営利・非営利の多様なプレイヤーが協力・共感しあうことで新しいビジネスを生み出し得ると考えるようになったなど，「協同志向の認知的クラフティング」といえるような語りもあった。

【協同志向のタスク・クラフティング（タスク境界の認知的・物理的変更）】

“j：どれだけどういうものを（仕事の機会を，部署外から）こう，持ってきてあげるか，幅を広げてあげるかっていうのは恐らくリーダーの仕事だと思うんですよ。その（プロボノを経験する）前は，…自分がこう引っ張っていけば成り立つんだぐらいの感じがあったのかもしれないですね。…（今の）この状態だと上に行く人はいるんです，自分より。…総和のスキルでいうと，そっちのほうが間違いなくプラスになるんですよね”

【協同志向の認知的クラフティング（タスク境界の認知的変更）】
“a：うち（会社）のリソースと，あるNPOのリソースを掛け合わせてもちょっと難しい。もう1個掛け合わすとビジネスになるみたいな部分は，すごく感じますね。”

また，従来のJCの枠組みにおける認知的クラフティングに該当するような，仕事の意味を捉え直す語りも多く聞かれた。

【自己志向の認知的クラフティング（タスク境界の認知的変更）】
“m：（NPOの方が自団体について）語り出したらすごい熱いなと思って，（自分は）あんなに熱く仕事のことを語ってないよなとか思ったりとか”
“g：お金が関係しない，お金をもらわない，自分でも払ってない，の中で発生した中だと，…自分がそれに関わるには何が大切なのかっていうのが，浮き彫りになって。で，それって，結局，自分が仕事をするときに，一番大切にするものと，同じっていうか”

4. 協同志向ジョブ・クラフティングの可能性

本節では，ビジネス－ソーシャル越境の事例から発見された協同志向JCの，一般化可能性について論じる。概念的・理論的な位置づけを検討した上で，それらがビジネス－ソーシャル越境の文脈に限らない日常でも行われているのか，従来検討されてきたJCと弁別可能であるのかを量的研究を通じて検証する。

4.1　私（I）から私たち（we）へ：JCを拡張する意義

JCにおける協同志向への着目は，Leana et al.（2009）によってJC研究の早期から提案されている。Leana et al.（2009）は，従来のJCが，個人の個人による個人のための行動（individual crafting）に偏っていることを批判し，実際の仕事は関係性に埋め込まれておりそれを変えるには同僚と協同して行う「協同クラフティング（collaborative crafting）」が有効であると提案した。

しかし，Leana et al.（2009）の協同クラフティングはタスク境界の物理的変更に限定されている。他方，前節に示したビジネス－ソーシャル越境の事例では，協同を志向して仕事における関係性とタスクの境界を変更するJC形態が多く語られた。これらについて，Kooijらが提案した「何のために」行うJCなのかという動機・志向の側面からJCを分類する視点で整理することで，その新奇性を指摘したい。

Kooij et al.（2017）およびKuijpers et al.（2020）は，従来のJC分類は仕事の特性のうち「何を」「どのように」クラフトするかにのみ着目し，個人の動機や資質と仕事を適合させるというJCの重要な視点が欠落していると批判している。そして個人－仕事適合の視点を反映した分類として，強み志向，興味志向，成長志向の3因子を提案している。

Kooijらが提示した3因子もまた，個人が自身の動機や資質を活かそうとする自己志向JCである。対して協同志向JCは，自己ではなく他者や他者との関係性から生まれる強みや関心や動機に仕事を適合させようとする，いわばプロソーシャルな側面を持つJCである。ビジネス－ソーシャル越境の事例が描き出したように，仕事における意味深さや手応えやよろこびは，自己を活かすことのみによらず，他者の動機や資質を活かすことや，自己と他者の間で育つ感情や結びつきを活かすことによっても促進される。

これらの概念的な分類を，表10-2のように整理することができる。縦軸にW&D（2001）の定義に従って変更する境界の種類[6]を，横軸に境界変更の動機および変更方法による分類を示した。下線部分が先行研究に対する拡張箇所である。

W&D（2001）のタスク・関係性・認知の3次元モデルやKooijらの強み・

6　W&D（2001）はJCを「個人が自らの仕事のタスクもしくは関係的境界においてなす物理的および認知的変化」と定義しており，それに忠実に従えば，変更対象とする境界（タスク／関係性）と変更方法（物理的／認知的）のマトリクスが想定される（高尾，2021）。高尾（2021）は，W&D（2001）が提示したJCの3次元は，タスク・クラフティング＝タスク境界の物理的変更，関係性クラフティング＝関係性境界の物理的変更，認知的クラフティング＝タスク境界の認知的変更に当たり，関係性境界の認知的変更の形態が見落とされていることを指摘している。

表10-2　自己志向と協同志向のJC

<table>
<tr><td colspan="2"></td><td colspan="4">境界変更の動機による分類</td></tr>
<tr><td colspan="2"></td><td colspan="2">自己志向（I）</td><td colspan="2">協同志向（we）</td></tr>
<tr><td colspan="2"></td><td colspan="2">自己の強み，関心，成長動機などに適合するよう，仕事の境界を物理的・認知的に変更する（Kooijらの JC 分類を包含）</td><td colspan="2">他者や他者との関係性が生み出す強み，関心，成長動機などに適合するよう仕事の境界を物理的・認知的に変更する</td></tr>
<tr><td colspan="2">変更方法</td><td>物理的変更</td><td>認知的変更</td><td>物理的変更</td><td>認知的変更</td></tr>
<tr><td rowspan="2">変更する境界の種類による分類</td><td>タスク</td><td>W&D（2001）のタスク JC
自分の強みや関心や成長欲求に合うように仕事の内容ややり方を変える</td><td>W&D（2001）の認知的 JC
仕事を，自分や社会に，より影響を与えるものとして捉え直す</td><td>Leana et al.(2009) の協同 JC
同僚と相談や協力をして仕事内容ややり方を変える</td><td>協同志向の認知的 JC
仕事を，協働者や受益者と協同して創造し得るものとして捉え直す</td></tr>
<tr><td>関係性</td><td>W&D（2001）の関係性 JC
スキルや関心の近い人や支援者との関わりを増やす，合わない人との関わりを減らす</td><td>関係性認知 JC（未検証）
（他者を，仕事における自己成長や幸福を高めたり阻害したりする存在として捉え直す）</td><td>協同志向の関係性 JC
目的に共感しあったり個人的感情を他者と共有したりする機会をつくる</td><td>協同志向の関係性認知 JC
他者を，感情を持つ人間的存在，力を合わせる仲間として捉え直す</td></tr>
</table>

出所　藤澤（2021）をもとに筆者作成。下線部分が先行研究に対する拡張箇所。グレーの網掛け部分は未検証

興味・成長志向の JC はいずれも，個人的な要素を仕事に持ち込んで「私（I）を活かす」ための自己志向 JC といえる。対して，協同志向 JC は「私たち（we）」の意識を強調する。他者や他者との間で生まれる強みや感情を仕事に持ち込んで「私たち（we）を活かす」JC といえる。

Leana et al.（2009）の協同クラフティングは，協同志向によるタスク境界の物理的変更に当てはまる。ビジネス－ソーシャル越境の事例からは，協同志向関係性クラフティングと協同志向認知的クラフティングが新たに発見された。協同志向関係性クラフティングには関係性境界の物理的変更と認知的変更に当たる語りが見出されている。

このような概念整理から，JC 研究への理論的貢献が2点見出される。第

1に，従来イメージされてきた「境界線を引き直す」のとは別の境界変更の仕方があることが示唆される。自己志向JCが自己の特異性がくっきりと浮かび上がるように境界線を引き直す実践であるのに対して，協同志向JCは，自他の境界をむしろあいまいにし「私たち（we）」と感じられるようにする境界変更を行う。

越境研究においても，当初認知された境界線はその経験を通じて変化していくものであり，引き直されたり解体されたりして，異文化コミュニティ同士の連携活動が進んでいくと論じられている（香川，2015）。同様に，仕事における境界変更にも，線を引き直すことで結果的に自他の間の境界を強調するようなやり方だけでなく，境界を解体したり曖昧にしたりするやり方の存在が示唆される。このことは，仕事を意味深くする4種類の経路を論じたRosso et al.（2010）が，そのうち2つは自己を差異化するもの，残りの2つはより本質的なことや大きな存在とのつながりを実感させるものと指摘したこととも整合的である。

第2に，協同志向JCには「関係性境界の認知的変更」という，W&D（2001）で見過ごされた境界変更（高尾，2021）が含まれている。このことから，そのような概念が少なくとも協同志向JCにおいては成立し得ること，適切な事例を用いれば自己志向JCの関係性境界においてもその具体例が観察される可能性があることが示唆される。

4.2　仕事の意味と協同志向JC：量的検証

続いて協同志向JCの可能性を量的に検証する。藤澤・高尾（2021）では，ビジネス－ソーシャル越境で多く事例が得られた協同志向の関係性クラフティングを操作化・尺度化し，それらが(1)従来の自己志向JCと弁別的か，(2)タスク境界を他者と協同で変更するLeana et al.（2009）の協同クラフティング（協同志向タスク・クラフティング）と弁別的か，(3)仕事の意味深さや仕事上のアイデンティティの確立といった仕事上の意味経験に影響を及ぼすかを量的に検証した。従業員規模300名以上の企業に正社員として勤務する22～59歳の非管理職者を対象とした質問紙調査を行い，有効回答333名分を分析対象とした[7]。

表10-3　確証的因子分析による因子構造の検討

	カイ二乗値	自由度	AGFI	CFI	RMSEA	SRMR
モデル1：全項目1因子	619.027	148	0.715	0.850	0.098	0.069
モデル2：個人JC／協同志向タスクJC／協同志向関係性JCの3因子	271.355	145	0.888	0.960	0.051	0.044
モデル3：個人JC3因子（タスク・関係性・タスク認知）／協同志向JC2因子（タスク・関係性）の5因子	248.815	142	0.896	0.966	0.048	0.043
モデル4：個人JC3因子（タスク・関係性・タスク認知）／協同志向JC3因子（タスク・関係性・関係性認知）の6因子	244.358	142	0.898	0.967	0.047	0.041

出所　筆者作成

確証的因子分析の結果[8]，自己志向JCの下位因子としてW&D（2001）のモデルに基づくタスク・関係性・タスク認知の3因子[9]，協同志向JCの下位因子としてタスク（Leana et al., 2009の協同クラフティング）・関係性・関係性認知の3因子を想定したモデル（モデル4）の適合度が最も良好であった（表10-3）。協同志向JCは従来の自己志向JCと弁別可能な概念であり，協同志向の関係性クラフティングは，Leana et al.（2009）が提示した協同志向タスク・クラフティングとも異なる新しいJC形態であることが示唆された。

JC6因子の質問項目と記述統計量および相関係数を表10-4に示す。協同志向JCの関係性因子は自己志向JCの関係性因子および協同志向JCのタス

7　インターネット調査会社の調査パネルを用い，年齢層ごとの人数が均等になるよう統制した。平均年齢は39.63歳（SD＝10.76）。性別では男性66.07％・女性33.93％。勤務先の従業員規模別では300名以上1000名未満：35.74％，1000名以上5000名未満：30.93％，5000名以上：33.33％。

8　本章の理論的検討を踏まえ藤澤・高尾（2021）における1～3の分析にモデル4を加え再分析した。

9　Slemp & Vella-Brodrick（2013），Sekiguchi et al.（2017），Weseler & Niessen（2016）よりタスク・認知・関係性の各次元3項目を用い，「1．全く当てはまらない～6．非常に当てはまる」の6件法で測定した。

表 10-4　検証された JC6 因子の記述統計量と相関係数

				平均値	標準偏差	信頼性係数α	相関係数 1	2	3	4	5
自己志向JC	1	タスク	自分のスキルや関心に，より適合した新しい業務を探したり引き受けたりする	3.660	0.889	0.725					
			仕事の中身や作業手順を自分が望ましいと思うように変更する								
			仕事をよりよくするために新しいアプローチを導入する								
	2	関係性	職場で自分と似たスキルや関心を持つ人々と親しくなる	3.728	0.944	0.740	0.662				
			仕事を通じて積極的に人と関わる								
			仕事上で関わる人々のことをよく知ろうとする								
	3	タスク認知	自分の担当する仕事に，自分個人にとっての意味を見出す	3.623	0.944	0.812	0.708	0.665			
			自分の担当する仕事を単なる作業の集まりではなく，全体として意味のあるものだと考える								
			自分の担当する仕事の目的がより社会的に意義のあるものであると捉えなおす								
協同志向JC	4	タスク (Leana et al, 2009)	職場やチームの人たちと協力して，仕事を改善するための新しい手法を取り入れる	3.781	0.923	0.858	0.549	0.549	0.506		
			職場やチームの人たちと一緒に考えて，生産的でないと思われる仕事の手順やルールを変更する								
			職場やチームの人たちと一緒に考えて，自分たちにとってやりやすいように仕事のやり方を変更する								
	5	関係性	仕事で人と一緒に喜んだり楽しんだりする機会を少しでも作る	3.567	0.925	0.765	0.477	0.588	0.574	0.677	
			仕事において，お互いの熱意や関心を共有しあう機会を持つ								
			社会的な意義や価値を他者と共有できる仕事を作ろうとする								
	6	関係性認知	仕事で関わる人の能力側面だけでなく，感情などの人間的側面をみるようにしている	3.703	0.836	0.772	0.508	0.602	0.558	0.709	0.755
			仕事上で関わる人を，競争相手や仕事の手段としてでなく，協働する仲間としてみるようにしている								
			職場の人たちを，弱みや困りごとを開示し助けを求めることのできる相手と考えている								
			仕事で関わる人との関係性は，表面上よりも，ずっと意味深くなり得るものと考える								

出所　筆者作成

ク因子よりも平均値が低く，協同志向JCの関係性認知因子は協同志向JCのタスク因子よりも平均値が低かったが，その他因子との間には有意差はみられず，協同志向関係性クラフティングはビジネス－ソーシャル越境の文脈以外にも存在していると考えられる。

次に，JCの6因子がそれぞれ，仕事の有意味感（以降MoW）とワーク・アイデンティティ（以降WI）に及ぼす影響を検討した[10]。重回帰分析の結果を表10-5に示す。

JC因子間の相関が高いものについても，重回帰分析において5以上を目安に多重共線性の問題を疑うVIF値は高いもので3前後であり許容範囲と考えられた。6つのJCのうち自己志向JCのタスク認知因子と協同志向JC

表10-5　重回帰分析の結果

	仕事の有意味感（MoW）				ワーク・アイデンティティ（WI）			
	β	VIF	β	VIF	β	VIF	β	VIF
年齢（才）	−0.009	1.367	−0.022	1.387	0.003	1.367	−0.013	1.387
男性ダミー	0.059	1.295	0.043	1.316	0.043	1.295	0.033	1.316
従業員5千名以上ダミー	0.082†	1.016	0.076*	1.025	0.051	1.016	0.042	1.025
勤続半年以上3年未満ダミー	0.058	1.135	0.068†	1.147	0.069	1.135	0.082†	1.147
職務自律性	0.284**	1.102	0.150**	1.343	0.294**	1.102	0.146**	1.343
職務の相互依存性	0.117*	1.120	0.034	1.187	0.029	1.120	−0.062	1.187
組織外との関わり	0.288**	1.200	0.140**	1.381	0.255**	1.200	0.116*	1.381
自己志向JC_タスク			0.012	2.634			0.035	2.634
自己志向JC_関係性			−0.015	2.471			0.021	2.471
自己志向JC_タスク認知			0.156*	2.610			0.171**	2.610
協同志向JC_タスク			0.042	2.572			0.059	2.572
協同志向JC_関係性			0.410**	2.986			0.288**	2.986
協同志向JC_関係性認知			0.066	3.002			0.107	3.002
R^2	0.266		0.550		0.206		0.468	
調整済みR^2	0.250		0.532		0.189		0.446	
F	16.794**		30.051**		12.063**		21.558**	

$^{**}p<.01$，$^{*}p<.05$，$^{\dagger}p<.10$

出所　筆者作成

10　MoWとWIはいずれも「1. 全く当てはまらない～6. 非常に当てはまる」の6件法で測定した。MoWはSteger et al.（2012）のThe Work as Meaning Inventory（WAMI）尺度から9項目（α =.888），WIは谷（2001）の多次元自我同一性尺度から対自的同一性，心理的社会的同一性の3項目ずつを仕事文脈に合わせ一部表現を修正して用いた（一因子α =.935）。

の関係性因子が MoW および WI に有意な正の係数を示した。自己志向 JC タスク認知因子の係数（MoW：β =.156，WI：β =.171）よりも，協同志向 JC 関係性因子の係数（MoW：β =.410，WI：β =.288）の値が大きい傾向がみられ，協同志向関係性クラフティングが仕事における意味の創造や確立におおいに関わる JC であることが示唆された。

5. おわりに

本章の内容をまとめ，その学術的・実務的示唆について簡単に述べる。

本章の目的は，仕事における意味経験の変化プロセスとしての JC への理解を深め，その拡張を検討することであった。第1段階として，仕事で排除されがちな個人的な感情が持ち込まれ仕事の意味経験が変わり得る極端事例としてビジネス－ソーシャル越境に着目した。ボランティアの協働は，JC の素材となる個人的な感情を表出させるものの，葛藤も生む。それらを乗り越えた先に見出されたのは，自他の境界をあえて曖昧にして自他の間にある関係性の持つ強みや動機を活かす，協同志向 JC であった。第2段階として理論的・量的検討を行い，従来の自己志向（I）を強調する JC とも異なる，私たち（we）の意識を強調する協同志向の JC が，ビジネス－ソーシャル越境の文脈によらず一定程度存在し，従来の JC と弁別可能で，仕事における意味経験に影響を及ぼすことを確認した。

本章で取り上げた研究には，研究対象の限定性や尺度の測定精度の不十分さなど多くの課題が残されている。しかしながら一連の研究の学術的貢献は，仕事における意味経験の変化メカニズムに関わる JC を拡張し，JC 研究の原点回帰に貢献する研究発展の可能性を提示したことといえる。仕事の意味経験は自己を活かすことのみによらず，他者や他者との間で育つ強みや感情を活かすことによっても変化する。近年，自己志向 JC を促す介入条件が検討され，例えば，人や仕事への可変的マインドセット（Berg et al., 2022）の媒介が指摘されているが，類似のメカニズムを協同志向 JC においても検討する意義があるだろう。

実務的貢献としては，今日，様々な社会的変化を経て制度や価値観が変化し，仕事組織においても「弱い状況」が形成される可能性がある中で，そこで生じる葛藤の理解やその克服に，ビジネス－ソーシャル越境の知見が役に立つだろう。本文中には記述できなかったが，越境プロセスから脱落する者もおり，彼らは，支援先事業の理念や戦略に共感できなかったり，自文化へのこだわりを捨てなかったりした。自他の特異性を活かす協同的関係性を仕事に生み出そうとする場合にも，事業の方向性や意義の明瞭さやそれらへの共感，個人の可変的マインドセットが重要となるだろう。

〈参考文献〉

Akkerman, S. F., & Bakker, A. (2011). Boundary crossing and boundary objects. *Review of Educational Research, 81*(2), 132-169.

Berg, J. M., Dutton, J. E., & Wrzesniewski, A. (2013). Job crafting and meaningful work. In B. J. Dik, Z. S. Byrne & M. F. Steger (Eds.), *Purpose and meaning in the workplace* (pp. 81-104). American Psychological Association.

Berg, J. M., Wrzesniewski, A., Grant, A. M., Kurkoski, J., & Welle, B. (2022). Getting unstuck: The effects of growth mindsets about the self and job on happiness at work. *Journal of Applied Psychology*. https://doi.org/10.1037/apl0001021.

Bowen, D. E., & Ostroff, C. (2004). Understanding HRM-firm performance linkages: The role of the "strength" of the HRM system. *Academy of Management Review, 29*(2), 203-221.

Farmer, S. M., & Fedor, D. B. (1999). Volunteer participation and withdrawal. *Nonprofit Management and Leadership, 9*(4), 349-368.

藤澤理恵 (2021).『プロボノにおける越境が可視化する協同志向のジョブ・クラフティング：関係的な主体性への拡張に向けて』博士学位論文.

藤澤理恵・香川秀太 (2020).「仕事とボランティアを越境するプロボノの学び：贈与と交歓を志向する情動的ジョブ・クラフティング」『経営行動科学』*32* (1・2), 29-46.

藤澤理恵・高尾義明 (2021).「仕事の境界を他者と共同構成する協同志向ジョブ・クラフティングの探索的検討」経営行動科学学会第24回年次大会.

Hardt, M., & Negri, A. (2017). *Assembly*. Oxford University Press.

Hochschild, A. R. (1983). *The managed heart: Commercialization of human feeling*. University of California Press. (石川准・室伏亜希訳『管理される心―

感情が商品になるとき』世界思想社，2000年）．
石山恒貴・伊達洋駆（2022）．『越境学習入門 組織を強くする「冒険人材」の育て方』日本能率協会マネジメントセンター．
香川秀太（2015）．「越境的な対話と学びとは何か」香川秀太・青山征彦（編著）『越境する対話と学び』第2章（pp. 35-64）．新曜社．
香川秀太（2019）．「「未来の社会構造」とアソシエーション，マルチチュード，活動理論：贈与から創造的交歓へ」『実験社会心理学研究』58(2)，171-187.
Kooij, D. T., van Woerkom, M., Wilkenloh, J., Dorenbosch, L., & Denissen, J. J. (2017). Job crafting towards strengths and interests: The effects of a job crafting intervention on person-job fit and the role of age. *Journal of Applied Psychology, 102*(6), 971-981.
Kuijpers, E., Kooij, D. T., & van Woerkom, M. (2020). Align your job with yourself: The relationship between a job crafting intervention and work engagement, and the role of workload. *Journal of Occupational Health Psychology, 25*(1), 1-16.
Leana, C., Appelbaum, E., & Shevchuk, I. (2009). Work process and quality of care in early childhood education: The role of job crafting. *Academy of Management Journal, 52*(6), 1169-1192.
Mischel, W. (1973). Toward a cognitive social learning reconceptualization of personality. *Psychological Review, 80*(4), 252.
長岡健・橋本諭（2021）．「越境学習，NPO，そして，サードプレイス：学習空間としてのサードプレイスに関する状況論的考察」『日本労働研究雑誌』*63*(7)，31-43.
Peters, T. J. & Waterman, R. H., (1982). *In search of excellence*. Harper & Row.
Rosso, B. D., Dekas, K. H., & Wrzesniewski, A. (2010). On the meaning of work: A theoretical integration and review. *Research in Organizational Behavior, 30*, 91-127.
Sekiguchi, T., Li, J., & Hosomi, M. (2017). Predicting job crafting from the socially embedded perspective: The interactive effect of job autonomy, social skill, and employee status. *Journal of Applied Behavioral Science, 53*(4), 470-497.
Slemp, G. R., & Vella-Brodrick, D. A. (2013). The job crafting questionnaire: A new scale to measure the extent to which employees engage in job crafting. *International Journal of Wellbeing, 3*(2), 126-146.
Steger, M. F., Dik, B. J., & Duffy, R. D. (2012). Measuring meaningful work: The work and meaning inventory (WAMI). *Journal of Career Assessment, 20*(3), 322-337.
田所聖志（2018）．「地域包括ケアにおける「互助」概念と贈与のパラドックス」

『日本健康学会誌』*84*(6), 187-197.
高尾義明（2020).「ジョブ・クラフティングの思想：Wrzesniewski and Dutton（2001）再訪に基づいた今後のジョブ・クラフティング研究への示唆」『経営哲学』*17*(2), 2-16.
高尾義明（2021).「関係性の境界を認知的に変更するジョブ・クラフティング：Wrzesniewski and Dutton（2001）の定義に基づいた新しいジョブ・クラフティング形式」『経済経営研究』*3*, 33-45.
谷冬彦（2001).「青年期における同一性の感覚の構造 多次元自我同一性尺度（MEIS）の作成」『教育心理学研究』*49*(3), 265-273.
Weseler, D., & Niessen, C. (2016). How job crafting relates to task performance. *Journal of Managerial Psychology, 31*(3), 672-685.
Wrzesniewski, A., & Dutton, J. E. (2001). Crafting a job: Revisioning employees as active crafters of their work. *Academy of Management Review, 26*(2), 179-201.
Wrzesniewski, A., LoBuglio, N., Dutton, J. E., & Berg, J. M. (2013). Job crafting and cultivating positive meaning and identity in work. In *Advances in Positive Organizational Psychology* (Vol. 1, pp. 281-302). Emerald Group Publishing Limited.

（藤澤　理恵）

シニア労働者のジョブ・クラフティング
サクセスフル・エイジングに着目して

第 11 章

1. はじめに：シニア労働者が置かれている社会環境とジョブ・クラフティング

高齢化の急速な進展にともない，個人は職業生活の長期化を余儀なくされている。日本においては，「高年齢者等の雇用の安定等に関する法律」（高年法）の度重なる改正により高年齢者雇用確保措置の強化が進められ，昨今では70歳現役社会の到来などと取りざたされている[1]。このような個人のキャリア時間軸の延長の様相は日本だけでなく，海外においても同様の状況にある。

日本のシニア雇用の現状は「福祉的雇用」（今野，2014）といわれ，シニア労働者の役割が曖昧なままに置かれている。一方，シニア労働者は高い就労意欲を有しているが，再雇用制度に置かれたシニア労働者は役割が曖昧なため能力開発の動機が働かないといった課題が浮かび上がっている。現役世代

1　改正高年法により60歳代前半層の就業率が上昇しているがこの雇用義務化の多くは再雇用制度によるものであり，60歳以前に比べ賃金や待遇の低下といった悪質な労働条件下にある。中には現役時代と同じ仕事であるのにも関わらず，賃金の低下を余儀なくされるなどの事例も垣間みえる。日本では，60歳代前半層の賃金が50歳代後半層の賃金の60％に落ち込むことが指摘されている。シニアの労働市場への参加が促進されていることは海外においても共通の現象であるが，定年を契機とした賃金の急激な落ち込みは日本特有のものである（OECD, 2018）

と比べると介護や自らの病気治療の負担が増すことが容易に想定されるのにも関わらず，公的年金の支給開始年齢の延長により就労せねばならない状況も想起される。このような制度的要因を抱えながらも役割が曖昧な職場環境に置かれていることが，シニア労働者を取り巻く状況といえる。そのような賃金などの処遇の低下や曖昧な役割に置かれている状況が，シニア労働者のモチベーションの低下を招いている（戎野，2018; OECD, 2018）。そしてシニア労働者のモチベーションの低下は，生産性の低下や組織の士気低下をも招く可能性を秘めている。

これらの社会的背景をみていると，高齢化の急激な進展に伴いキャリア時間軸の延長を余儀なくされる個人が生き生き活躍する社会をどうやったら実現できるのであろうかといった問いが生まれる。その問いの答えになりうる概念がジョブ・クラフティング（job crafting，以下では，JCと略記）である。シニア労働者がJC行動を行うことが生き生き活躍することにつながるなど（Kooij et al., 2022），JCの概念がシニア労働者の活性化に有効であることが近年指摘されている（高尾，2021）。議論を先取りすると，JCは加齢プロセスに応じた個人内変化に仕事を継続的に調整していくメカニズムである。

JCはWrzesniewski & Dutton（2001）が提起した概念であり，「労働者が仕事の境界や仕事における人間関係の境界を自分の意思で変化させること」（Wrzesniewski & Dutton 2001, p. 179）と定義され，労働者が自発的に個人的に意味のある方法で自らの仕事を再定義し再創造するプロセスである（Berg et al., 2013）。Wrzesniewski & Dutton（2001）では，職務範囲や役割の変更（タスク・クラフティング），仕事の意義の変更（認知的クラフティング），人間関係の境界の変更（関係的クラフティング）の3次元を提示している。またJCは仕事の境界を拡張する方向に変化させることもあるが，必要最小限に自分の仕事を絞り込むように仕事の境界を縮小方向に変化させることもある（Kooij et al., 2015）。中野（2015）は先行研究においては暗黙のうちにJCを拡張的なものに限定して議論してきていると批判し，「仕事の境界を縮小させる」縮小的JCという概念を提示し，縮小的タスク・クラフティング，縮小的関係的クラフティング，縮小的認知的クラフティングの3次元を提示している。

このように，JCを拡張的，縮小的の軸で分類すること（例えば，Weseler & Niessen, 2016）はシニア労働者のJC研究では重要であるが，先行研究では一般に制御焦点理論（Regulatory Focus Theory）（Higgins, 1997, 1998）の2分法を援用し，快なことを追求するJCと不快なことを避けるJCに分類することが多い。つまり，利得に接近するJC（以下では，接近JCと略記）と損失を回避するJC（以下では，回避JCと略記）は質的に異なるものとして区別し，接近JCと回避JCでの軸で分類することのほうが一般的である（第1章を参照）。

JCの先行研究にはWrzesniewski & Dutton（2001）の視点の他に，JCを仕事の要求（job demands）と仕事の資源（job resources）を調整する方法として捉える視点もある。Tims & Bakker（2010）は，JCを「要求と資源の不都合が生じた際，労働者自身の能力や選好と整合を取るように仕事の要求や仕事の資源の水準を変更すること」と定義している。ここでは，仕事を個人の好みに変えるために，仕事のリソースである仕事の資源と個人の資源（personal resources）を増やすこと，仕事の要求を減らすことなどがJCとなる。仕事の資源とは，具体的には自律性，パフォーマンスのフィードバック，社会的支援，上司のコーチングなどであり，個人の資源は，楽観性，自己効力感，レジリエンス，自尊心などである。また，仕事の要求は，具体的には仕事のプレッシャー，情緒的負担，認知的負担，身体的負担などとなる（Bakker, 2010, p. 240）。

シニア労働者のJC研究のトリガーに位置するKooij et al.（2015）は，JCをシニア労働者が加齢による変化に対して主体的に自らを仕事へ適応させるプロセスとして捉えている。JC行動により個人－仕事適合（person-job fit）と仕事への興味を高めることができ，仕事におけるサクセスフル・エイジングを強化できるとしている。個人が職業生活の生涯にわたって仕事の能力やモチベーションを維持するためには，変化する自己と職場環境の間の個人－仕事適合を積極的に創出する必要がある。言い換えると，個人－仕事適合を維持し創出する手段がJCである（Bindl, & Parker, 2011; Grant, & Ashford, 2008）。シニア労働者は「現在の職位以上の昇進の可能性が非常に低いキャリア上の地位」（Ferencs, Stoner & Warren, 1977）と定義されるキャリア・プラトー（career plateau）を経験する可能性が高いため（Armstromg-Stassen, 2008），JC行動により個人－仕事適合（person-job fit）と仕事への興味を高めることができる。そして，その結果として，仕事におけるサクセスフル・エイジング[2]（successful aging at work）を強化することができる（Kooij et al., 2015）。

仕事におけるサクセスフル・エイジングは，「シニア労働者が働き続けるための高いレベルの能力とモチベーションの積極的なメンテナンス，あるいは衰退からの適応的な回復」と定義される（Kooij et al., 2020a, p. 351）。このように，シニア労働者にとって仕事におけるサクセスフル・エイジングに有効なメカニズムであるJCは，残念なことに年齢とともに減少することもわかっている（Rudolph, Katz, Lavigne, & Zacher, 2017）。

これらの示唆は個人にとっての効用であるが，組織にとってもシニア労働者のJCは有益なものとなりうる。後ほど詳しく取り上げるように，Lichtenthaler & Fischbach（2016）は，JCがシニア労働者のリテンション（定着）を促進することを指摘している。このように，JCはシニア労働者個人と組織の両方に有益な効果をもたらすことがある（Tims et al., 2016）。

しかしながら，シニア労働者のJCの先行研究は希少であるだけでなく，その研究領域の方向性や課題が整理されていない。そこで，本章では，その先行要因やアウトカムは何であるのかを整理することで本研究領域における課題を提示したい。

さらには，シニア労働者のJCにはどのようなものがあるのか，現役世代と比べてシニア労働者のJCにはなんらかの特有な差異があるのかについて，本研究領域の先駆けであるKooij et al.（2015）と日本の研究である岸田（2021）を検証していく。

後ほど詳しく検証していくが，先に議論を要約すると，Kooij et al.（2015）では，シニア労働者に特有なJCとして，損失を規制することを志向する調

2　サクセスフル・エイジングという概念は一般に「幸福な老い」と訳されることが多いが，サクセスフル・エイジングの議論は医学，心理学，社会学などさまざまな領域でなされており，例えば老年社会学の領域でも活動理論と離脱理論に分かれ，サクセスフル・エイジングの定義が一律に定まっているわけではない

節JC（accommodative crafting），新しいスキルを学ぶことや成長を志向する発達JC（developmental crafting），既に得ているスキルや知識の利用に焦点を当てた利用JC（utilization crafting）の3次元を提唱している。一方，日本の再雇用者のJCを分析した岸田（2021）では，シニア労働者においては，仕事の境界や人間関係の境界を拡張する拡張的JCと縮小する縮小的JCが織り交ざっていることを発見している。

2. シニア労働者のジョブ・クラフティングの先行要因

第2節では，シニア労働者のJCの先行要因を確認していく。シニア労働者のJCの先行要因として，シニア労働者の主観的年齢（subjective age），キャリア・ステージの変化，機会増強的な人事慣行（opportunity-enhancing human resource practices）といった，シニア年代に特有な要因に絞って議論を展開する。主観的年齢は個人の主観，すなわち個人特性に関わる要因であり，キャリア・ステージの変化は制度的コンテクストに関わる要因であり，機会増強的な人事慣行は組織環境に関わる要因となる。

第1に，シニア労働者の主観的年齢がJCに影響を与えることがわかっている。主観的年齢とは「自分がいると思っている年齢」（the age people think of themselves as being）（Rubin, & Berntsen, 2006, p. 776）と定義される概念であり，主観的年齢が若いこと，すなわち自分で実年齢より若いと感じていることがJCを促進する（Nagy et al., 2019; Zacher & Rudolph, 2019）。Nagy et al.（2019）は，主観的年齢がJCに影響することを指摘している。主観的年齢の若いシニア労働者は，主観的年齢が高齢の者に比べ，高いレベルのJCを行っている。Nagy et al.（2019）は，社会情動選択性理論（以下では，SST理論と略記）（Carstensen et al., 1999）[3]の援用により，将来の時間がますます限定されることで現状を維持し，さらなる喪失を回避しようとする回避JCが行われることを指摘している。一方，未来へのオープンエンドな視点を持つより若い主観的年齢のシニア労働者は，長期的な開発目標を持つことでさらに多くの資源と仕事の課題を追求するような接近JCを行う（Kooij et al.,

2017)。Nagy et al.(2019)を受けて，Zacher & Rudolph(2019)は，主観的年齢とJCの媒介変数として職業的未来時間展望(occupational future time perspective)を指摘している。職業的未来時間展望のレベルが高ければ，JCを起こすことにより主観的年齢を低下させることができる。職業的未来時間展望のレベルが高いとは「職業生活の大部分は自分の前にある」，「職業の未来は無限に見える」と感じていることであり，職業的未来時間展望のレベルが低いとは「加齢に伴い職業の未来に限られた時間を経験し始める」と感じていることである(Zacher & Rudolph, 2019)。

Wong & Tetrick(2017)は，シニア労働者は加齢に伴い将来の時間的視点がますます限られていることから自分の時間を誰に投資するのかについてより選択的になるとし，そのため自らの中核の価値観を共有していない同僚や上司から遠ざかるとしている。そして，Bruning & Campion(2018)は，制御焦点理論(Higgins, 1997, 1998)の2分法を取り入れて，JCをポジティブな結果の生起を重視する接近JCとネガティブな結果の回避を重視する回避JCに分類しているが，この分類に従うとWong & Tetrick(2017)の論理は，関係次元における回避JCといえる。この自らの中核の価値観を重視した人間関係を選択することは，後述する選択的最適化理論(The Selection Optimization and Compensation model，以下，SOCモデル)(Baletes & Baltes, 1990)やSST理論とも整合的である。すなわち，SST理論では個人が時間を拡張的と見る時に未来を最適化する未来時間展望(future time perspective)を導入しているが，それを職業に当てはめた職業的未来時間展望で考えると職業的未来時間展望が拡張する方向にある若年労働者はより遠い未来に役立つ機会を追求しようとするが，加齢に伴い時間がなくなってい

3　SST理論は，将来の時間展望が人間の発達に影響を与えることを説明する理論である。人間は時間が無限だと思うことで広く情報を求め社会関係を広げていく傾向があるが，時間が有限だと思うようになると，情報や金銭よりも感情的な満足を求める方向での動機づけが強まることを示唆している。シニアになると，加齢とともに，親密な社会関係を深めることに資源を集中させていくと説明する。SST理論は，エイジング・パラドックス(シニア期における機能の低下や社会関係の縮小にもかかわらずウェルビーイングが安定していること)を説明する理論として知られている。SST理論からは，シニアでは現役世代にも増して感情的なサポートがより有効であるという実践的示唆を得られる

ると感じるシニア労働者は感情的に充足する目標に注力する。職業的未来時間展望が縮小している状態では，個人は自己概念を積極的に確認することで，感情的な満足を促進するスキルや人間関係に焦点を当てる（Wong & Tetrick, 2017）。

第2に，シニア労働者のJCの先行要因として，役職定年や定年再雇用といったキャリア・ステージの変化を指摘できる。キャリアの評価から生じる否定的な感情であるキャリア不満（career dissatisfaction）が，JCへ影響を与えることもわかっている。キャリア不満という現状を変えるために，JCを起こすことがある（Wang, Chen & Lu, 2020）。シニア労働者にとって，役職定年や定年再雇用というイベントはキャリア不満を引き起こす可能性が高い。かつ，シニア労働者は若い年代の労働者に比べ，キャリア・プラトーを経験する可能性が高い（Armstrong-Stassen, 2008）。キャリア・プラトーもキャリア不満を引き起こす要因となりうる。高尾（2019）では，昇進・昇格という外的動機づけが期待しづらいシニア労働者は，JCにより内的動機づけを行うことでモチベーションを維持できることを示唆している。岸田（2019）では，役職定年や定年再雇用といったキャリア・ステージの変化は個人にとっては喪失体験として捉えられており，役割が曖昧なままに置かれるといった状況の中でも，職場に適用しようとしてJCを起こすプロセスを発見している。老年学ではロールレス・ロールといって役割がないことがシニアの役割である（Rosso, 1947）といった逆説があるが，シニア労働者にとってJCはロールレス・ロールを解消しようとするための道具として捉えることができる（岸田，2021）。後ほど第4節で詳しく取り上げるが，岸田（2021）では，役割が曖昧な状態に置かれたシニア労働者が，その状況を職業的役割の縮小と捉え，JC行動を起こすことで職場に適応していくことが示唆されている。

あるいは，岸田（2021）では再雇用者が定年というキャリア・トランジションに遭遇したことに際し，仕事の意味づけの問い直しをしていることを示唆し，具体的には「生活に占める仕事の比重の逓減」という概念を生成している。岸田（2021）ではこの概念の生成をもって，「家庭生活や地域生活など仕事生活以外のものの比重が増すことで，仕事の生活の優先順位を現役時代より低く位置づける」ことを，縮小的認知的JCとして提唱している。

定年で一旦退職するが再雇用により職業キャリアが継続しているシニア労働者は，職業的役割が曖昧なまま，あるいは自らの社会的役割が縮小していると感じている。そのようななかで，定年後の生活スタイルを仕事中心の生活スタイルから複数の生活スタイルを重視するようにできる縮小的認知的JCを行うことで，シニア労働者はモチベーションの軸足を複数にすることができ，その結果役割が曖昧な状況に置かれてもなお職場に適応できるようになる。

第3に，シニア労働者のJCの先行要因として，機会増強的な人事慣行について述べる。機会増強的な人事慣行とは組織側の要因であるが，Wrzesniewski & Dutton（2001）は個人の自発的な行動であるJCを組織が人的資源マネジメント（human resource management, HRM）を通じて刺激できることを示唆している。現に，Kooij et al.（2021）では，意思決定への参加，情報共有，広範で柔軟な職務記述書などの機会増強的な人事慣行が心理的エンパワーメントを通して，JCを増加させることを示唆している。心理的エンパワーメントは，「個人が自分の仕事に関連してコントロール感を感じるために必要な一連の心理的状態」（Spreitizer, 2008, p. 56）と定義され，仕事での意味を体験すること，仕事での自己決定を体験すること，コンピタンスを体験すること，仕事において影響を与えるインパクトを感じることといった4つの認知を通じて，コントロール感と仕事への動機づけをすることができる。心理的エンパワーメントは職場環境により形成することができ（Thomas & Velhouse, 1990），機会増強的な人事慣行も心理的エンパワーメントを促進する。なぜならば，機会増強的な人事慣行は，個人に仕事，目標設定，意思決定に携わることを共有し，かつ期待する環境的な手がかりとなるためである（Chamberlin et al., 2018）。

シニア労働者は，より多くの機会を向上させる人事慣行が組織によって提供されていること，そしてそのような人事慣行が実施されていると認識することにより，心理的エンパワーメントを高めることができる。そして，その心理的エンパワーメントが仕事の状況に対する積極的な方向づけをもたらし，JCの行動を増加させる。例えば，シニア労働者は意思決定に参加する機会を得ることができる人事慣行があると認識できると，より心理的に権限を与えられ，知識，スキル，興味を利用することを目的とした利用JCを行ったり，個人の資源を最適化するような発達JCを行うようになる。ただし，心理的エンパワーメントの変化は利用JCと発達JCへ影響を与えるが，仕事の要求を減らすことにより喪失を規制する調節JCへは影響を与えていなかった（Kooij et al., 2022)。なお，調節JC，発達JC，利用JCは，Kooij et al.（2015）が提唱したシニア労働者に特有なJCであるが，第4節で詳しく言及する。

Kooij et al.（2022）では，組織がシニア労働者のJCを誘発する可能性を有していることを示唆しているものの，機会増強的な人事慣行といっても，どのようなプロセスでJCが促進されるのかは明らかにしていない。ただし，この機会増強的な人事慣行が心理的エンパワーメントを通じてJCを促進するという知見は，前述のJCがシニア労働者のリテンションに効果があること（Lichtenthaler & Fischbach, 2016）を考慮すると，実践的な意義は大きい。なぜならば，機会増強的な人事慣行の施策を実行することで，定年後の再雇用制度など貧困な仕事環境に置かれているシニア労働者のJCを促し，その結果，シニア労働者の働き続けるモチベーションを維持することにつながるからである。機会増強的な人事慣行を認知したシニア労働者は，心理的エンパワーメントを高めることで，自らの個人－仕事適合を高め，仕事のパフォーマンスを上げる方向でJCを行うと期待される（Kooij et al., 2022)。

これらの議論からは，主観的年齢のように個人の認知を変化させる試みや，機会増強的な人事慣行のように組織環境を変化させる試み，あるいは，定年後の再雇用制度などの制度的コンテクストを変化させることにより，シニア労働者のJCを喚起できることがわかる。

3. シニア労働者のジョブ・クラフティングのアウトカム

第3節では，シニア労働者のJCのアウトカムを論じる。前述のとおり，シニア労働者はJCを起こすことにより個人-仕事適合を改善することができ，その結果，ワーク・エンゲイジメントやモチベーションを高めることができるため，仕事におけるサクセスフル・エイジングを実現できる。JCのアウトカムとして，個人-仕事適合，モチベーション，自己アイデンティティの維持の3点について確認していく。

第1に，JCのアウトカムとしてJCが個人-仕事適合を改善することが挙げられる。Kooij et al.（2015）は，組織心理学と生涯発達心理学の先行研究のレビュー分析から，JCによりシニア労働者が仕事に適合できるようになることを示唆している。シニア労働者は在職期間が長くキャリア・モビリティが低下する傾向にあるため長年同じ仕事をしている可能性が高いのにもかかわらず（Wong & Tetrick, 2017），仕事のスキルや動機は加齢とともに変化する。若い時には難易度が高いがやりがいがあると感じられた仕事も，加齢とともに難易度が低下し，時には退屈な仕事になりうる。そのような状況に置かれるシニア労働者にとって，JCを行うことで仕事を自らに寄せていくことができ，自らの仕事への適性や興味を高めることができる。シニア労働者にとって，JCは自らの環境を少しでも変える武器となりうる。このように，JCは最適な個人-仕事適合を創出，あるいは維持するためのプロアクティブ行動とみなすことができ，JCによって喚起された個人-仕事適合はシニア労働者の仕事の意味を引き出し，シニア労働者のモチベーションの維持に貢献する（Kooij et al., 2015）。

Kooij et al.（2017）では，強みを志向するJC（job crafting toward strengths）（以下では，強みJCと略記）と興味を志向するJC（job crafting toward interests）（以下では，興味JCと略記）という2つのJCの概念を提示している。強みとは個人的な最善の結果を可能にし，特定の仕事をうまく遂行できるようにするもので，興味とはエネルギーと時間を費やす意欲を持てる対象のことである。強みを志向するJCとは，タスクの枠組みの中で個人が自らの強みを活かすように行う自律的な変化のことである。興味JCとは，個人がより楽しくなるように仕事で行う自己主導の変化である（Kooij et al., 2017）。シニア労働者はJCを起こすことで自らの強みと興味への洞察を高め，その結果アイデンティティに合致した環境を作り出すことができる。

Demerouti（2014）は，個人の興味を満足させることでシニア労働者のモチベーションを高めることができることを示唆しており，この個人の興味を満足させるJCにより個人と仕事をフィットさせることにつながる。現に，Kooij et al.（2020b）では，128人のシニア労働者の日誌調査から興味JCがワーク・エンゲイジメントと仕事のパフォーマンスに正の影響を与えることを明らかにしている。さらには，仕事の圧力を下げるために個人が行う自己主導の変化である仕事圧力JC（work pressure crafting），すなわち損失規制の戦略よりも，興味JCのほうがシニア労働者にとって有益であることも示唆している。

第2に，JCはモチベーションに影響を与える。JCにより年齢に関連して個人の資源の変化に応じて仕事の要求を再編成することができ，モチベーションを高める（Kanfer et al., 2013; Kooij et al., 2015）。JCはモチベーションへ影響を与えるため，シニア労働者のリテンション（定着）にも正の影響を与える（Lichtenthaler & Fischbach, 2016）（図11-1）。

Lichtenthaler & Fischbach（2016）は，促進焦点のJC，すなわち拡張的JCが定年を超えてもなお働き続ける動機づけを促進することを明らかにしている。拡張的JCが仕事をわかりやすく，扱いやすく，意味のあるものと認識させ，健康を保つことにも寄与する。一方，予防焦点のJC，すなわち縮小的JCは，負の効果を持つことを指摘する。要するに，縮小的JCはバーンアウトを正の相関関係があると指摘している。Lichtenthaler & Fischbach（2016）では，拡張的JCが仕事の首尾一貫感覚（employees'work sense of coherence）を高め，仕事の首尾一貫感覚が定年年齢を超えても働き続けるモチベーションを促進すると分析している。一方，縮小的JCは，仕事の首尾一貫感覚を下げる方向に働くために定年年齢を超えても働き続けるモチ

図11-1　Lichtenthaler & Fischbach（2016）のモデル

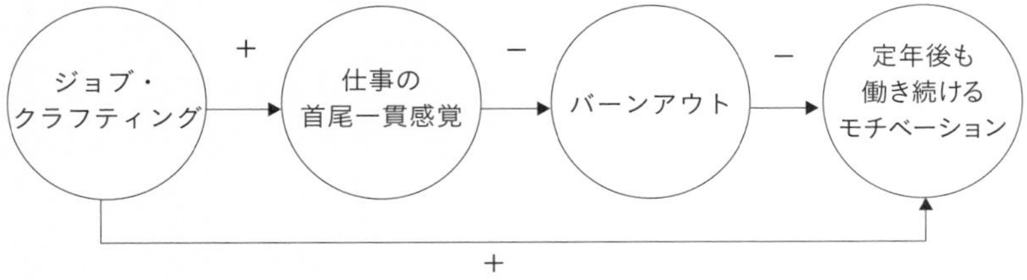

出所　Lichtenthaler & Fischbach（2016, p. 479）Figure 1をもとに筆者作成

ベーションに負の効果があると示唆している。

縮小的 JC とモチベーションの関係性については，学説が定まっておらず，後述のとおり，岸田（2019; 2021）では縮小的 JC もモチベーションの維持に寄与することを明らかにしており，Lichtenthaler & Fischbach（2016）の知見とは異なる結果になっている。高尾（2021）においても，シニア労働者においては縮小的 JC がモチベーションの維持につながる可能性を示唆している。

Kanfer & Ackerman（2007）では，シニア労働者にとって魅力ある仕事の特性として，安全で健康を保てること，そして健康を保てることに関連するが残業時間をコントロールできることを挙げている。岸田（2021）では，シニア労働者が体に負担をかける残業を減らそうと仕事量を少なくしていこうと調節する縮小的タスク JC や，残業を減らす工夫として仕事上の連絡のやり取りを夕方は制限する縮小的関係的 JC も指摘されている。これらの縮小的 JC を行うことで，残業をコントロールすることができ，その結果，長く働き続けるモチベーションの維持につながっていることが示唆されている。Bindl et al.（2019）も，回避タスク JC が，最も重要なタスクに注力することを通して生産性の維持やストレスの軽減につながることを指摘している。回避 JC，すなわち縮小的 JC が仕事の遂行を可能にする正の効果があるとして，従来の先行研究は縮小的 JC を否定的に捉えすぎていると批判している。このように，縮小的 JC がモチベーションに負の影響を与えるとは一概には言い切れない。

第 3 に，JC は自己アイデンティティの維持に寄与する。Wong & Tetrick（2017）は，シニア労働者の JC の中でも認知的 JC の重要性を強調している。コントロールの生涯理論（life span theory of control）に基づき，JC，特に認知的 JC は加齢とともに価値を高めていくとの理論を展開する。個人が加齢に伴う変化に認知的 JC により対処することができ，仕事における良好な自己アイデンティティを維持するのに役立つ。すなわち，シニア労働者が認知的 JC を用いることで，エイジズム（ageism）[4]からの脅威を防ぎ自己アイデンティティを保護することにつながる。そして，個人的に意味のある分野に資源を配分することでタスクの開発や維持ができ，対人関係の構築も容易になる（Wong & Tetrick, 2017）。

小括すると，JC が仕事におけるサクセスフル・エイジングを強化することができる。加齢による変化に対して仕事を自らに寄せることで職場に適応できるようになり，シニア労働者に生きがいを与える（Kooij et al., 2022）。そして，JC は組織にとっても有用で，シニア労働者のリテンション（定着）に寄与することができる（Lichtenthaler & Fischbach, 2016）。

4. シニア労働者に特有なジョブ・クラフティング

第４節では，シニア労働者に特有な JC を分析した先行研究を論じる。１つはシニア労働者の JC 研究の端緒である Kooij et al.（2015）であり，もう１つは日本の大企業のシニア労働者を分析した岸田（2019；2021）である。ともに，生涯発達心理学の知見を援用した議論を展開している。4. 1 では Kooij et al.（2015）が提示したシニア労働者に特有な３次元について論じ，4. 2 では日本の大企業のシニア労働者が役職定年や定年といったキャリア・ステージの変化に遭遇した結果，生起する JC について論じる。

4.1　Kooij et al.（2015）のシニア労働者のジョブ・クラフティング

Kooij et al.（2015）は，サクセスフル・エイジングに関する補償プロセスの理論の１つである SOC モデルの論理に沿った形でシニア労働者に特有な JC を提示している（表 11-1）。SOC モデルは，年齢を重ねることで喪失体験が増えていくのにもかかわらず，なぜシニアが老いをポジティブに肯定しているのかといったエイジング・パラドックスの問いに答える理論である。この SOC モデルでは，個人の資源の利用可能性に合わせてより少ない目標

4　エイジズムは，Butler（1969）が 1960 年代のアメリカの社会問題を分析し，人種差別，階級差別の他に年齢差別の問題を忘れてはならないとして指摘した概念である。エイジズムの定義も様々であるが，エイジズム研究をレビューした竹内・片桐（2020）によると，エイジズムを「高齢者および老化プロセスに対する否定的態度」（竹内・片桐，2020, p. 356）として捉え，サクセスフル・エイジングを阻害するものとしている

を選択しながら，その目標に対し持てる個人の資源の最適化を行い，目標の達成のために必要な資源の補償を行うことで，自己概念の急激な変化を抑えることができる（中原，2022）。喪失した機能に目を向けるのではなく，今残っている機能に目を向けることで自らの人生に適応していけるという理論である。

SST 理論では，SOC モデルの加齢の適用プロセスを社会関係において詳説し，目標を自己成長から感情を良好に維持することに選択しなおし，感情を良好に保てる人間関係に個人の資源を集中するとしている（中原，2022）。このように SST 理論では，SOC モデルを仕事における人間関係においても適用できることを説明している。

この SOC モデルを仕事に適用すると，選択は，依然として達成可能な目標に絞る喪失ベースの選択を行うことや自分のやりたい仕事の目標だけを選択することを指す。例えば，最も興味深い仕事に焦点を合わせることや，達成不可能な目標や仕事を放棄すること，あるいは優先順位の低い仕事を他人に委譲することが相当する。また，最適化は，重要な目標を達成するために，個人の資源を最大限使用すること，すなわち目標達成のために個人の時間や努力を傾注することを指す。具体的には，スキルの維持や能力の最大化に努力を傾注することや，目標追及のために更なる時間と努力を注ぐことが相当する。そして，補償は，目標を達成するための代替手段の獲得や使用を意味する。例えば，周りの同僚に助けを求めたり，アシスタントを使用することを指す（Kooij et al., 2015）。

Kooij et al.（2015）は，シニアが目標の選択と資源の最適化，そして補償といった３つの方略を使うことで熟達化できるという SOC モデルをシニア労働者の JC 研究に援用し，調節 JC，発達 JC，利用 JC の３次元を提示している（表 11-1）。

調節 JC は個人の資源の喪失を緩和，調節することを目的として行われ，身体的，認知的，感情的，量的な仕事の要求を減らすことにより個人の資源を過剰に使わないように調節している。調節 JC として，具体的にアシスタントの採用やアドバイスの専門的ネットワークの活用，優先順位の低い職務の委譲，目標達成のための他の方法の採用などが挙げられる。

表 11-1　Kooij et al.（2015）Table 9.2 によるシニア労働者の JC の 3 次元

Kanfer & Ackerman (2004)	SOC モデル	JC の形態（先行研究における JC 形態）	JC 行動の例
損失	喪失ベースの選択と補償	調節 JC（障害となるものを減らす 社会的な仕事の要求を減らす / 仕事量を減らすようにする / 社会的な仕事のリソースを増やす）	より少ない依頼による作業量の削減
			アシスタントの雇用
利益	資源の最適化	発達 JC（追加タスクのような仕事の拡張 / 挑戦的で量的な仕事の要求の増加 / 構造的・社会的な仕事の資源の増加）	新しい学習を助けるためにプロの同僚の使用
			定期的に専門外の仕事の引き受け
再編 交換	選択	利用 JC（先行研究での JC 形態においては，利用 JC に同定できる形態はない）	知識やスキルを維持するために，同僚の指導への参加
			未使用のスキルや資源を活性化させるようなタスクの引き受け

出所　Kooij et al.（2015，p. 153）Table 9.2 を筆者にて一部追記修正

発達 JC は，成長の可能性を実現することによって個人の資源の最適化を図る。発達 JC により，自らの発達の機会を創出し，挑戦的な要求と責任を増やすことにより新たなスキルや成長の可能性を上げることができる。ここでの個人の資源とは，興味，強み，能力，知識，成長可能性，スキルを指す（Freund & Riediger, 2001）。発達 JC の具体例としては，新しいスキルを得ることや成長のために学ぶこと，よりチャレンジングな任務やタフな仕事を引き受けることなどが挙げられる。

利用 JC は，他の個人の資源の喪失を補うために現在の個人の資源を有効活用することを目的としている。現在の仕事の知識，スキル，興味を活かすことにより，現在の資源のレベルを維持できる。利用 JC の具体例としては，既存のスキルや知識を最適化するために最も興味のある仕事に集中すること，未使用な資源やスキルを活性化する仕事を行うこと，達成可能な目標に集中すること，メンタリングなど個人にとって意味のある人間関係を構築するた

めの仕事に集中することなどが挙げられる。

シニア労働者は，若年者よりも将来の時間が限られていると認識しているため，世代継承性（generativity）[5]や親密性（intimacy）[6]など感情的に意味のある行動や目標にプライオリティを置くため，より感情的な経験に焦点を当てるようになり，仕事を絞り込むような調節JCや他人の助けを借りるような利用JCを起こしやすい（Kooij et al., 2015）。

SOCモデルによれば，成長に割り当てられる個人の資源は加齢とともに減少するが，個人の資源を維持することや喪失を規制することは加齢とともに増加するとされている。この論理展開からは，加齢とともに発達JCよりは調節JCや利用JCが生起しやすいといえる。この示唆は，シニア労働者の縮小的JCが個人の職場への適応を促すとする岸田（2019; 2021）の知見と整合的である。なお，職場においてSOC戦略が効果的に適用できるのは，個人がある程度の職務上の自律性を有している場合に限られていることに注意が必要となる（Kooij et al., 2015）。

4.2　日本のシニア労働者のジョブ・クラフティング

岸田（2019; 2021）では，日本の大企業の文脈におけるシニア労働者に特有なJCを修正版グラウンデッド・セオリー・アプローチ（以下では，M-GTAと略記）[7]により分析している。分析の結果，仕事における境界を拡張方向に拡げる拡張的JCと境界を縮小方向に縮める縮小的JCの両方が綯い交ぜになってシニア労働者のJCが展開されていることが観察されている。拡張的

5　世代継承性はEriksonの造語で，生成（generation）と創造（creativity）が合成されたものである。Eriksonはライフ・ステージを8段階に仮定し，その7段階目の中年期における発達課題として提唱した概念である。何かを生成し次世代へ継承していくことへの関心を意味する（Erikson, 1950）。日本語の訳は定まっておらず，世代継承性の他，世代性，生殖性．生成継承性，ジェネラティビティなど様々な訳語が使われている

6　親密性は，Eriksonが生涯発達論の6段階目の中年期における発達課題として提唱した概念である。世代継承性に至る前に必要な経験として親密性を捉えている

7　M-GTAは，アメリカの社会心理学者であるGlazerとStraussが考案した「データに基づいて社会的相互作用プロセスを説明・予測できる理論を構築」（竹下，2021）する研究法であるGTAを，日本の社会学者の木下康仁が修正考案したもので，GTAからの修正点としては，データを切片化しないことに特色がある

JCはZhang & Parker（2018）で指摘された促進焦点（接近）JCに類似しており，縮小的JCは予防焦点（回避）JCに類似している。

岸田（2019）では，役職定年や定年といった年齢で区切られたイベントにより，地位や役割の変容を強要されるシニア労働者が職場に適応するプロセスを質的データから分析している。これは，生涯発達心理学がエイジングをプロセスとして捉えていることを踏まえ，役職定年や定年後もなお働き続けるプロセスを分析したもので，そのプロセスの中で観察されたシニア労働者のJCを提示している。シニア労働者に特有なJCとして，現役世代には手が回らない仕事を探し，新たな役割を獲得しようとする拡張的タスクJC，介護や健康不安が起因となりシニア労働者が自己の業務の一部を現役世代へ委譲する縮小的タスクJC，あるいは現役マネージャーへの配慮が起因となり，職務で関係する人を狭めていく縮小的関係的JCを指摘している。

岸田（2019）を受けて，岸田（2021）では定年後の再雇用者に焦点を当て，M-GTAを用いて，シニア労働者が定年後再雇用者になり職場に適応していくプロセスを分析している（図11-2）。分析の結果，3カテゴリー，9サブカテゴリー，37概念が生成され[8]，シニア労働者が再雇用者になり職場に適応していくプロセスは，〈改めて組織に所属すること〉を契機として，その後，〈定年後の新たな関わり〉を模索することで，〈再雇用者としての立ち位置を得る〉ものである。

シニア労働者は「まだまだできる」という思いや「会社への愛着」などの【再雇用に応じる背景】があるため，【現役正社員の座の喪失】に遭遇し【曖昧な役割の認知】を味わうことになる。その後，シニア労働者は【高い仕事能力】を有しているが，【仕事とのマッチング】の良し悪しに悩むことにより，〈定年後の新たな関わり〉を模索することになる。例えば，【周りを見る】ことで，【職場の中での一定の距離感】を保つようになることや，【仕事に対する新たな認知】を持つことで，【仕事への働きかけ】における変化が生じることなどの行動が観察されている。そして，これらの〈定年後の新たな関わり〉を模索していく中で，「組織や社会につながる」ことを重要視し，

8　以降では，カテゴリーを〈 〉で，サブカテゴリーを【 】で，概念を「 」で表記する

自らの境遇を「恵まれている」と思いながらも，「65 歳以降のことへの不安」も感じるといった〈再雇用者としての立ち位置を得る〉ことにつながっている。

この再雇用者が職場に適応していくプロセスを分析した概念[9]の中で，シニア労働者に特有な JC 行動を発見している。その中では，拡張的 JC と縮小的 JC を織り交ぜた行動が展開されている。拡張的 JC としては，「現役世代がやっていない仕事を見つける」，「自ら手を動かす」，「新たな仕事のやりがい」などが観察され，縮小的 JC としては，「深入りしない距離感を保つ」，「現役への配慮のための発言の自制」，「生活に占める仕事の比重の逓減」，「自分の立場にあわせた仕事量の調整」などが観察されている。

例えば，「自ら手を動かす」という拡張的タスク JC に相当する概念も生成されている。現役時代の部下への指示や助言などの管理業務から定年を機に切り替えて自ら一担当として作業に勤しむようにしている。例えば，シニア労働者が定年後に若年者にパソコン操作を教わりながら自らパソコンで資料作成する様子が観察されている。

拡張的タスク JC に相当する概念には，「現役世代がやっていない仕事を見つける」という概念も生成されており，「定年後，職場の中で現役世代がやっていない仕事を自発的に見つけにいく行為」と定義されている。再雇用者が現役世代との棲み分けを考え，現役世代には手が届かない仕事を探し，自ら仕事を手作りしている。例えば，現役世代の誰もが引き受けない小集団活動の取りまとめ役に再雇用者が自ら立候補している事例がある。

あるいは，関係的 JC に相当する概念としては，「現役への配慮のための発言の自制」が挙げられる。再雇用者という立場の自分の発言が現役世代の判断へ影響を与えることを憚られると考え，自らの発言を自制することがある。現役時代には部下だった人が定年後に自らの上司になった事例で，シニア労働者が自分の考えをかつての部下である現在の上司に押しつけてはいけ

9　岸田（2019; 2021）の概念は，定義的な概念（definitive concept）の対極にある「感受概念」（sensitizing concept）（ブルーマー，1991, pp. 193-198），すなわち経験的事例から「ものごとの本質を感受するための道具」という意味のものである

図 11-2　岸田（2021）の再雇用になるプロセス

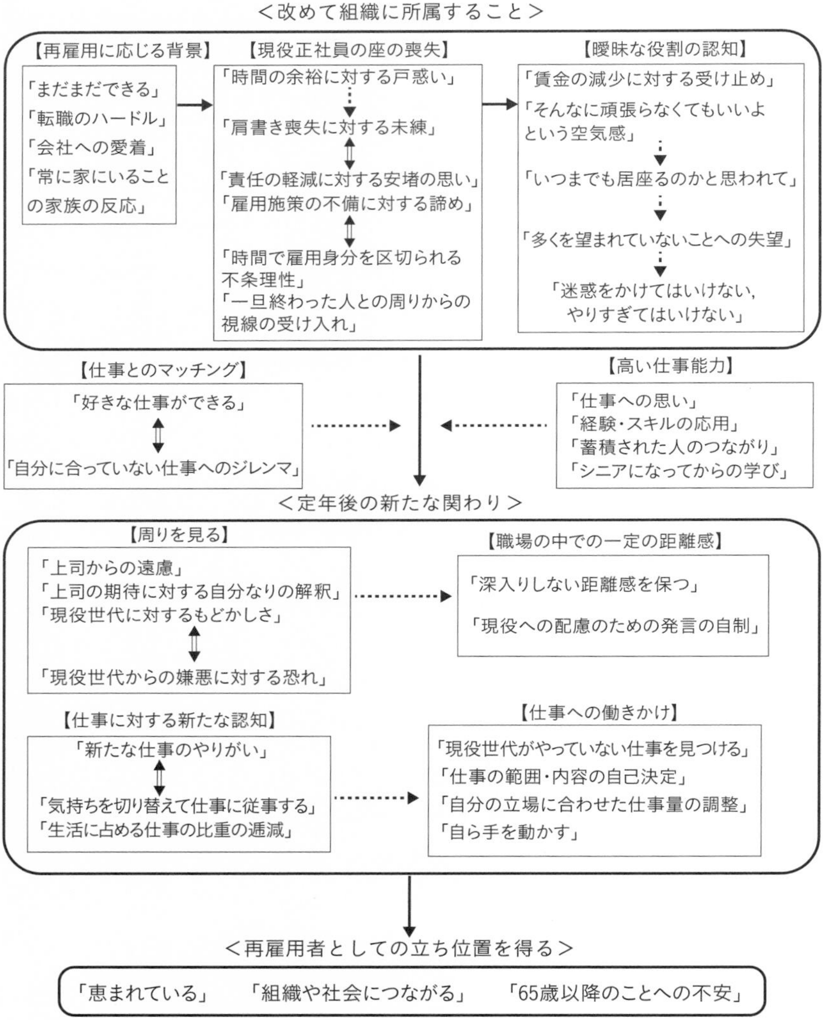

＜　＞カテゴリー，【　】サブカテゴリー，「　」概念，⟶変化の方向，⋯▶影響の方向，⟷対立する関係

出所　岸田（2021，p.142）図 6-1

ないと思い発言を自制している具体例が観察されている。

「気持ちを切り替えて仕事に従事する」という認知的JCに相当する概念も生成されている。再雇用になってから自分のやりたい仕事ではない仕事に携わっていることに，自らの認知を変えようと努力している様子が観察されている。縮小的認知的JCに相当する概念として，「生活に占める仕事の比重の逓減」という概念も生成されている。シニア労働者は若い世代に比べて時間が有限であることを意識するようになり，かつキャリア・プラトーも経験しており，それまでの仕事の中心の考えからプライベートの生活を重視する方向へ自らの時間の使い方を変化させる。

再雇用者という非正規社員であり，かつてのような正社員ではないという立場を考慮して，あまりやりすぎてはいけないと思うために，仕事量を絞り込むこむ行動として「自分の立場に合わせた仕事量の調整」という概念も生成されている。定年後の賃金などの処遇の低下が「多くを望まれていない」と認識する手がかりとなり，定年後の「多くを望まれない」立場に合わせて仕事の境界を狭めている。

また，現役世代への遠慮もあって職場での同僚への関わり合いを深入りしない距離感にしていく「深入りしない距離感を保つ」という概念も生成されている。この概念は，現役時代の組織にべったりとした生き方から組織から徐々に離れ個人の生活を重視していくように価値観が変化していくことに関連している。再雇用を，「職業生涯で最も中心的であった仕事を退職した後，労働市場を引退するまでの間に就く仕事」（永野，2019, p. 171）であるブリッジ・ジョブとみなす視点からは，人間関係を徐々に閉じていこう，フェードアウトしていこうとすることにも意味を見出すことができる。これは，持てる資源を感情的に意味のある目標に最適化するというSOCモデルや感情を良好に保てる人間関係に個人の資源を集中するSST理論と整合的である。

岸田（2021）の分析からは，60歳代前半層のシニア労働者は定年後，縮小的JCと拡張的JCを織り交ぜたJCを起こし，再雇用という立場への適応を図っていることがわかる。この中で注目すべきは，シニア労働者が職場の中で数多くの縮小的JCを展開していることである。「自分の立場にあわせた仕事量の調整」は，縮小的タスクJCに相当し，「深入りしない距離感を保つ」,「現役への配慮のための発言の自制」は縮小的関係的JCに相当する。また,「生活に占める仕事の比重の逓減」は,縮小的認知的JCといえる。

そして,再雇用になっていくプロセスにおける縮小的JCが出現する前提は,「時間の余裕に対する戸惑い」を持ちながらも「多くを望まれないことへの失望」を感じる【現役正社員の座の喪失】の経験や,「賃金の減少に対する受け止め」,「迷惑をかけてはいけない,やりすぎてはいけない」という現役世代に対する遠慮の気持ちなどの定年後の複雑な思いがある。そして,再雇用になっていくプロセスにおいては,定年再雇用という転機(トランジション)に際し,【周りを見る】や【仕事に対する新たな認知】によって縮小的JCが出現している(岸田,2021)。

岸田(2021)ではシニア労働者のJCを拡張的JCと縮小的JCの2次元で説明しているが,岸田(2021)で指摘されている概念はKooij et al.(2015)のシニア労働者に特有なJC,すなわち調節JC,発達JC,利用JCの3次元でも説明できる。「シニアになってからの学び」,「現役世代がやっていない仕事を見つける」,「自ら手を動かす」などは発達JCに相当し,「経験・スキルの応用」は利用JCに相当する。また,「自分の立場にあわせた仕事量の調整」や「深入りしない距離感を保つ」,「現役への配慮のための発言の自制」あるいは,「生活に占める仕事の比重の逓減」などは調節JCと読み替えることができる。

岸田(2021)では,シニア労働者の縮小的JCをシニア労働者が「定年などの環境変化や身体的変化に伴い,職場の中の状況に合わせながら,業務内容・職場の人間関係・仕事に対する認識を現役時代に比べ縮小方向に組み直す変化」と定義し,定年というキャリア・ステージの変化に起因して再雇用者が縮小的JCを起こすプロセスを確認している。さらには,定年後に再雇用制度という正社員から非正規雇用への転換といった制度コンテクスト下に置かれたシニア労働者が,自らの個人－仕事適合のために縮小的JCを起こすことでモチベーションの低下を防げる効果があること,いわば予防焦点の効果があることを示唆している。岸田(2021)では,シニア労働者が再雇用者になって役割が曖昧なままの状況にあり,貧困な仕事環境に置かれていることを指摘しており,JCが貧困な仕事環境に対処するコーピングとなっていることも示唆している。これらの論考の中では，認知的JCに着目しており，シニア労働者の認知的JCには仕事においては縮小方向のものがあることを示唆し，縮小的認知的JCを提示している。仕事中心ではなく生活全体の中で仕事の優先順位を下げていく縮小的認知的JCを行うことで，モチベーションの軸足を複数にすることに意義がある。

これまでの議論からシニア労働者に特有なJCとして，SOCモデルに整合的なJCが提示されていることがわかる。Kooij et al.（2015）では，シニア労働者のJCとして調節JC，発達JC，利用JCといった3次元のJCを提示しているが，発達JCよりも調節JC，利用JCが発現しやすいことが議論されている。岸田（2019; 2021）では，日本の大企業のシニア労働者においては拡張的JCと縮小的JCが織り交ざって起こされていることが指摘されている。あるいは，高尾（2021）でもブリッジ・ジョブの状態にあるシニア労働者が，仕事から距離を置くような思いを持ち，仕事と生活のリズムを明確にするために縮小的JCを起こすことの効果を示唆している。これらの研究は，シニア労働者のJCが個人のモチベーションやワーク・エンゲイジメント，ひいては仕事におけるサクセスフル・エイジングに正の影響を及ぼすことを示すものであったが，これらのJC，特に縮小的JC（岸田，2019; 2021），あるいは調節JC（Kooij et al., 2015）が組織にとっても良い効果を及ぼすとは一概にはいえない。そのため，今後は，シニア労働者の縮小的JC，あるいは調節JCがどのような条件下で組織にとって良い効果を及ぼすのか否かを検討することが求められる。

5. 今後の研究の方向性

本章では，シニア労働者に特有なJCとはどのようなものであり，その先行要因とアウトカムを明らかにすることを目的に先行研究の分析を進めてきた。その結果，シニア労働者のJCには，定年のようなキャリア・ステージの変化と残された時間感覚といったシニア労働者に特有なJCの先行要因があることが示された。あるいは，調節JCや縮小的JCといった回避JCがシニア労働者のモチベーションに正の影響がある可能性も示された。では，今後のシニア労働者のJC研究にはどのような方向性が考えられるのか。最後に，3点の研究の方向性を示したい。

第1の課題は，多様性があるシニア労働者のJCを詳細に把握できていないことを挙げられる。シニア年代は若年者に比べ，経験や能力において多様性を増すことが知られているが，性別，職種，業種などの属性ごとの違いによってシニア労働者のJCがどのような点で異なるのか明らかになっていない。あるいは，過去の仕事経験やキャリアの違いによって，シニア労働者のJCがどのように相違しているのかということも今後の研究課題となる。

第2の課題は，シニア労働者といっても年齢層が幅広いことを挙げられる。そもそもシニア労働者を何歳からにするのかについて，この学問領域では明確な線引きがない。例えば，Lichtenthaler & Fischbach（2016）の調査対象は，54～62歳のドイツの警察官で平均56.77歳であり，Nagy et al.（2019）は50～60歳のドイツの企業の雇用者で平均54.09歳であった。また，Kooij et al.（2021）の調査対象は65歳以上のオランダ人，Zacher & Rudolph（2019）は，20～69歳の豪州の正社員で平均48.19歳であった。岸田（2021）は60～64歳の日本人の大企業の再雇用者である。

老化の特徴として多様性があり，かつゆっくり進むことが挙げられる。この老化の特徴も関連していると思われるが，Wong & Tetrick（2017）ではシニア労働者の年齢の線引きには意味がないと述べている。しかし，シニア労働者を一括りにするのではなく，50歳代，60歳代，70歳代と年齢層ごとに分けて分析することも必要となる。加齢が進むにつれ能力も変化し仕事環境も変化するので，その変化に適応しようとすればシニア労働者のJCも加齢に伴い変化すると考えられる。やはり50歳代，60歳代，70歳代と年齢層に応じて，シニア労働者のJCは相違点があることが想定されるが，今のところシニア労働者を年齢層に分けて分析したものは見当たらない。加齢プロセスに応じて，シニア労働者のJCがどのように変化するのかということも今後の研究課題の1つとなる。

最後に，第3の研究課題として，定年制の有無によるシニア労働者のJCの違いを挙げられる。定年制をはじめとする雇用慣行，雇用法制の違いに関係してシニア労働者のJCがどのように相違するのかを研究することは，その国のシニア雇用政策になんらかの示唆を与えることができると考える。例えば，世界的に稀な60歳代前半層の雇用義務化の雇用法制を持つ日本と海外でのシニア労働者のJCがどのように相違しているのかといった比較分析も必要となる。

〈参考文献〉

Armstrong-Stassen, M., & Ursel, N. D. (2009). Perceived organizational support, career satisfaction, and the retention of older workers. *Journal of Occupational and Organizational Psychology, 82*(1), 201-220.

Bakker, A. B. (2010). Engagement and "job crafting": Engaged employees create their own great place to work. In Albrecht, S. L. (Ed). *Handbook of employee engagement: Perspectives, issues, research and practice* (pp. 229-244). Cheltenham, UK: Edward Elgar.

Baltes, P. B., & Baltes, M. M. (1990). Psychological perspectives on successful aging: The model of selective optimization with compensation. In P. B. Baltes, & M. M. Baltes (Eds.), *Successful aging: Perspectives from the behavioral sciences*, (pp. 1-34). New York: Cambridge University Press.

Berg, J. M., Dutton, J. E., & Wrzesniewski, A. (2013). Job crafting and meaningful work. In B. J. Dik, Z. S. Byrne, & M. F. Steger (Eds.), *Purpose and meaning in the workplace* (pp. 81-104). American Psychological Association.

Bindl, U., & Parker, S. K. (2011). Proactive work behavior: Forward-thinking and change-oriented action in organizations. In S. Zedeck (Ed.), *APA handbook of Industrial and organizational psychology. Vol. 2: Selecting and developing members for the organization.* (pp. 567-598). American Psychological Association.

Bindl, U. K., Unsworth, K. L., Gibson, C. B., & Stride, C. B. (2019). Job crafting revisited: Implications of an extended framework for active changes at work. *Journal of Applied Psychology, 104*(5), 605-628.

ブルーマー，H. (1991). 後藤将之訳.『シンボリック相互作用論―パースペクティヴと方法』勁草書房，1991年.

Bruning, P. F., & Campion, M. A. (2018). A Role-resource approach-avoidance model of job crafting: A multimethod integration and extension of job crafting theory. *Academy of Management Journal, 61*(2), 499-522.

Butler, R. N. (1969). Age-ism: Another form of bigotry. *The gerontologist, 9*(4_

Part_1), 243-246.

Chamberlin, M., Newton, D. W., & LePine, J. A. (2018). A meta-analysis of empowerment and voice as transmitters of high-performance managerial practices to job performance. *Journal of Organizational Behavior, 39*(10), 1296-1313.

Demerouti, E. (2014). Design your own job through job crafting. *Euroran Psychologist, 19*(4), 237-247.

戎野淑子（2018).『労使関係と職場の課題―雇用不安の解決に向けた労使の視点』日本生産性本部生産性労働情報センター.

Erikson, E. H. (1950) Childhood and society. New York：WW Norton & Company.（仁科弥生訳『幼児期と社会Ｉ』みすず書房，1977年）

Grant, A. M., & Ashford, S. J. (2008). The dynamics of proactivity at work. *Research in Organizational Behavior, 28*, 3-34.

Higgins, E. T. (1997). Beyond pleasure and pain. *American Psychologist, 52*(12), 1280-1300.

Higgins, E. T. (1998). Promotion and prevention: Regulatory focus as a motivational principle. In *Advances in Experimental Social Psychology* (Vol. 30, pp. 1-46). Academic Press.

今野浩一郎（2014).『高齢社員の人事管理―戦力化のための仕事・評価・賃金』中央経済社.

Kanfer, R., & Ackerman, P. L. (2007). Aging and work motivation. In C. Wankel (Ed.), *21st century management: A reference handbook, 2* (pp. 160-169). Thousand Oaks, CA: Sage.

岸田泰則（2019).「高齢雇用者のジョブ・クラフティングの規定要因とその影響―修正版グラウンデッド・セオリー・アプローチからの探索的検討」『日本労働研究雑誌』*703*，65-75.

岸田泰則（2021).「高齢雇用者の縮小的ジョブ・クラフティングの解明―大企業に勤務する再雇用者に着目して」法政大学博士論文.

Kooij, D. T., De Lange, A. H., & Van De Voorde, K. (2022). Stimulating job crafting behaviors of older workers: the influence of opportunity-enhancing human resource practices and psychological empowerment. *European Journal of Work and Organizational Psychology, 31*(1), 22-34.

Kooij, D. T., Nijssen, H., Bal, P. M., & van der Kruijssen, D. T. (2020b). Crafting an interesting job: Stimulating an active role of older workers in enhancing their daily work engagement and job performance. *Work, Aging and Retirement, 6*(*3*), 165-174.

Kooij, D. T., Tims, M., & Kanfer, R. (2015). Successful aging at work: The role of job crafting. In Bal, P. M., Kooij, D. T. & Rousseau, D. M. (Eds.), *Aging workers and the employee-employer relationship* (pp. 145-161). New York: Springer.

Kooij, D. T., van Woerkom, M., Wilkenloh, J., Dorenbosch, L., & Denissen, J. J. (2017). Job crafting towards strengths and interests: The effects of a job crafting intervention on person-job fit and the role of age. *Journal of Applied Psychology, 102*(6), 971-981.

Kooij, D. T., Zacher, H., Wang, M., & Heckhausen, J. (2020a). Successful aging at work: A process model to guide future research and practice. *Industrial and Organizational Psychology, 13*(3), 345-365.

Lichtenthaler, P. W., & Fischbach, A. (2016). Job crafting and motivation to continue working beyond retirement age. *Career Development International, 21*(5), 477-497.

永野仁（2019）.「欧米における高齢者就業政策—その展開と影響」『政経論叢』*87*(5-6), 171-198.

Nagy, N., Johnston, C. S., & Hirschi, A. (2019). Do we act as old as we feel?: An examination of subjective age and job crafting behavior of late career employees. *European Journal of Work and Organizational Psychology, 28*(3), 373-383.

中原純（2022）.「老年期の社会的側面に関する心理学の成果とは？」佐藤眞一編.『心理老年学と臨床死生学—心理学の視点から考える老いと死』ミネルヴァ書房.

中野浩一（2015）. ジョブクラフティング研究レビュー—縮小的ジョブクラフティングという理論的発展可能性. 産業・組織心理学会大会発表論文集, *31*, 219-222.

OECD. (2018). Working better with age: Japan, *Ageing and employment policies*, Paris: OECD Publishing.

Spreitzer, G. M. (2008). Taking Stock: A review of more than twenty years of research on empowerment at work. In C. Cooper, & J. Barling (Eds.), *Handbook of organizational behavior, 1.* (pp. 54-72). Thousand Oaks, CA: Sage Publications.

Rosow, I. (1974). *Socialization to old age*. Univ of California Press.

Rubin, D. C., & Berntsen, D. (2006). People over forty feel 20% younger than their age: Subjective age across the lifespan. *Psychonomic Bulletin & Review, 13*(5), 776-780.

Rudolph, C. W., Katz, I. M., Lavigne, K. N., & Zacher, H. (2017). Job crafting: A meta-analysis of relationships with individual differences, job characteristics, and work outcomes. *Journal of Vocational Behavior, 102*, 112-138.

高尾義明（2019）.「個人と組織を活性化させるジョブ・クラフティング—JCの

マネジメントの注意点とキャリアステージに応じたJCの必要性について」『地方公務員安全と健康フォーラム』*2019.4*，26-27.

高尾義明（2021）.『「ジョブ・クラフティング」で始めよう―働きがい改革・自分発！』日本生産性本部生産性労働情報センター.

竹下浩（2021）.「経営・心理学におけるGTA評価基準の検討」『経営行動科学』*33*(1-2)，1-24

竹内真純，片桐恵子（2020）.「エイジズム研究の動向とエイジング研究との関連―エイジズムからサクセスフル・エイジングへ」『心理学評論』，*63*(4)，355-374.

Thomas, K. W. and Velthouse, B. A. (1990). Cognitive elements of empowerment: An "interpretive" model of intrinsic task motivation. *Academy of Management Review, 15*(4): 666-681.

Tims, M., & Bakker, A. B. (2010). Job crafting: Towards a new model of individual job redesign. *SA Journal of Industrial Psychology, 36*(2), 1-9.

Tims, M., Derks, D., & Bakker, A. B. (2016). Job crafting and its relationships with person-job fit and meaningfulness: A three-wave study. *Journal of Vocational Behaivor, 92*, 44-53.

Weseler, D., & Niessen, C. (2016). How job crafting relates to task performance. *Journal of Managerial Psychology, 31*(3), 672-685.

Wong, C. M., & Tetrick, L. E. (2017). Job crafting: Older workers'mechanism for maintaining person-job fit. *Frontiers in Psychology, 8*, 1548.

Wrzesniewski, A., & Dutton, J. E. (2001). Crafting a job: Revisioning employees as active crafters of their work. *Academy of Management Review, 26*(2), 179-201.

Zacher, H., & Rudolph, C. W. (2019). Why do we act as old as we feel? The role of occupational future time perspective and core self-evaluations in the relationship between subjective age and job crafting behaviour. *European Journal of Work and Organizational Psychology, 28*(6), 831-844.

Zhang, F., & Parker, S. K. (2019). Reorienting job crafting research: A hierarchical structure of job crafting concepts and integrative review. *Journal of Organizational Behavior. 40*(2), 126-146.

（岸田　泰則）

高度外国人材のジョブ・クラフティングとインクルーシブ・リーダーシップ

日本人社員との比較

第12章

1. 問題意識

本章では，日本の労働人口が長期的に減少傾向にあることを踏まえ，日本企業で働く高度外国人材のジョブ・クラフティング（JC）を組織活力につなげていく方策を検討する。具体的には，ダイバーシティ・マネジメント研究の領域で近年関心が高まっているインクルーシブ・リーダーシップという概念に着目して，それが高度外国人材のJCを促進させるのか，日本人社員との比較を通じて実証的に検討する。

まず本節では，本章の問題意識について主に社会的背景から説明する。労働人口の減少は，すなわち，Drucker（1969）が指摘した知識労働者（knowledge worker）の減少が起こることも意味する。そこで，政府は高度外国人材の受け入れを促進するために，近年さまざまな政策を展開している。

高度外国人材とは表12-1に示した1～3を同時に満たす人々のことであり，その人数は増加傾向にある。外国人が日本で就労するためには在留資格が必要であるが，「高度外国人材」という在留資格があるわけではないため，現時点では高度外国人材の正確な人数を政府統計から把握することが実は難しい。便宜的に「専門的・技術的分野の在留資格」を取り上げるが，そこに含まれる在留資格は表12-1に示したものよりも種類が多く[1]，また就労先が

表12-1　高度外国人材の定義（次の1～3を同時に満たす人々）

1	在留資格「高度専門職」と「専門的・技術的分野」に該当するもののうち，原則，「研究」，「技術・人文知識・国際業務」，「経営・管理」，「法律・会計業務」に該当するもの
2	採用された場合，企業において，研究者やエンジニア等の専門職，海外進出等を担当する営業職，法務・会計等の専門職，経営に関わる役員や管理職等に従事するもの
3	日本国内または海外の大学・大学院卒業同等程度の最終学歴を有している

出所　国際貿易振興機構「高度外国人材活躍推進ポータルサイト」

民間企業とは限らないことに注意が必要である。

厚生労働省が毎年発表している『「外国人雇用状況」の届出状況まとめ』に基づいて，事業主からの届出が義務化された2007年以降をみると，「専門的・技術的分野の在留資格」で働く労働者は2008年10月末時点では84,878人であったが，2021年10月末時点では394,506人であり，10年強で4.65倍に増加している。また，2021年10月末時点で「専門的・技術的分野の在留資格」で働く労働者は外国人労働者全体の22.8％を占める。「技能実習」351,788人（同20.4％），留学生アルバイトなどの資格外活動で働く外国人334,603人（同19.4％）と比べても，「専門的・技術的分野の在留資格」の外国人労働者は一定の割合を占めていることがわかる。

政策上，高度外国人材に期待されていることは，知識労働者としてイノベーションを創出することである（高度人材受入推進会議，2009; 内閣官房成長戦略会議，2017）。人材の多様性を高めることがイノベーション創出に寄与することは，理論的にも多く指摘されている（Page, 2008; Stahl, Maznevski, Voigt, et al., 2010; Stahl & Maznevski, 2021; Stark, 2009）。

しかし，多くの日本企業において高度外国人材が活躍しづらい状況がある（小山，2022）。高度外国人材の採用や活用において，社内の受入体制の未整

1　厚生労働省『「外国人雇用状況」の届出状況まとめ』における「専門的・技術的分野の在留資格」は，「教授」，「芸術」，「宗教」，「報道」，「高度専門職1号・2号」，「経営・管理」，「法律・会計業務」，「医療」，「研究」，「教育」，「技術・人文知識・国際業務」，「企業内転勤」，「興行」，「介護」，「技能」，「特定技能」である（厚生労働省，2022）。

備，海外人材を活用できる日本人管理者の不足という課題があるほか，高度外国人材に求める資質が日本人とほとんど変わらないという実態もある（ディスコ，2020）。高度外国人材が日本人社員とは異なる独自の視点で主体的に行動することが期待されているにもかかわらず，現実的にはそれを実現できていない職場環境があると考えられる。

そこで，本章では，ジョブ・クラフティング（JC）に着目して，高度外国人材のJCを促進する上司の行動について検討する。Wrzensniewski & Dutton（2001）はJCを「個人が自らの仕事のタスク境界または関係的境界においてなす物理的・認知的変化」（p. 179）と定義し3次元構造で説明した。それは，(1)タスク境界の変更（具体的な仕事の内容や方法の変更），(2)関係性の境界の変更（人間関係の変更），(3)認知的タスクの境界の変更（タスクに対する意味づけの変更）である。このうち，(1)タスク境界の変更（タスク・クラフティング）は，社員が自分の仕事において従来とは異なる独自の工夫に取り組んでいることを示す概念であると考えられる。そこで，本章ではJCのうち，特にタスク・クラフティングに焦点を当てることとする。そして，日本企業で働く高度外国人材のタスク・クラフティングを促進する上司の行動について，日本人社員との比較を通じて検討する。

2. 先行研究レビュー

本節では，本章の研究フレームワークのベースとなる各理論についてレビューする。具体的には，日本企業におけるJCの意義，組織コミットメント，インクルーシブ・リーダーシップについて先行研究をもとに論じる。

2.1 日本型HRMにおけるJCの意義

日本企業におけるHuman Resource Management（日本型HRM）は西洋とは大きく異なることが従来から指摘されてきた。Abegglen（1958）は，日本型HRMに独特な3要素として，ライフタイムコミットメント[2]，年功賃金，企業内労働組合を指摘した。また，日本型HRMでは職務記述書によって個別の職務を明確にする雇用管理はしていない（Morishima, 1995; Kono and Clegg, 2001; Pudelko, 2005）。

このような特徴を持つ日本型HRMでは，末端の現場社員の主体的行動が組織力に大きく貢献する（Ahmadjian and Schaede, 2015; Froese, Sekiguchi, and Maharjan, 2017; Ichniowski and Shaw, 1999）。例えば，石田（1985）は，「末端の労働者を比べると，日本のほうが強いということになる。つまり，有能でやる気も旺盛な日本の労働者が，組織の情報を豊富に共有し，組織目標への貢献意欲を持ちながら，自ら『考える』仕事ぶりによって，職場の問題解決に比較的大きな発言権を行使しており，かれらの負担と貢献度がおおきいだけにその報酬も比較的大きく，平等な配分が行われる」（p. 19）と指摘し，さらに「現場の労働者がコスト，品質，生産性などの改善をたえず念頭におきながら仕事をするといった外国では余りみられない行動によるところが大きい」（p. 19）と論じている。

また，日本企業におけるイノベーションのプロセスを理論化したSECIモデル（野中＆竹内，1996）においても，「目標への思い」（p. 109）や「集団的なコミットメント」（p. 112）が高く，かつ「自律性」（p. 112）も確保された社員が，チームで知識創造プロセスを実践することで，現場からイノベーションが生じることが指摘されている。

これは換言すれば，日本型HRMではJCを実践しやすいということである。JCの概念はジョブ・デザインとの対比で説明されることが多い（高尾，2020）。ジョブ・デザインの代表的な理論モデルはHackman & Oldham（1976）の職務特性モデルである。このモデルでは，職務の客観的な特性が従業員のモチベーションを決定すると仮定される。それに対して，JCでは従業員がタスクそのものやタスクに関連する人間関係を自ら主体的に変更できるという前提に立脚している（Wrzensniewski & Dutton, 2001）。日本型HRMでは明確な職務記述書がないため，末端の現場社員のタスクがあらか

2　加護野（2007）によれば，ライフタイムコミットとは「たんに雇用関係が長いということではなく，働く人と職場共同体との間に生涯にわたる強い結びつき」のことである。なお，ライフタイムコミットメントの訳語について，1958年の翻訳初版では「終身雇用」が使用されたが，2004年の新訳版では「終身の関係」に変更されている。

じめ明確にデザインされているわけではない。そのため，日本型HRMでは現場社員の自由度が高い場合が多く，JCを実践しやすい環境にあるといえるのである。

もちろん，バブル崩壊後の「失われた30年」を通じて，日本型HRMは大きな変化を余儀なくされている面もある。しかし一方で，従来の特徴が依然として色濃く残っていることも指摘されている（Yanadori, 2018; Sekiguchi, 2013; Morris, Hassard, and McCann, 2006; Endo, Delbridge, and Morris, 2015)。厚生労働省の調査によれば，基本給において年齢や勤続年数を考慮する企業は61.5%である（厚生労働省，2017)。また，リクルートワークス研究所の調査によれば，従業員数300人以上の企業において，新卒採用の割合は約60%であった（リクルートワークス研究所，2018)。

また，いわゆる「ジョブ型」（濱口，2013）の議論が近年活発になっている。職務記述書を整備する企業も出始めているものの，現行の労働法制などを考慮すると，多くの日本企業においてジョブ型のHRMに急転換することは難しいという主張もある（例えば，加藤，2022)。筆者も同様の立場であり，少なくともJCの実践という観点からは，JCを実践しやすい日本型HRMのメリットを積極的に活用していくことも重要であるといえる。

2.2　組織コミットメント

組織コミットメントの代表的な定義の1つは，「組織の価値や目標の共有，組織に残りたいという願望，組織の代表として努力したいという意欲などによって特徴づけられる，組織への情緒的な愛着」（Mowday, Steers, and Porter, 1979; 高木，1997）である。さらに，Mowday et al.（1979）は組織コミットメントの測定尺度であるOCQ（Organizational Commitment Questionnaire）を開発した。

また，Allen & Meyer（1990）は，組織コミットメントを3次元で捉えることを提唱し，情緒的（affective），存続的（continuance），規範的（normative）の3要素から構成される測定尺度（OCQ）を開発した。「情動的」は組織への愛着によるコミットメント，「継続的」は離職についての損得判断によるコミットメント，「規範的」は義務感によるコミットメントである。

Dunham, Grube, and Castaneda（1994）は，Allen & Meyer（1990）のOCQにおける情緒的要素と，Mowday et al.（1979）のOCQは類似していることを指摘した。

そして，数多くの実証研究から，情動的コミットメントが職務満足の向上や離職意思の減少など組織にとって望ましいとされる結果変数と有意に関連していることがわかっている（Mowday, Porter, and Steers, 1982; Meyer and Allen, 1997; 田尾，1997; 鈴木，2002）。

また，情動的コミットメントは，日本型HRMと親和性が高かったと考えられる。従来の日本型HRMは，新卒採用した人材を定年まで長期間雇用し続けるため，長期間の組織コミットメントが求められたことから，組織への愛着が重要な要素であったといえよう。社員が組織の情報を多く共有し組織目標への貢献意欲が高いこと（石田，1985）や，「目標への思い」や「集団的なコミットメント」を前提とする組織的知識創造（Nonaka & Takeuchi, 1995）は，日本型HRMにおける組織コミットメント（特に情緒的コミットメント）の重要性を理論的に説明するものである。したがって，高水準の情緒的コミットメントがJCの実践を下支えしていたと考えられる。

よって，高度外国人材においても，日本人社員においても，情緒的コミットメントがJCに正の影響を与えると考えられる。このことから，次の仮説を導き出せる。なお，冒頭で述べたとおり，本章ではJCのうちタスク・クラフティングに焦点を当てる。また，比較のために，日本人社員についても同様の仮説検証を実施する。

仮説1：情緒的コミットメントがタスク・クラフティングに正の影響を与える

・仮説1a：高度外国人材では，情緒的コミットメントがタスク・クラフティングに正の影響を与える

・仮説1b：日本人社員では，情緒的コミットメントがタスク・クラフティングに正の影響を与える

しかし一方で，高度外国人材に日本人社員と同程度の情緒的コミットメン

トを期待することは難しいとも考えられる。留学生のキャリアとして「日本で働いた後，将来は出身国に帰国して就職したい」と考えている者が約3割いる（日本学生支援機構，2021）。また，パーソル総合研究所（2020）によれば，企業で働く高度外国人材は，現在の勤務先での継続就業意向は約6割であるものの，転職意向も約6割という結果であり，より良い条件があれば離職する可能性は高いとも考えられる。

特に，情緒的コミットメントの測定尺度には，例えば「この会社に『感情を込めて所属している』という感覚がある」「会社の中での私のことを，まるで『家族の一員』のように感じる」（Meyer, Allen & Smith, 1993）という項目も含まれており，多くの高度外国人材がこのような意識を強く持つことは難しいようにも思える。

そこで，本章では，高度外国人材が情緒的コミットメントに依らずにJCを実践することを検討するために，近年ダイバーシティ・マネジメント研究で関心が高まっているインクルージョンならびにインクルーシブ・リーダーシップに着目する。

2.3　インクルーシブ・リーダーシップ

Shore et al.（2011）は「個性発揮の奨励」と「職場からの受け入れ」の2軸に基づき，組織において個人がおかれている状態について，インクルージョン（inclusion），同化（assimilation），区別（differentiation），排除（exclusion）の4類型で概念化した（図12-1）。

インクルージョンとは，個性発揮が奨励されていて，かつ職場から受け入れられている状態のことである。したがって，高度外国人材がインクルージョンの状態にあれば，独自の視点でJCを発揮しても職場に受け入れられるということになる。

一方で，区別は，個性発揮が奨励されているのものの，職場からの受け入れの程度は低く，組織の一員とはみなされてない状態のことである。例えばフリーランスの高度外国人材が業務委託で組織に関わる場合は，区別の状態でもJCを実践しやすいと考えられる。しかし，正社員として雇用されている高度外国人材が区別の状態にあることは，現実的には想定しづらい。

図 12-1　インクルージョンの概念的位置づけ

個性発揮の奨励 ＼ 職場からの受け入れ	低	高
高	区別 Differentiation	インクルージョン Inclusion
低	排除 Exclusion	同化 Assimilation

出所　Shore et al.（2011）より筆者作成

同化とは，個性発揮が奨励されていないが，職場から受け入れられている状態のことである。高度外国人材が同化の状態にあることは，日本企業においてよくみられる（Koyama, 2022）。また。排除では，個性発揮が奨励されていなくて，職場からの受け入れの程度も低い状態である。同化と排除は，個性発揮が奨励されていないため，JCを実践することは難しいと考えられる。

したがって，高度外国人材がJCを実践して，それを組織的成果につなげるためには，高度外国人材がインクルージョンの状態にあることが必要であると考えられる。

近年，ダイバーシティ・マネジメント研究の領域において，インクルージョンを促進するリーダーシップ行動として「インクルーシブ・リーダーシップ」が注目されている。Randel et al.（2018）は，Shore et al.（2011）のインクルージョンの概念に基づき，インクルーシブ・リーダーシップは「個性発揮」と「職場からの受け入れ」の両方を高める行動であると示した。そして，インクルーシブ・リーダーシップが，部下のインク―ジョンの認識を高め，その結果として創造性を高めるという理論モデルを提唱した。したがって，インクルーシブ・リーダーシップは高度外国人材のインクルージョンを高めて，JCの実践を直接的に促進する可能性があると仮定できる。

さらに，インクルーシブ・リーダーシップは，情緒的コミットメントが

JC に与える影響を調整する可能性もあると考えられる。前述したとおり，高度外国人材に日本人社員と同等の情緒的コミットメントを求めることは難しい現実もある。そのため，上司のインクルーシブ・リーダーシップが高水準であれば，高度外国人材は情緒的コミットメントが高くなくても，インクルージョンの認知を高めることができ，結果として JC の実践度も向上すると考えることができる。

これらのことから，次の仮説を導き出すことができる。なお，冒頭で述べたとおり，本章では JC のうちタスク・クラフティングに焦点を当てる。また，比較のために，日本人社員についても同様の仮説検証を実施する。

仮説 2：インクルーシブ・リーダーシップがタスク・クラフティングに正の影響を与える

- 仮説 2a：高度外国人材では，インクルーシブ・リーダーシップがタスク・クラフティングに正の影響を与える
- 仮説 2b：日本人社員では，インクルーシブ・リーダーシップがタスク・クラフティングに正の影響を与える

仮説 3：インクルーシブ・リーダーシップが情緒的コミットメントのタスク・クラフティングへの影響を調整する

- 仮説 3a：高度外国人材では，インクルーシブ・リーダーシップが情緒的コミットメントのタスク・クラフティングへの影響を調整する
- 仮説 3b：日本人社員では，インクルーシブ・リーダーシップが情緒的コミットメントのタスク・クラフティングへの影響を調整する

3．分析方法

本節では，本章での実証研究におけるサンプルと尺度について説明する。

3.1　サンプル

大手日本企業12社に協力いただき，高度外国人材に質問紙調査を実施した。調査対象者は，(1)外国籍，(2)35歳未満，(3)現在勤務する日本企業に新卒で採用されたという3つの条件にすべて該当する者とした。調査期間は2018年5月～10月であった。

計407人から回答があったが，在留資格が「永住者」の者，日本在住期間が15年以上の者などを分析対象から除外して，分析対象者は347人となった。分析対象者の主な属性は，年齢平均27.37歳（SD＝0.14），日本滞在年数平均5.45年（SD＝0.18），男性140人（40.3％），女性207人（59.7％）であった。最終学歴は，日本の大学院卒147人（42.4％），日本の学部卒83人（23.9％），日本以外の学部卒58人（16.7％），日本以外の大学院卒53人（15.3％）などであった。出身国・地域は，中国203人（58.5％），韓国41人（11.8％），インドネシア15人（4.3％），台湾13人（3.7％）などであった。

Webで回答できるようにして，日本語版と英語版の2種類を用意した。なお，日本語版と英語版の内容が同一なものになっているかを，筆者以外の組織心理学の研究者2名によって確認した。日本語版の回答者は212人(61.1％)，英語版の回答者は135人（38.9％）であった。

また，比較対象としての日本人社員調査をインターネットリサーチ会社のモニターを対象に，2019年2月～3月に実施した。回答者の主な属性が高度外国人材のサンプルと同様になるように配慮し350人から回答を得た。回答者の主な属性は，年齢平均26.10歳（SD＝2.15），男性136人（38.9％），女性214人（61.1％）であった。最終学歴は，日本の大学院卒66人（9.5％），日本の学部卒284人（40.7％）であった。従業員規模は，1000～2999人が79人（22.6％），3000～4999人が65人（18.6％），5000～9999人が52人（14.9％），10000人以上が154人（44.0％）であった。

3.2　尺度

ジョブ・クラフティング（タスク・クラフティング）：本章における分析ではタスク・クラフティングに着目し，Leana, Appelbaum & Shevchuk（2009）を参考にしながら，独自にタスク・クラフティングの尺度を作成した。具体的な項目は「私の仕事の生産性を向上させるために，新しい方法を試している」「私がやりやすいように，自分の仕事のやり方を変えている」「私の仕事を改善するために，何らかの新しい方法を取り入れている」の3項目である。因子分析の結果により1因子構造であることが確認された（Cronbach's alpha＝.82）。

組織コミットメント（情緒的コミットメント）：Meyer, Allen & Smith（1993）の情緒的コミットメントの尺度を使用した。具体的な項目は，「会社に強固に所属しているという感覚を抱いている」「この会社に『感情を込めて所属している』という感覚がある」「会社の中での私のことを，まるで『家族の一員』のように感じる」などの6項目である。因子分析の結果により1因子構造であることが確認された（Cronbach's alpha＝.90）。

インクルーシブ・リーダーシップ：インクルーシブ・リーダーシップの測定尺度の開発は，いくつかの研究で試みられている。Carmeli, Reiter-Palmon & Ziv（2010）は，当初3因子（openness, availability, accessibility）を想定していたが，実証研究の結果では1因子構造となった。本章における分析でも，Carmeli, Reiter-Palmon & Ziv（2010）の尺度を使用した。具体的な項目は，「私の上司は，新しいアイディアを聞くことができる人だ」「私の上司は，私の仕事上の提案を聞く心づもりがある」「仕事で発生した問題について話し合いが必要な時に，私の上司は対応してくれる」などの9項目である。因子分析の結果により1因子構造であることが確認された（Cronbach's alpha＝.96）。

なお，尺度はいずれも「かなり当てはまる」～「まったく当てはまらない」の6段階のリッカートスケールであった。また，統制変数として，年齢と性別（ダミー）を使用した。

4. 結果

本節では，分析結果を述べる。まず，分析に使用した変数の記述統計は表12-2のとおりであった。また，高度外国人材と日本人社員の平均値の差をt

表 12-2　記述統計

	全体			高度外国人材			日本人社員			t 検定（高度外国人材ー日本人社員）		
	n	平均	標準偏差	n	平均	標準偏差	n	平均	標準偏差	t	自由度	p
年齢	697	26.73	2.49	347	27.37	2.68	350	26.10	2.11			
性別（ダミー，女性＝1）	697	0.60	0.49	347	0.60	0.49	350	0.61	0.49			
組織コミットメント（情緒的コミットメント）	668	3.25	1.12	318	3.57	1.10	350	2.96	1.05	7.34	666.00	0.00
インクルーシブ・リーダーシップ	631	4.16	1.13	281	4.49	1.06	350	3.90	1.13	6.72	629.00	0.00
ジョブ・クラフティング（タスク・クラフティング）	636	4.09	0.94	286	4.48	0.87	350	3.77	0.88	10.19	634.00	0.00

出所　筆者作成

表 12-3　相関分析の結果

	高度外国人材 1	2	3	4	日本人社員 1	2	3	4
1　年齢								
2　性別（ダミー，女性＝1）	-0.18**				-0.29**			
3　組織コミットメント（情緒的コミットメント）	0.17**	-0.08			0.18**	-0.17**		
4　インクルーシブ・リーダーシップ	0.00	-0.02	0.37**		-0.01	-0.05	0.33**	
5　ジョブ・クラフティング（タスク・クラフティング）	0.15**	-0.15*	0.26**	0.15**	0.17**	-0.06	0.27**	0.29**

*$p<0.05$　**$p<0.01$

出所　筆者作成

検定によって検証したところ，情緒的コミットメント，インクルーシブ・リーダーシップ，タスク・クラフティングのいずれにおいても，高度外国人材のほうが有意に高い結果となった。

また，変数間の相関分析の結果は表 12-3 のとおりであった。高度外国人材，日本人社員それぞれのサンプルにおいて，タスク・クラフティングは情緒的コミットメントとインクルーシブ・リーダーシップと有意な正の相関があった。

次に，仮説検証の結果である。仮説 1-a，2-a，3-a を検証するために，高度外国人材のサンプルを用いて，タスク・クラフティングを従属変数とする

表12-4　階層的重回帰分析の結果（高度外国人材）

	ステップ1			ステップ2			ステップ3			ステップ4		
	β	標準誤差	p	β	標準誤差	p	β	標準誤差	p	β	標準誤差	p
年齢	0.14	0.02	0.02	0.11	0.02	0.07	0.06	0.02	0.06	0.04	0.02	0.04
性別（ダミー，女性＝1）	-0.12	0.11	0.04	-0.10	0.10	0.07	0.07	0.10	0.07	-0.19	0.10	0.06
情緒的コミットメント				0.23	0.05	0.00	0.00	0.05	0.00	0.16	0.05	0.00
インクルーシブ・リーダーシップ							0.23	0.05	0.23	0.05	0.05	0.32
情緒的コミットメント×インクルーシブ・リーダーシップ										-0.08	0.04	0.05（※）
adjusted R^2	0.03			0.09			0.09			0.11		
F	5.90			9.45			7.47			6.79		
p	0.00			0.00			0.00			0.00		
adjusted R^2 変化量				0.05			0.00			0.02		
p				0.00			0.23			0.23		

サンプル：高度外国人材　　従属変数：ジョブ・クラフティング（タスク・クラフティング）
※ステップ4における交互作用項の p 値を小数第3位まで示すと 0.048 である。
出所　筆者作成

階層的重回帰分析を実施した（表12-4）。その結果，ステップ4において，情緒的コミットメントは有意な正の影響力があったため（$\beta=0.16$，標準誤差＝0.05，$p=0.00$），仮説1-aは支持された。インクルーシブ・リーダーシップの影響力は有意ではなかったため（$\beta=0.05$，標準誤差＝0.05，$p=0.32$），仮説2-aは支持されなかった。また，情緒的コミットメントとインクルーシブ・リーダーシップの交互作用項は有意な負の影響力があり（$\beta=-0.08$，標準誤差＝0.04，$p=0.048$），仮説3-aは支持された。調整効果を図示したのが図12-2である。インクルーシブ・リーダーシップが高水準の場合は，情緒的コミットメントが低水準でもタスク・クラフティングの水準が高い。一方で，情緒的コミットメントが高水準の場合は，インクルーシブ・リーダーシップの水準に関係なく，タスク・クラフティングの水準が高いという結果になった。

仮説1-b，2-b，3-bを検証するために，日本人社員のサンプルを用いて，タスク・クラフティングを従属変数とする階層的重回帰分析を実施した（表

図 12-2　調整効果の分析結果（高度外国人材）

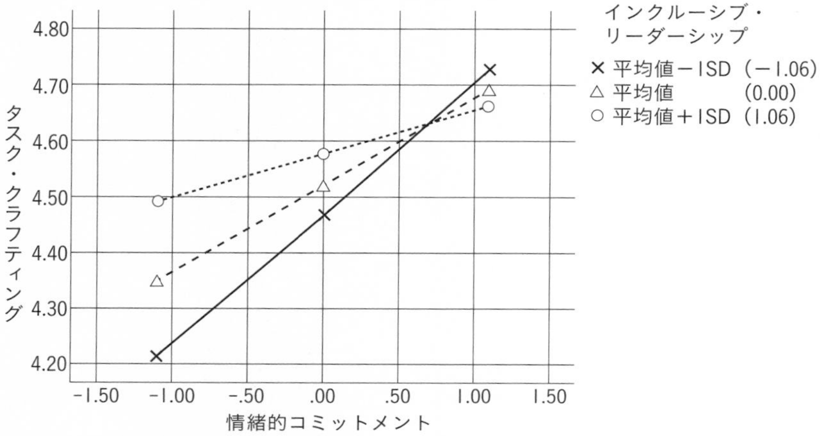

インクルーシブ・リーダーシップ	Effect	標準誤差	p	LLCI	ULCI
-1.06	0.23	0.06	0.00	0.11	0.36
0.00	0.16	0.05	0.00	0.06	0.25
1.06	0.08	0.07	0.26	-0.06	0.21

サンプル：高度外国人材
出所　筆者作成

12-5)。その結果，ステップ 4 において，情緒的コミットメントは有意な正の影響力があったため（β =0.14，標準誤差=0.05，p=0.00），仮説 1-b は支持された。インクルーシブ・リーダーシップも有意な正の影響力があったため（β =0.20，標準誤差=0.04，p=0.00），仮説 2-b は支持された。また，情緒的コミットメントとインクルーシブ・リーダーシップの交互作用項は有意な影響力がなかったため（β =0.05，標準誤差=0.03，p=0.14），仮説 3-b は支持されなかった。つまり，日本人社員では，情緒的コミットメントとインクルーシブ・リーダーシップはそれぞれ独立的にタスク・クラフティングに影響を与えていた（図 12-3)。

表 12-5　階層的重回帰分析の結果（日本人社員）

	ステップ1			ステップ2			ステップ3			ステップ4		
	β	標準誤差	p	β	標準誤差	p	β	標準誤差	p	β	標準誤差	p
年齢	0.16	0.02	0.00	0.13	0.02	0.02	0.15	0.02	0.01	0.06	0.02	0.01
性別（ダミー，女性＝1）	-0.01	0.10	0.86	0.02	0.10	0.69	0.03	0.09	0.62	0.05	0.09	0.62
情緒的コミットメント				0.25	0.04	0.00	0.17	0.05	0.00	0.14	0.05	0.00
インクルーシブ・リーダーシップ							0.24	0.04	0.00	0.20	0.04	0.00
情緒的コミットメント×インクルーシブ・リーダーシップ										0.05	0.03	0.14
adjusted R^2		0.02			0.08			0.13			0.15	
F		4.99			11.18			14.07			11.73	
p		0.01			0.00			0.00			0.00	
adjusted R^2 変化量					0.06			0.05			0.02	
p					0.00			0.00			0.14	

サンプル：日本人社員　　従属変数：ジョブ・クラフティング（タスク・クラフティング）
出所　筆者作成

図 12-3　調整効果の分析結果（日本人社員）

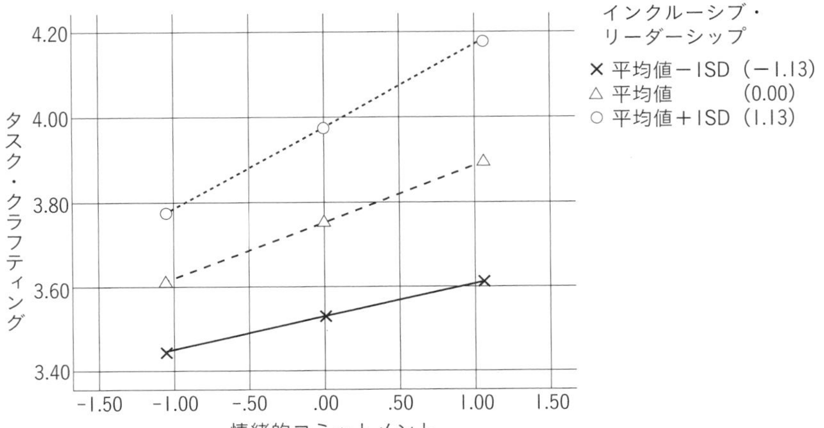

※インクルーシブ・リーダーシップは，情緒的コミットメントのタスク・クラフティングへの影響を調整する効果は有意ではなかった（β＝0.05，標準誤差＝0.03，*p*＝0.14）。

出所　筆者作成

5. 考察

本節では，分析結果を踏まえて，本章の発見事項と意義，ならびに限界と課題について述べる。

5.1　本章における分析の発見事項と意義

本章では，JCのうちタスク・クラフティングに焦点を当てて分析を行った。その結果，高度外国人材のJCに影響を与えるのは，情緒的コミットメントであるということがわかった。また，インクルーシブ・リーダーシップは直接的には高度外国人材のJCに影響を与えないが，情緒的コミットメントのJCに与える影響を調整することも明らかになった。一方で，日本人社員のJCに影響を与えるのは，情緒的コミットメントとインクルーシブ・リーダーシップであることがわかった。また，日本人社員の場合は，情緒的コミットメントとインクルーシブ・リーダーシップの交互作用はなかった。

これらの結果から導き出される本章における分析の意義は2点ある。第1に，情緒的コミットメントの重要性である。特に，高度外国人材において情緒的コミットメントが高水準の場合は，インクルーシブ・リーダーシップの水準に関わらず，JCの水準が高かった。先行研究レビューで議論したとおり，やはり日本型HRMにおいてJCを実現するためには，情緒的コミットメントが重要だと考えられる。

第2に，インクルーシブ・リーダーシップの重要性である。高度外国人材においては，情緒的コミットメントが低水準の場合において，インクルーシブ・リーダーシップJCを高める効果があった。また，日本人社員の場合は，情緒的コミットメントの高低に関わらず，インクルーシブ・リーダーシップの影響力があった。したがって，インクルーシブ・リーダーシップは，高度外国人材のような組織内のマイノリティのみならず，マジョリティである日本人社員においても，JCの実践のために重要だといえる。

以上のことから，日本企業で働く高度外国人材のJCを促進する上司の行動として，インクルーシブ・リーダーシップが重要であることが明らかになった。さらに，インクルーシブ・リーダーシップは，高度外国人材のみならず，日本人社員のJCを高める効果もあることがわかった。したがって，多様な人材によるイノベーション創出を促進するためには，上司への研修等によりインクルーシブ・リーダーシップ行動をとれる人材を増やす組織的な取り組みが重要である。

5.2　本章における分析の限界と今後の課題

本章における分析の限界は3点ある。第1に，高度外国人材において，情緒的コミットメントが高水準の場合に，インクルーシブ・リーダーシップがJCに与える影響が有意ではなかった要因を検討できなかった点である。もしかすると，情緒的コミットメントが高水準の高度外国人材は，自分の個性と組織風土の一致度が極めて高くて，インクルーシブ・リーダーシップを必要としていないのかもしれない。あるいは，上司が日本人部下と外国人部下に対して異なる対応をしているのかもしれない。いずれにしても，インクルーシブ・リーダーシップが高度外国人材に与える影響は特殊である可能性が考えられるので，今後さらに研究を進める必要がある。

第2に，本章のアンケート調査は，高度外国人材と日本人社員において，それぞれ1回の実施であった点である。コモンメソッドバイアス（Podsakoff, MacKenzie, Lee & Podsakoff, 2003）が生じている可能性があるため，因果関係の精緻な分析のために，今後は継時的調査を実施する必要がある。

第3に，インクルージョンに関する最新の測定尺度を使用できなかった点である。Chung et al.（2020）は，Shore et al.（2011）が提示した「個性発揮の支援」と「職場からの受け入れ」の2軸を測定する尺度を開発した。しかし，今回の実証研究は2018年から2019年にかけて実施したため，その尺度を本章の分析に含めることができなかった。今後は，研究の理論的価値を高めるためにも，Chung et al.（2020）が開発した尺度を活用して実証分析に取り組むことが重要である。

謝辞

本章の調査に協力いただいたすべての皆様に心から御礼を申し上げる。また，本章の執筆にあたり，ご懇篤なご指導とご高配をいただきました高尾義明先生ならびに森永雄太先生に厚く感謝申し上げる。なお，本章は，JSPS科研費JP15K17125，JP18K12851の助成を受けた研究成果である。

〈参考文献〉

Abegglen, J. G. (1958). The Japanese factory: Aspects of its social organization. Glencoe, Ill: Free Press.（占部都美『日本の経営』ダイヤモンド社，1967年；山岡洋一『日本の経営〈新訳版〉』日本経済新聞社，2004年）

Ahmadjian, C. L., & Schaede, U. (2015). The impact of Japan on western management: Theory and practice. In Holden, N., Michailova, S., & Tietze, S. (Eds.), *The Routledge Companion to Cross-Cultural Management* (pp. 99-107). Routledge.

Allen, N. J., & Meyer, J. P. (1990). The measurement and antecedents of affective, continuance and normative commitment to the organization. *Journal of Occupational Psychology, 63*(1), 1-18.

Carmeli, A., Reiter-Palmon, R., & Ziv, E. (2010). Inclusive leadership and employee involvement in creative tasks in the workplace: The mediating role of psychological safety. *Creativity Research Journal, 22*(3), 250-260.

Chung, B. G., Ehrhart, K. H., Shore, L. M., Randel, A. E., Dean, M. A., & Kedharnath, U. (2020). *Work group inclusion: Test of a scale and model. Group & Organization Management, 45*(1), 75-102.

ディスコ（2020）「外国人留学生／高度外国人材の採用に関する企業調査（2019年12月調査）」https://www.disc.co.jp/wp/wp-content/uploads/2020/01/2019kigyou-global-report.pdf

Drucker, P. F. (1969) *The Age of Discontinuity: Guidelines to Our Changing Society*. Harper & Row.（林雄二郎訳『断絶の時代―来たるべき知識社会の構想』ダイヤモンド社，1969年)]

Dunham, R. B., Grube, J. A., & Castaneda, M. B. (1994). Organizational commitment: The utility of an integrative definition. *Journal of Applied Psychology, 79*(3), 370.

Endo, T., Delbridge, R., & Morris, J. (2015). Does Japan Still Matter? Past Tendencies and Future Opportunities in the Study of Japanese Firms. *International Journal of Management Reviews, 17*(1), 101-123.

Froese, F. J., Sekiguchi, T., & Maharjan, M. P. (2018). Human resource management in Japan and South Korea. In Cooke, F. L. & Kim, S. *Routledge Handbook of Human Resource Management in Asia* (pp. 275-294). Routledge.

Hackman, J. R., & Oldham, G. R. (1976). Motivation through the design of work: Test of a theory. *Organizational Behavior and Human Performance, 16*(2), 250-279.

濱口桂一郎（2013）『若者と労働―「入社」の仕組みから解きほぐす』中央公論新社.

Ichniowski, C., and K. Shaw. 1999. The effects of human resource management systems on economic performance: An international comparison of US and Japanese plants. *Management Science 45*(5): 704-721.

石田英夫（1985）『日本企業の国際人事管理』日本労働協会

加護野忠男（2007）「故アベグレン氏と日本の経営」『日本経済新聞』2007年05月15日朝刊25ページ.

加藤守和（2022）『日本版ジョブ型人事ハンドブック―雇用・人材マネジメント・人事制度の理論と実践』日本能率協会マネジメントセンター.

国際貿易振興機構「高度外国人材活躍推進ポータルサイト“Open for Professionals”」https://www.jetro.go.jp/hrportal/

Kono, T., & Clegg, S. (2001). *Trends in Japanese management: Continuing strengths, current problems and changing priorities*. Springer.

高度人材受入推進会議（2009）『外国高度人材受入政策の本格的展開を（報告書）』https://dl.ndl.go.jp/info:ndljp/pid/3531347

厚生労働省（2017）「平成29年就労条件総合調査」https://www.mhlw.go.jp/toukei/itiran/roudou/jikan/syurou/17/index.html

厚生労働省（2022）『「外国人雇用状況」の届出状況まとめ（令和3年10月末現在）』https://www.mhlw.go.jp/stf/newpage_23495.html

Koyama, K. (2022). Mutual learning between Japanese managers and foreign subordinates: Enablers for middle-up-down management under role definition flexibility at Japanese headquarters. *Contemporary Japan. 34*(1), 87-105.

小山健太（2022）「高度外国人材を含む異文化チームのマネジメント」『日本労働研究雑誌』（744），35-47.

Meyer, J. P., & Allen, N. J. (1997). *Commitment in the Workplace: Theory, Research, and Application (Advanced Topics in Organizational Behavior)*. Sage Publications.

Meyer, J. P., Allen, N. J., & Smith, C. A. (1993). Commitment to organizations and occupations: Extension and test of a three-component conceptualization. *Journal of Applied Psychology, 78*(4), 538-551.

Morishima, M. (1995). The Japanese human resource management system: A learning bureaucracy. In Moore, L. F., & Jennings, P. D. (Eds.), *Human Resource Management on the Pacific Rim: Institutions, Practices, and Atti-*

tudes (pp. 119-150). De Gruyter.

Morris, J., Hassard, J., & McCann, L. (2006). New organizational forms, human resource management and structural convergence? A study of Japanese organizations. *Organization Studies, 27*(10), 1485-1511.

Mowday, R. T., Porter, L. W., & Steers, R. M. (1982). *Employee-organization linkages: The psychology of commitment, absenteeism, and turnover.* Academic Press.

Mowday, R. T., Steers, R. M., & Porter, L. W. (1979). The measurement of organizational commitment. *Journal of Vocational Behavior, 14*(2), 224-247.

内閣官房 成長戦略会議（2017）『未来投資戦略 2017』https://www.cas.go.jp/jp/seisaku/seicho/kettei.html#tousi2017

日本学生支援機構（2021）「令和元年度私費外国人留学生生活実態調査概要」https://www.studyinjapan.go.jp/ja/statistics/seikatsu/data/2019.html

Nonaka, I., & Takeuchi, H. (1995). *The knowledge creating company: How Japanese companies create the dynamics of innovation.* Oxford University Press.（梅本勝博訳『知識創造企業』東洋経済新報社，1996 年）

Page, S. (2007) *The difference: How the power of diversity creates better groups, firms, schools, and societies.* Princeton University Press.（水谷淳訳『「多様な意見」はなぜ正しいのか―衆愚が集合知に変わるときか』日経 BP 社，2009 年）

パーソル総合研究所（2020）「日本で働く外国人材の就業実態・意識調査」https://rc.persol-group.co.jp/thinktank/data/foreigners-working-in-japan.html

Podsakoff, P. M., MacKenzie, S. B., Lee, J. Y., & Podsakoff, N. P. (2003). Common method biases in behavioral research: a critical review of the literature and recommended remedies. *Journal of Applied Psychology, 88*(5), 879.

Pudelko, M. (2005). Japanese human resource management: From being a miracle to needing one? In Haak, R., & Pudelko, M. (Eds.), *Japanese Management: The search for a new balance between continuity and change* (pp. 184-212). Palgrave Macmillan.

Randel, A. E., Galvin, B. M., Shore, L. M., Ehrhart, K. H., Chung, B. G., Dean, M. A., & Kedharnath, U. (2018). Inclusive leadership: Realizing positive outcomes through belongingness and being valued for uniqueness. *Human Resource Management Review, 28*(2), 190-203.

リクルートワークス研究所（2018）「中途採用実態調査（2017 年度実績）」https://www.works-i.com/research/works-report/item/180627_midcareer.pdf

Sekiguchi, T. (2013). Theoretical implications from the case of performance-based human resource management practices in Japan: management fashion, institutionalization and strategic human resource management perspectives. *The International Journal of Human Resource Management, 24* (3), 471-486.

Shore, L. M., Randel, A. E., Chung, B. G., Dean, M. A., Holcombe Ehrhart, K., & Singh, G. (2011). Inclusion and diversity in work groups: A review and model for future research. *Journal of Management, 37*(4), 1262-1289

Stark, D. (2009). *The sense of dissonance.* In *The sense of dissonance.* Princeton University Press.（中野勉・中野真澄訳『多様性とイノベーション—価値体系のマネジメントと組織のネットワーク・ダイナミズム』マグロウヒルヒル・エデュケーション，2011年）

Stahl, G. K., & Maznevski, M. L. (2021). Unraveling the effects of cultural diversity in teams: A retrospective of research on multicultural work groups and an agenda for future research. *Journal of International Business Studies, 52*(1), 4-22.

Stahl, G. K., Maznevski, M. L., Voigt, A., & Jonsen, K. (2010). Unraveling the effects of cultural diversity in teams: A meta-analysis of research on multicultural work groups. *Journal of International Business Studies, 41*(4), 690-709.

鈴木竜太（2013）『関わりあう職場のマネジメント』有斐閣.

高木浩人（1997）「組織コミットメント—その定義と関連概念」『心理学評論』40（2），221-238.

高尾義明（2020）「ジョブ・クラフティングの思想—Wrzesniewski and Dutton（2001）再訪に基づいた今後のジョブ・クラフティング研究への示唆—」『経営哲学』*17*(2)，2-16.

田尾雅夫（1997）『「会社人間」の研究：組織コミットメントの理論と実際』京都大学学術出版会.

Yanadori, Y. (2018). HRM Research on Japanese Organizations in the Twenty-first Century: Review and Emerging Research Topics. In Nakano, T. (Ed.), *Japanese Management in Evolution: New Directions, Breaks, and Emerging Practices* (pp. 293-311). Routledge

Wrzesniewski, A., & Dutton, J. E. (2001). Crafting a job: Revisioning employees as active crafters of their work. *Academy of Management Review, 26*(2), 179-201.

（小山　健太）

おわりに：実務的インプリケーションと今後の研究課題

本書はやや趣の異なる3部12章からなるJC研究論文の集合体である。研究書ではあるものの，JCは実務家からも実践への応用を期待される魅力ある実践的概念でもあるから，本書の各章で示された実証的な知見は，実務への示唆を伴っている。また各章で示された今後の展望や既存研究の限界を踏まえることで，私たちはJC研究のフロンティアと今後の課題を改めて認識することができるだろう。本書を閉じるにあたって，実務的示唆と今後のJC研究の方向性について簡単にまとめたい。

その前に，改めて本書全体を簡単に振り返っておくことにしたい。第1部では，冒頭の第1章で現在までの研究動向を概観し，後に続く3つの章でこれまでの研究で見過ごされてきたJC研究の課題を乗り越えようとする理論的考察がそれぞれ異なる観点から展開されている。これらはいずれもJD-Rモデルを下敷きにしたJC研究に一定の貢献を認めつつも，その限界点に着眼しており，JC研究の新たな展開をもたらそうとするものであった。

続く第2部では4つの実証的研究の結果が記述されている。第2部の実証研究は，現在世界中で蓄積されつつあるJC研究の動向をある程度は引き継ぎつつも，議論が十分になされていない部分や検討が不足しがちな観点を見出し，補完あるいは補強しようとする試みと位置づけられよう。

最後の第3部は，ジョブ・クラフティングを現在の日本企業が直面する様々な人事課題に引き寄せて捉えようとする試みであった。前半の第9章と第10章はワークスタイルの多様化に関連するテレワークや越境経験がJCに及ぼす影響を検討している。後半の第11章と第12章では，人材の多様化にまつわるシニア労働者と高度外国人材が行うJCの影響やJCを引き出すと考えられる要因の影響が指摘されている。

本書で示された実務的インプリケーション

本書は研究書ではあるものの，JCという概念の特性上，実務的示唆も伴っている。ここでは第2部と第3部の実証パートの各章で示された実務的意義を紹介していきたい。

第5章（「ジョブ・クラフティングを続けるための周囲の支援―副作用に注目して」）では，JCの副作用に注目し，JCに取り組み続けるためには周囲の様々な支援が必要であることが指摘される。組織の管理者は，JCを促すために単に「任す」だけでなく，対話の機会を通じて取り組みを上手に「方向づける」ことが求められていることが示唆されている。

第6章（「上司のジョブ・クラフティングと部下のジョブ・クラフティングの関連―若年層を対象にして」）では，若年層のJCを促すためには良質な上司部下関係の形成が重要であるとともにテレワーク下では，上司の観察学習が生じにくいことが明らかにされている。新型コロナウイルス感染症の大流行を契機にテレワークを導入した企業も多い。若年層のJCを促すという観点からは，いかに上司部下の間で観察学習を行う機会を増やすことも考える必要性が指摘されたといえる。

第7章（「産業保健におけるジョブ・クラフティング―これまでのジョブ・クラフティング介入研究の動向と今後の展開」）では，ジョブ・クラフティングを介入によって促すことができることが部分的に明らかにされている。企業内でジョブ・クラフティング研修を実施することを通じて，従業員のジョブ・クラフティング実践を促すことができる。ただし調査結果は同時に，介入の効果が一様ではないことも示しており，年代やJCの実践度合いに応じた効果の違いに応じた研修方法や働きかけを工夫することが有効である。

第8章（「ジョブ・クラフティングの先行要因とその効果―日本のデータを用いた再現性の検証」）では，日本のサンプルを用いて先行研究の知見の再現性の検討を行っている。結果は日本においてWEの媒介効果が確認されていることから従業員の仕事に対するやりがいやエンゲイジメントを高めたいと考えている実務家にとっては，JCが日本においても有効な手段であることを改めて示す理論的基盤となるだろう。

続く第3部の第9章（「テレワーク下のジョブ・クラフティング―在宅勤務の利用頻度はどのジョブ・クラフティングを高めるか」）では，テレワーク下でもたらされるJCに注目している。調査結果は，テレワーク下でも挑戦的要求度向上などの一部のJCが促進されることが明らかにされている。しかし，テレワーカーがJCに取り組むように促進するには，一層の環境整備が求められることを指摘している。

第10章（「協同志向ジョブ・クラフティングの可能性―越境によるジョブ・クラフティング研究の拡張」）では越境経験がJCのきっかけとなりうることを示している。職場の多様性が拡大し，伝統的な日本企業にみられたような凝集性が失われつつある中で，第10章で提唱されている協同志向JCという考え方に注目していくことが実務的にも今後重要になるかもしれない。

第11章（「シニア労働者のジョブ・クラフティング―サクセスフル・エイジングに着目して」）は，シニア労働者に焦点を当てながら一般的には否定的に捉えられがちな縮小型JCのポジティブな側面を描き出している。シニア社員が直面する変化への適応に対してもJCが有効である可能性を示すものであると同時に，キャリアの発達課題に応じて様々なJCを効果的に活用していくことの必要性を示唆しているともいえる。

第12章（「高度外国人材のジョブ・クラフティングとインクルーシブ・リーダーシップ―日本人社員との比較」）では，日本で働く高度外国人材のJCに注目し，その特徴を日本人に対する調査結果と比較することであぶりだしている。調査結果は，高度外国人材のJCを引き出すという観点からは，組織コミットメントの重要性が明らかになった。また日本人従業員に対する調査結果では，インクルーシブ・リーダーシップがJCを促すという貴重な知見が提供されている。

今後の研究に向けて

本書を終えるにあたって，昨今のJC研究で盛んに議論されているJC概念の統合について，編者たちの考えを提示し，その上で今後求められる研究の方向性について示したい。第1章で詳しく紹介したように，JC研究の隆盛とともに研究の裾野が拡大し，JC概念自体の捉え方も多様になっている。一連のJC研究では，このJC概念の分化が問題視されることが多くなってきた。このような問題意識を背景に，JC概念の統合を図る試みもなされてはいる（第1章第4節参照のこと）ものの，そうした試みによって，もしくは今後現れるかもしれないそうした統合の試みによってJC概念が収束していくということにはならないと編者たちは考えている。

その理由は，JC に注目する動機が研究者によって同じではないためである。今後は，研究者それぞれが，自身が JC 研究に取り組む動機を明確に意識し，それと適合的な定義や操作化を意識的に選択した上で，研究に取り組んでいくことが重要となるといえよう。

以下では，まず本書の冒頭で挙げた JC に注目する研究動機を振り返りながら，改めてそのような観点に適した研究アプローチと，今後求められる研究の方向性を紹介したい。続いて，現在の日本企業が直面する実務的要請の観点から，今後の JC 研究に求められる検討課題を指摘したい。

本書で提示した JC に注目する第1の理由は，JC を通じて従業員が自ら仕事のやりがいやモチベーションを調整するように促すことができることであった。仕事のデザインを，その仕事が担う個人が主導的に見直していくという必要性は，仕事をめぐる変化が今後いっそう拡大する中で，高まることはあっても，低下することはないだろう。そうしたニーズを踏まえて，仕事やその環境を具体的に調整することで個人の P-J fit を高め，いかにワーク・エンゲイジメントや個人のウェルビーイングを維持・向上させていくかに焦点を当てるのであれば，JD-R モデルという明確な理論バックグラウンドを持ち，多くの実証研究が積み重ねられてきた JD-R モデルをベースとした概念定義に基づいて研究を進めていくことが妥当といえる。

JD-R モデルをベースとした JC 研究における今後の課題は，組織がいかに JC を促していくのかというマネジメントの探求であろう。既存研究はある種の JC が従業員のやりがいやウェルビーイングに貢献することについてはかなり頑強な知見を提供してきた。しかしながら，組織の人事施策や管理者のマネジメントなどがいかに従業員の JC を引き出すのかについての検討は不足している。JC を組織の中でもたらされる従業員行動として位置づけた上で改めて組織的なマネジメントの影響プロセスを解明していくことが重要な課題となるだろう。この点，本書の第5章や第6章，あるいは第12章でも上司や人事施策が従業員の JC に与える影響が部分的に検討されている。これらの知見を踏まえながら，より体系的な検討がなされることが期待されるだろう。

本書で提示したJCに注目する第2の理由は，JCを通じて従業員が自ら仕事の意味やアイデンティティを見出せるようになることであった。仕事やその環境が変化を続ける中で，働く人たちが仕事の意味や仕事上のアイデンティティを追い求めるということも，同様に重要性を増していくことと想定される。その場合には客観的環境を主に扱うJD-Rモデルベースをもとにした概念化よりも，個人の主観性を重視し，構成主義的な枠組みとの親和が高いWrzesniewski and Dutton（2001）のオリジナルモデルやそれを踏まえた研究系譜を参照する意義が高くなると思われる。こうした検討は，組織的成果の向上に直接的に結びつくような含意の導出が難しいものの，組織行動の解明という意味では重要であると思われる。今後は，本書の第2章から第4章において指摘された論点について，実証的に検討を進めていくことが求められるだろう。

本書の冒頭で紹介した2つの動機に従う2つの研究展望に加えて，実務的課題に即したJC研究の展開可能性についても指摘したい。まず，キャリアステージや従業員の属性に応じた，きめ細かなJC概念の応用が考えられる。本書の第7章で示されたように介入の影響が年齢層によって異なったり，第12章で示されたように国籍によって上司のリーダーシップの影響関係が異なったりする可能性が指摘されている。実際に企業研修の場では，どのようなタイプの研修でJCを紹介するのかによってJCの扱いかたも変わってくることが予想される。第6章や第11章で試みられているように，特定の年代に特化したJCのありようを探求していくことも有効であろう。

次に，本書では十分に扱いきれていないものの，今後有望となる領域としてクラフティング視点の他領域への応用が考えられる。JCはもともと職場における仕事の再設計行動として提唱された概念であるが，最近ではこのような従業員のクラフティング視点を余暇活動や家庭生活に応用しようとする研究が増えてきた。また，フリーアドレスやABW型のオフィスなどにおいて自分が仕事をする環境を「クラフティング」することが有望だという指摘もされるようになってきている。今後はこのような働き方の変化を踏まえた派生的な研究の発展も求められるだろう[1]。

ここまでJCの今後の研究の方向性として主として編者たちの研究動機を

足掛かりに4つの方向性を提示した。しかしながら読者の中には，これ以外の方向性をJCに見出す人も多いだろう。本書が，日本におけるJC研究が一層活性化し，世界に向けて発信される足掛かりとなったり，実務へ応用されるきっかけとなったりすることを願ってやまない。

2022年10月

高尾　義明・森永　雄太

1　なお，冒頭のJC概念の分化の議論を踏まえると，家庭や仕事外の活動との関係などを検討する場合には，上述した異なるJCの概念化が両方とも参照されることがあるかもしれない（cf. De Bloom et al., 2020）。いずれにせよ，今後もJCの概念化は複数の考え方が併存することが予想される。JCの捉え方にどのような違いがあるかを踏まえて，どのようなスタンスでジョブ・クラフティングを捉えることが自身の研究関心にふさわしいのかを研究者が自覚した上で取り組むことが重要といえる。

和文索引

あ行

アイテム・パーセリング……………175, 178
アイデンティティ……5, 6, 23, 31, 32, 43, 44, 59-61, 64, 68, 78, 83, 84, 92, 93, 95, 162, 219, 220, 234, 237, 251, 295
アクティブ・ラーニング仮説……………88
一体化（unification）……36-39, 41, 42, 45-47, 64
——経路……………37, 38
異文化経験……………218, 220, 221
異文化への越境……………220, 221, 225
意味充実人……………84, 92
インクルーシブ・リーダーシップ……24, 269, 271, 275-277, 279-282, 284, 285, 293
インクルージョン……………275-277, 285
ウェルビーイング……3, 10, 118, 145, 172, 187, 188, 190, 247, 294
エイジズム……………253, 254
越境（boundary crossing）……………220
越境学習……………220, 222
越境経験……………195, 220, 221, 291, 293
横断研究……………95
オンラインツール……………161-163

か行

介入研究……15, 23, 94, 95, 103, 144, 145, 147-150, 161, 164
回避 JC……………21, 23, 244, 246, 247, 253, 263
回避志向／予防焦点……………17, 55
科学的管理法……………79, 80
学習目標……………117
拡張－形成理論……………182, 203
拡張的 JC……………246, 252, 257, 259, 261-263
関係性……4-6, 18, 22, 23, 32-35, 40-48, 52, 53, 58, 59, 62, 66, 83, 84, 90, 92, 93, 96, 125, 127-130, 139-141, 150, 151, 153, 158, 162, 163, 180, 183, 187, 197, 202, 214, 225, 228, 231, 232, 235, 238, 253, 271
リソースとしての——……………34, 35
関係性境界の認知的変更……………232, 234
関係性クラフティング……2-6, 18, 30, 45, 93, 150, 152, 153, 156, 173, 178, 198, 201, 228-230, 232, 234, 235
関係的自己……………60, 61
観察学習……………129, 139, 292
機会増強的な人事慣行……………246, 249, 250
技能の多様性……………81
キャリア・クラフティング……………22
キャリア・プラトー……………126, 244, 248, 261
キャリア開発……………11, 118, 120, 121
協同（ジョブ・）クラフティング（collaborative crafting）……………8, 9, 22, 232, 233, 235
協同志向 JC……………218, 228, 231-235, 237, 238
協同志向（の）関係性クラフティング……228, 230, 233-235, 237, 238
協同志向（の）タスク・クラフティング…230, 234, 235
協同志向（の）認知的クラフティング……230, 231, 233
共同性（communion）……36, 58, 63-65, 67, 70
興味志向……………232, 251
クリエイティビティ……172, 181, 182, 184-188, 190
健康……55, 97, 114, 119, 144-147, 199, 252, 253
健康経営……………146
健康障害……………86
健康障害プロセス……………10, 90
行為主体性（agency）……………36, 63-65, 68, 69
貢献（contribution）……12, 20, 24, 31, 36, 40, 42, 45, 46, 64, 116, 118, 183, 238, 251, 272, 291, 294
——経路……………37, 39, 44, 47
構成主義……………4, 51, 56, 57, 71, 295
構造的（な仕事の）資源（の）向上（増加）…12, 92, 151, 173, 175, 182, 198, 201-203, 207, 209, 212-214
構造方程式モデリング……………175, 178, 183, 185
高度外国人材……269-271, 274-279, 284, 285, 291, 293

合理的経済人……………………………80, 83
コーピング…………………56, 87, 89, 262
心の健康（メンタルヘルス）……………144
個人（の）資源（personal resources）……90, 149, 150, 244, 250, 252, 254-257, 261
個人－環境適合モデル………………85, 87
個人－仕事適合（person-job fit）……232, 244, 245, 250, 251, 262
個性化（individuation）…36, 38, 39, 41, 42, 45-47, 64
——経路……………………………36, 38
コントロールの生涯理論（life span theory of control）………………………………253

さ行

再現性……170, 171, 174, 180, 181, 183, 184, 189, 191, 292
再雇用……24, 242, 248-250, 258, 261, 262, 264
在宅勤務……196, 197, 199-207, 209-215, 292
最適化…………………128, 247, 250, 255, 256
サクセスフル・エイジング……242, 244, 245, 251, 254, 263, 293
仕事における——……244, 245, 251, 254, 263
産業保健心理学…………………145, 146, 148
支援……11, 53, 103-106, 108-113, 116-121, 174, 181, 222, 223, 285, 292
資源クラフティング（resource crafting）……1, 52-56, 62, 63, 65, 68, 69, 72, 73
自己（self）志向……………………………36
自己アイデンティティ………………251, 253
自己確証……………………………………46
自己効力感………14, 17, 90, 149, 150, 159, 232
自己志向 JC………………233-235, 237, 238
自己実現……………………………………82
自己実現人…………………………………82
自己接続……………………………43-45, 64
自己－他者の軸……………………………63
仕事圧力 JC………………………………252
仕事外領域の経験…………………218, 219
仕事志向性…………………………61, 67, 83
仕事と家庭生活の両立……………………197
仕事の意味（MoW）…1, 4, 6, 23, 31-36, 38, 43-48, 59, 61-63, 66-68, 78, 83, 84, 92, 93, 95, 114, 125, 126, 130, 150, 218-220, 231, 234, 237, 238, 251, 295
——（meaning of work）…………………5
——経験………………220, 218, 219, 238
——深さ…………………………………234
仕事の経験…………………………4, 5, 7
仕事の資源（job resources）……10-12, 53, 55, 73, 89, 90, 92, 93, 149, 150, 244
——の増加……………………………54, 92
仕事の単純化………………………………80
仕事の有意味感……………………………237
仕事の有意味性……6, 33, 51, 52, 60, 62-70, 72, 84, 125
——の知覚………………6, 32, 81, 244
仕事の要求（度）…10-12, 17, 19, 51-55, 73, 77, 85, 87-90, 92, 93, 106, 149, 198, 244, 252, 255
持続的幸福感（flourishing）……172, 182-184, 186, 187, 189, 190, 172, 182
実証主義………………52, 53, 56-59, 62, 71
シニア労働者…24, 195, 242-255, 257-259, 261-265, 291, 293
社会貢献ボランティア……………218, 221
社会構成主義（social constructionism）…4, 52, 56-60, 62, 65, 68-73
社会的学習理論………………128, 129, 214
社会的交換関係理論………………………214
社会的資源向上……92, 173, 175, 198, 201, 202, 204, 207, 209-212, 214
社会的情報処理パースペクティブ……5, 32, 33, 59
社会的ネットワーク………………35-37
社会的ネットワーク論…………37, 46, 129
若年層（若年労働者）……3, 4, 24, 125, 126, 132, 140, 247, 292
集合研修形式………………………………162
縦断研究……………………………95, 96
集団における対話…………………69, 72
主観的年齢……………………246, 247, 250
縮小的 JC……243, 246, 252, 253, 257-259, 261-263
縮小的関係的 JC…………253, 258, 262
縮小的タスク JC…………………………261

縮小的認知的 JC ………243, 248, 249, 261-263
首尾一貫感覚 ………………………………252
情緒的疲弊感 ………………………………201
職業性ストレス研究 ……1, 77-79, 85, 91, 93-96
職業的未来時間展望（occupational future time perspective）……………………………247
職務拡大 ……………………………………81, 87
職務再設計アプローチ …………………79-84
職務充実 ………………………………………81
職務設計（→ジョブ・デザイン論も参照）…65, 66, 105, 118
職務設計アプローチ（→ジョブ・デザイン論も参照）……………………………………79-83
職務特性モデル（理論）……6, 7, 20, 32, 65, 81, 82, 87-90, 272
職務満足 …………14, 17, 81, 92, 126, 146, 274
ジョブ・クラフティング
3 次元 ….5, 9, 15, 17-20, 22, 23, 34, 45, 51, 52, 54, 72, 125, 130, 184, 232, 243, 246, 254, 255, 262, 263, 271, 273
ジョブ・クラフティング・マインドセット ……………………………………………155
ジョブ・クラフティングの再帰性 ……218, 219
ジョブ・クラフティングの動機 ……33, 61, 83, 92, 219
ジョブ・クラフティングの日常性 ……218, 219
ジョブ・クラフティングの模倣や伝染 ……128
ジョブ・デザイン論（→職務設計、職務設計アプローチも参照）………………4, 6, 30, 33
自律性 ……6, 8, 11, 12, 53, 64, 81, 90, 120, 130, 139, 149, 150, 163, 164, 196, 197, 200, 201, 203, 206, 211, 244, 257, 272
仕事の―― ………………8, 11, 12, 139, 149
職務（上の）―― ……………8, 14, 133, 257
タスク―― ………………………………17
人事管理 ………………………68, 104, 116, 119
真正性（authenticity）…………………36, 43
親密性（intimacy）……………………………257
心理的エンパワーメント ……………249, 250
心理的構成主義（constructivism）…52, 56-62, 65, 68-73
ストレス ….55, 77-79, 85-88, 90, 91, 93-96, 106, 130, 148, 188, 199, 200, 202, 213, 226, 253
ストレス反応 ……………………………86-88, 90
ストレス要因 ……………………………86, 87, 95
制御焦点 ………………………………………14
制御焦点理論 …………………………244, 247
生産性 ……80, 88, 146, 147, 150, 197, 243, 253, 272, 279
成長志向 ………………………………………232
世代継承性（generativity）……………………257
接近（型）JC（クラフティング）（approach crafting）……19, 21-23, 96, 106, 244, 246, 247
接近志向－回避志向 ………………17-19, 54
専門化 …………………………………………80
ソーシャルサポート ……53, 130, 200, 203, 204
疎外 ……………………………………………81
阻害的ストレス要因 …………………………95
阻害的な仕事の要求度の減少 ………………92
促進焦点 …………………………………14, 252
促進焦点（接近）JC／接近的なクラフティング（approach crafting）……………96, 258
促進焦点／予防焦点 ……………17, 18, 54, 252
促進焦点の JC ………………………………252
組織社会化 ……………………………………120
存在論 ……………………………52, 56, 58, 62

た行

対人関係における（仕事の）資源の向上 ….11, 13, 35, 41, 47, 151
ダイバーシティ・マネジメント …269, 275, 276
対話 ………………58, 69, 70, 72, 117, 119, 292
他者（others）志向 ……………………………36
タスクの完結性 ………………………………81
タスクの重要性 ………………………………81
チームレベルの JC …………………………9, 22
中小企業 ………………………………………196
調節 JC ……………245, 250, 255, 257, 262, 263
挑戦的（な仕事の）要求度向上（増加）……12, 17, 54, 92, 172, 173, 182, 183, 186, 187, 199, 204, 205, 207, 209-213, 292
挑戦的ストレス要因 …………………………95
追試研究 ………………170, 171, 178, 190, 191
強い状況（strong situation）………………220
強み志向 …………………………………232, 251

低職位者…………125-127, 130, 132, 138, 139
定年再雇用……………………………248, 262
手がかり……6, 32-34, 43, 44, 59, 81, 249, 261
肯定的な―― ……………………33, 34, 43, 44
テレワーク……………195, 196, 201, 291, 292
動機・強み・情熱……9, 22, 60, 67, 69, 71, 72, 114, 144, 146, 157, 161-163, 220, 232, 233, 238, 251, 256
動機づけプロセス……………………………90
道具的紐帯……………………………39, 40, 38
特性……6, 54, 61, 62, 67, 69, 86-89, 92, 93, 118, 184, 202, 232, 246, 253, 272

な行

内発的動機……………………………126, 211
日本型 HRM…………………………271-274, 284
認識論……………………………1, 52, 56, 58, 62
認知的 JC（認知 JC）……1, 6, 18, 23, 30, 31, 35, 45, 51-54, 56, 60, 62, 66-73, 92-94, 96, 148, 150, 151, 153, 156, 160, 162, 163, 178, 198, 199, 230-232, 243, 248, 249, 253, 261-263

は行

バーンアウト……10, 18, 21, 22, 53, 89, 106, 150, 252
ハイブリッドワーカー………………213-215
発達 JC……………246, 250, 255-257, 262, 263
場の理論…………………………………………86
パフォーマンス……81, 90, 97, 126, 144, 146, 150, 158-161, 172, 181, 182, 200, 244, 250, 252
半構造化インタビュー……………………108
ビジネス－ソーシャル越境……222, 223, 228, 231-234, 237-239
ビジネス－ソーシャルの境界……………224
表出的紐帯……………………………38-40
標準化……………………………………80, 220
フィードバック……6, 11, 54, 59, 81, 92, 112, 117, 119, 121, 126, 173, 204, 212, 244
複雑人……………………………83, 84, 92
ふり返り（reflection）……………………117
プロアクティブ・パーソナリティ特性……171
プロアクティブ行動……10, 14, 15, 19, 120, 251
プロボノ…………………222-224, 226-230
――活動…………………………223, 224, 226
文脈業績（パフォーマンス）…14, 172, 181-184, 186-188, 190
妨害的な（妨げとなる）（仕事の）要求度の低減（減少）…12, 17, 19, 54, 106, 151, 173, 182, 199
ホーム・クラフティング…………………22
ポジティブインパクト…………………37, 40
ポジティブ感情…………………………182, 226
ポジティブ心理学……………………90, 146
補償…………………………………………255
ボランティア…………………………221, 222

ま行

マインドフルネス……………………148, 149
ミシガンモデル……………………85-89, 91
無作為化比較試験……22, 94, 103, 125, 127-129, 147, 148, 151, 157, 163
メタ分析……13-15, 17, 53, 54, 146, 148-151, 200
メタ理論………52, 56, 57, 59, 60, 62, 68, 69, 71
モチベーション…3, 6, 81, 82, 90, 106, 153, 173, 196, 226, 243-245, 248-253, 262-264, 272, 294
モチベーションの自己調整方略……………3
模倣…………………………130, 131, 138-141
諸刃の剣（the double-edged sword）……106

や行

役職定年……………………24, 248, 254, 258
役割クラフティング（role crafting）……1, 18, 52, 56, 59, 60, 62, 64-69, 71-73, 85
役割ストレスモデル…………………………85
やりがい…52, 108, 121, 126, 131, 146, 154, 156, 157, 173, 182, 183, 187, 188, 201, 204, 205, 211, 251, 259, 292, 294
要求……………19, 130, 244, 250, 252, 255, 256
要求度－コントロール－社会的支援モデル（demand-control-support model; DCS モデル）………………………………………88
予防焦点……………………………14, 262

予防焦点（回避）JC・・・・・・・19, 96, 106, 258, 252
予防的アクション・・・・・・・・・・・・・・・・・・・・・・・・・・・87
弱い状況・・・・・・・・・・・・・・・・・・・・・・・・・・・・・222, 239

ら行

リーダー・メンバー交換（LMX）・・・・・・16, 103, 125, 128-131, 133-135, 138, 139
リーダーシップ・・・・15, 22, 24, 104, 105, 116, 120, 128, 130, 269, 271, 275-277, 279-281, 295
リスク志向・・・・・・・・・・・・・・・177, 178, 180, 189, 190
リテンション・・・・・・・・・・・・・・・・・245, 250, 252, 254
リフレーミング・・・・・・・・・・・・・・・・52, 60, 64-70, 72
リモートワーク・・・・・・・・・・・・・・・・・・・・・・・138-140
リモートワークの頻度・・・・・・・・・・・・・・・・・133, 139
利用 JC・・・・・・・・・・・・・・246, 250, 255-257, 262, 263
レジャー・クラフティング・・・・・・・・・・・・・・・・・・22
労働生活の質・・・・・・・・・・・・・・・・・・・・・・・・・・・・・145
労働の人間化・・・・・・・・・・・・・・・・・・・・・・・・・・・・・・81

わ行

ワーク・エンゲイジメント（WE）・・・・3, 10, 12, 14, 15, 17, 18, 21, 53, 54, 90, 92, 106, 126, 144-151, 158-161, 163, 172, 174-176, 178-191, 201, 202, 250, 252, 263, 292, 294
ワーク・デザイン研究（→ジョブ・デザイン論も参照）・・・・・・・・・・・・・・・・・・・・・・・・・1, 77-80, 84
ワーク・ライフ・バランス・・・・・・・・・・・・・197, 212

欧文索引

C

COR 理論……………………199, 200, 203-205

J

JD-C（Job Demand- Control Model）モデル／仕事の要求度－コントロールモデル…20, 87, 88
JD-R（Job-Demands-Resources Model: JD-R Model）モデル／職務－要求資源モデル…7, 10, 11, 20, 53-55, 77-79, 85, 89-93, 96, 118, 120, 128, 171, 175, 198, 199, 204, 291, 294, 295

S

SDGs（持続可能な開発目標）……………145
SOC（Selection Optimization and Compensation Model）モデル／選択的最適化理論モデル……247, 254, 255, 257, 261, 263
SOC 戦略………………………………257
SST 理論（社会情動選択性理論）……246, 247, 255, 261

〈執筆者略歴（執筆順）〉

高尾　義明（たかお　よしあき）（編著者，第1章，第2章，第6章　担当）
編著者略歴を参照

森永　雄太（もりなが　ゆうた）（編著者，第1章，第5章　担当）
編著者略歴を参照

石山　恒貴（いしやま　のぶたか）（第3章　担当）
法政大学大学院政策創造研究科教授
法政大学大学院政策創造研究科博士後期課程修了，博士（政策学）。主要な業績として，『日本企業のタレントマネジメント』中央経済社，2020年，Role of knowledge brokers in communities of practice in Japan, *Journal of Knowledge Management, 20*(6), 2016年等がある。

横内　陳正（よこうち　のぶただ）（第4章　担当）
東京大学社会科学研究所附属社会調査・データアーカイブ研究センター助教
東京大学大学院医学系研究科博士後期課程修了，博士（保健学）。医療科学研究所・研究員を経て現職。主要な業績として，"Evolving self-concept in the workplace and associated experience of stress: A case of a large Japanese company". *Journal of Workplace Behavioral Health, 35*(3), 175-192, 2020年（共著）等がある。

池田　めぐみ（いけだ　めぐみ）（第6章　担当）
東京大学社会科学研究所附属社会調査・データアーカイブ研究センター助教
東京大学大学院学際情報学府博士課程修了，博士（学際情報学）。東京大学大学院情報学環特任研究員を経て現職。主要な業績として，「若年労働者のジョブ・クラフティングと職場における能力向上」『日本教育工学会論文誌』*44*(2)，2020年等がある。

櫻谷　あすか（さくらや　あすか）（第7章　担当）
東京大学大学院医学系研究科デジタルメンタルヘルス講座特任講師
東京大学大学院医学系研究科博士後期課程修了，博士（保健学）。東京女子医科大学医学部・助教を経て，現職。主要な業績として，"Effects of a job crafting intervention program on work engagement among Japanese employees: A randomized controlled trial." *Frontiers in Psychology, 11*, 235, 2020年等の原著論文がある。

細見　正樹（ほそみ　まさき）（第8章，第9章　担当）
関西大学商学部准教授
大阪大学大学院経済学研究科博士後期課程修了，博士（経営学）。香川大学講師・准教授を経て現職。主要業績として『ワーク・ライフ・バランスを実現する職場―見過ごされてきた上司・同僚の視点』大阪大学出版会，2017年，「ワーク・エンゲイジメントのネガティブな効果―共働き従業員の家庭時間の圧搾に与える効果と調整要因」『組織科学』*54*(3)，2021年（共著）等がある。

関口　倫紀（せきぐち　ともき）（第8章　担当）
京都大学経営管理大学院教授
University of Washington Business School, Ph.D. Program 修了，Ph.D.（Business Administration)。大阪大学大学院経済学研究科准教授・教授等を経て現職。主要な業績として“Predicting job crafting from the socially embedded perspective: The interactive effect of job autonomy, social skill, and employee status”. *The Journal of Applied Behavioral Science, 53*(4), 470-497, 2017年（共著），“Person-environment fit from an organizational psychology perspective”. *Oxford Research Encyclopedia of Psychology*, 2021年（共著）等がある。

藤澤　理恵（ふじさわ　りえ）（第10章　担当）
株式会社リクルートマネジメントソリューションズ組織行動研究所主任研究員，東京都立大学博士研究員
東京都立大学大学院社会科学研究科博士後期課程修了，博士（経営学）。主要な業績として，「プロボノ活動におけるビジネス―ソーシャル越境経験がジョブ・クラフティングに及ぼす影響」『経営行動科学』*32*，2020年（共著，経営行動科学学会第18回JAASアワード奨励研究賞）等がある。

岸田　泰則（きしだ　やすのり）（第11章　担当）
法政大学大学院政策創造研究科兼任講師
法政大学大学院政策創造研究科博士後期課程修了，博士（政策学)。
主要な業績として，「高齢雇用者のジョブ・クラフティングの規定要因とその影響―修正版グラウンデッド・セオリー・アプローチからの探索的検討」『日本労働研究雑誌』*703*，2019年，『シニアと職場をつなぐ―ジョブ・クラフティングの実践』学文社，2022年等がある。

小山　健太（こやま　けんた）（第12章　担当）
東京経済大学コミュニケーション学部准教授
慶應義塾大学 大学院政策・メディア研究科後期博士課程単位取得退学，博士（政策・メディア)。慶應義塾大学大学院政策・メディア研究科特任助教などを経て現職。主要な業績として，*Mechanisms of cross-boundary learning: communities of practice and job crafting.* Cambridge Scholars Publishing，2019年（共著）等がある。

▨編著者略歴

高尾　義明（たかお　よしあき）（第1章，第2章，第6章　担当）

東京都立大学大学院経営学研究科教授

京都大学大学院経済学研究科博士後期課程修了，博士（経済学）。九州国際大学経済学部専任講師，流通科学大学情報学部専任講師・助教授，東京都立大学（旧名称：首都大学東京）准教授を経て現職。主要な著書として，『はじめての経営組織論』有斐閣，2019年，「ジョブ・クラフティングの思想―Wrzesniewski and Dutton（2001）再訪に基づいた今後のジョブ・クラフティング研究への示唆」『経営哲学』*17*(2)，2021年（2021年経営哲学学会賞（論文賞）受賞）等がある。

森永　雄太（もりなが　ゆうた）（第1章，第5章　担当）

上智大学経済学部教授

神戸大学大学院経営学研究科博士後期課程修了，博士（経営学）。武蔵大学准教授，教授等を経て現職。主な業績として『ウェルビーイング経営の考え方と進め方―健康経営の新展開』労働新聞社，2019年，"Inclusive leadership and knowledge sharing in Japanese workplaces: the role of diversity in the biological sex of workplace personnel" *Personnel Review*, *52*(5), 1405-1419, 2023年（共著）等がある。

ジョブ・クラフティング
―仕事《しごと》の自律的再創造《じりつてきさいそうぞう》に向《む》けた理論的《りろんてき》・実践的《じっせんてき》アプローチ

〈検印省略〉

▨発行日――2023年3月16日　初版発行
　　　　　2024年2月26日　第4刷発行

▨編著者――高尾《たかお》 義明《よしあき》・森永《もりなが》 雄太《ゆうた》

▨発行者――大矢栄一郎

▨発行所――株式会社　白桃書房《はくとうしょぼう》

〒101-0021　東京都千代田区外神田5-1-15
☎03-3836-4781　Ⓕ03-3836-9370　振替00100-4-20192
https://www.hakutou.co.jp/

▨印刷・製本――藤原印刷

 ISBN 978-4-561-26774-4 C3034